丛书主编 李建中

经：唐代的"经"学与"文"论

潘链钰 著

图书在版编目(CIP)数据

经:唐代的"经"学与"文"论/潘链钰著.—武汉:武汉大学出版社,2018.10
中华字文化大系/李建中主编
湖北省学术著作出版专项资金资助项目
ISBN 978-7-307-20541-3

Ⅰ.经… Ⅱ.潘… Ⅲ.①经学—研究—中国—唐代 ②古代文论—研究—中国—唐代 Ⅳ.①Z126.274.2 ②I206.42

中国版本图书馆 CIP 数据核字(2018)第 214974 号

责任编辑:白绍华　　责任校对:李孟潇　　整体设计:汪冰滢

出版发行:武汉大学出版社　(430072　武昌　珞珈山)
　　　　　(电子邮件:cbs22@whu.edu.cn　网址:www.wdp.com.cn)
印刷:湖北恒泰印务有限公司
开本:720×1000　1/16　印张:17　字数:236 千字　插页:1
版次:2018 年 10 月第 1 版　　　2018 年 10 月第 1 次印刷
ISBN 978-7-307-20541-3　　定价:79.00 元

版权所有,不得翻印;凡购我社的图书,如有质量问题,请与当地图书销售部门联系调换。

总序　字孳字乳的文化：中华文化的"字"生性特征

李建中

人类轴心期五大文明(古巴比伦、古埃及、古希腊、古印度、古中国)，惟有华夏文明传承至今，生生不息，个中缘由非常复杂，但文字的特性无疑是重要因素之一。同为轴心期文明，拉丁语的最小单位(字母)是无意义的，而汉语的最小单位(包括部首在内的字)则能显现独立甚至全息的意义，一字一世界，一字一意境。在漫长的历史演变之中，方块字既没有被梵化，也没有被拉丁化，中国文化因之分久必合，华夏文明因之亘古至今。

东汉许慎(约56—147)《说文解字·叙》曰："字者，言孳乳而浸多也"①，孳者孳生，乳者哺乳。从观念和思想的层面论，方块字是中华文化之母，不仅孕生而且哺育了中华文化，会意指事、形声并茂地建构起中华文化的意义世界。《周易》讲"鼓天下之动者存乎辞"，许慎讲"盖文字者，经艺之本，王政之始"，刘勰讲"心生而言立，言立而文明"，金圣叹讲"以文运事，因文生事"，一直到鲁迅讲"自文字至文章"和陈寅恪讲"凡解释一字，即是做一部文化史"，均可视为从不同层面揭示中华文化的"字"生性特征。

中华文化产生、传承并能在长久历程中与多种外来文化交流而生生

---

① (汉)许慎撰，(清)段玉裁注：《说文解字注》，上海古籍出版社1981年版，第754页。

不息，与汉字密切相关。汉字是一种世界上非常独特的文字，每个汉字独立且集音形义于一体。在上古，汉语以单音词为主，其中有些单音词成为中国文化的核心词，作为中华文化之元（本原与起源），在其后不断的演变中扩展、丰富。我们这套《中华字文化大系》，精选奠基华夏文明、代表中国文化特征的100个汉字（又可以称为"中华文化关键词"或"中华文化核心词"），一个字一本书，对每个字既作"原生—沿生—再生"之源流清理，又作"字根—坐标—转义"之义理阐释，从而在文化思想、社会政治、智性审美、民族心理乃至民风民俗、日常生活等多元面向，标举中华文化的"字"生性特征，建构中华文化的话语体系，彰显中华文化的巨大影响力和恒久生命力，为海内外广大读者奉献中华字文化高远的美学意境和深广的意义世界。

南朝刘勰（约465—521）《文心雕龙·序志》曰："若乃论文叙笔，则囿别区分，原始以表末，释名以章义，选文以定篇，敷理以举统，上篇以上，纲领明矣。"①"原始以表末"四句，既是《文心雕龙》的理论纲领，又是刘勰文学理论批评的基本原则。刘勰的"文学"是广义的文学，与我们今天所说的狭义的"文化"（即小文化或称观念形态的文化）大体上是相通甚至是重合的。因此，刘勰《文心雕龙》"论文叙笔"的四项基本原则，完全适用于我们这套《中国字文化大系》对汉字的诠解与阐释。字文化大系各分册对所选汉字（以下简称"本字"）的解读，大体上在"释名章义"、"原始表末"、"选文定篇"和"敷理举统"等层面深入展开。

第一，释名章义。名不正则言不顺，言不顺则事不成。"字"的定义（内涵与外延）尚未厘清，文化阐释从何谈起？本大系所精选的汉字，大多是上古时代以单个方块字为词的核心观念或术语，既有形、声、义三大基本要素，又有从殷商卜辞到六国文字到篆、隶、草、行的历史演变，其语义还有词根义、引申义、转借义、修辞义以及词性活用的不

---

① 本书所引《文心雕龙》，均据范文澜：《文心雕龙注》，人民文学出版社1958年版。下不另注。

同。凡此种种，各分册在诠解本字时，都是需要讲清楚的。

第二，原始表末。不述先哲之诰，无益后生之虑。本字的语义嬗变，既标识不同时代的文化观念，又贯通不同时代的文化命脉，故须从历史的层面对本字的语义嬗变作出阶段性清理和分时段呈现，尤其要注意在外来文化（如古代的佛学和近现代的西学）影响下，本字与异域文化的冲突与融合。

第三，选文定篇。单个的字，活在文本之中。这里所说的"文本"，既包括传世文书如文史哲经典等，也包括出土文物如简帛、铭器等，还包括民间的和日常生活的口传文化。各分册对本字的解读，须借助多类文本以及由文本所构成的复杂语境，依凭丰富多元、详实鲜活的语言材料，叙述并阐释本字所涵泳的智性审美、民族心理乃至民风民俗等多重旨趣。

第四，敷理举统。本大系所精选的汉字，大多具有全息特征，一字一意境，一字一世界，会意指事、形声并茂地呈现出中华文化高远的美学意境和深广的意义世界。故各分册对本字的诠释和解读，还需要从思想文化的深度，剖析本字所包蕴的哲学、伦理、宗教、政治、文学、艺术等多重语义内涵，概括并揭示本字对于中国文化乃至世界文明的独特价值和意义。

在囊括上述四项基本内容的前提之下，本大系的各个分册的入思路径、整体框架、章节设计乃至撰著风格等，既因"字"（本字）而异，又因"人"（著者）而异，但在总体上具有鲁迅《汉文学史纲要》所称颂的汉字三美："意美以感心，一也；音美以感耳，二也；形美以感目，三也。"

一、文字乃经艺之本，王政之始

许慎的《说文解字》，其《叙》称"文字者，经艺之本，王政之始"。陈梦家（1911—1966）《中国文字学》指出，汉代以前，"文字"的名称经历了三个时期：首称文字为"文"（如《左传》有"夫文止戈为武"、"故文反正为乏"和"于文皿虫为蛊"），次称文字为"名"（如《论语》"必也正名乎"皇疏引郑注"古者曰名，今世曰字"），末称"文""名"为"文字"（如秦始皇《琅琊台刻石》"同书文字"）并沿用至今。①章太炎（1868—1936）《国故论衡》曰："文学者，以有文字著于竹帛，故谓之文。论其法式，谓之文学。"②这里所说的"文学"是广义上的，与狭义的"文化"（即观念形态的文化或曰小文化）大体重合。从字面上看，章太炎似将文化与文字等同；究其奥义，则是从源头（竹帛）处找到汉语文化与汉语文字的内在关联。章太炎又称"凡文理、文字、文辞，皆称文"，可见"文字"还包括了"名"、"言"、"辞"等。在中华文化的产生、生成乃至生生不息之中，汉语的文字扮演着"名"正言顺、一"言"九鼎和"辞"动天下之重要角色。

章太炎《国故论衡》称"榷论文学，以文字为准"③，"以文字为准"是中国文化及文学研究的一大传统，这里的"准"既有标准、法式之义，亦有本根、源起之义。刘勰的"文章"颇类似于章太炎的"文学"，也是广义上的，与"文化"重合。刘勰著《文心雕龙》，专门辟有《练字》一篇，叙述"字"的历史，表彰"字"的伟绩，褐橥"字"的诸种功能。《练字》篇论"字"从仓颉造字说起："仓颉造之，鬼哭粟飞；黄帝用之，官治民察。"仓颉造字是华夏文明史上伟大的文化事件，动天地泣鬼神，孳文明乳文化。汉字的历史也就是中华文化的历史，汉字的功绩也就是中华文化的功绩，故《文心雕龙·序志》讲"文"之功德时称"君臣所以炳焕，军国所以昭明"，亦即《练字》所言"官治民察"。刘勰之前，东汉许慎曰："盖文字者，经艺之本，王政之始，前人所以垂后，后人所以识古。故曰'本立而道生'，'知天下之至啧（赜）而不可乱也'。"④许慎

---

① 陈梦家：《中国文字学》，中华书局2006年版，第255页。
② 章太炎：《国故论衡》，上海古籍出版社2003年版，第49页。
③ 章太炎：《国故论衡》，上海古籍出版社2003年版，第49-50页。
④ （汉）许慎撰，（清）段玉裁注：《说文解字注》，上海古籍出版社1981年版，第763页。

"故曰"所引两段文字，前者出自《论语·学而》，后者出自《周易·系辞上传》。由此可见，从《论语》到《易传》，从《说文解字》到《文心雕龙》，中华元典对"字"之文化本根义的体认是一以贯之的。

《文心雕龙·练字》称"字"乃"言语之体貌""文章之宅宇"，汉语的方块字是言语的生命体，是文章的宅基和家园。《尔雅》有"言者，我也"，"我"以何"言"？字。故《练字》篇说"心既托声于言，言亦寄形于字"。无言，心何以托？无字，言何以寄？《文心雕龙·章句》赞"字"，称其"振本而末从，知一而万毕"，亦即许慎所言"经艺之本，王政之始"。字乃统末之本，驭万之一。《章句》篇胪列"立言"的四大要素（字、句、章、篇），"字"居其首，"字"立其本："夫人之立言，因字而生句，积句而成章，积章而成篇。"无论是单篇的文章还是观念形态的文化，其创制孳乳，其品赏识鉴，都是从一个一个的方块"字"开始。①在源起与流变、创制与识鉴、传播与接受等多重意义上，"字"皆为文化之"始"或"本"，故在此意义上可以说"字生文化"。

许慎《说文解字》对"字"这个汉字的解释是"乳也。从子在宀下，子亦声"。段玉裁（1735—1815）注曰："人及鸟生子曰乳，兽曰产。引申之为抚字，亦引申之为文字。《叙》云：'字者，言孳乳而浸多也。'"②字者，孳乳也。"孳"是生孩子，"乳"是哺孩子。由"字"我们想到"孕"，两个汉字都是会意："孕"还只是十月怀胎，"字"则不仅是一朝分娩，更是含辛茹苦地将孩子抚养成人；"孕"还只是怀一个孩子（胎），"字"则是生产并哺育一个又一个的孩子，引而申之，则表明一个字可衍生出许多个词和短语。段玉裁为《说文解字·叙》"字者，言孳乳而浸多"作注时，还将"字"拿来与"名"和"文"相比较，先讲"名者自其有音言之，文者自其有形言之，字者自其滋生言之"，后说"独体曰文，合

---

① 民间将文人著书立说称之为"码字"，将接受者的文化解读称之为"识文断字"，亦可见对文化活动中"字"元素的高度重视。
② （汉）许慎撰，（清）段玉裁注：《说文解字注》，上海古籍出版社1981年版，第743页。

体曰字",强调的都是"字"的"孳乳"、"浸多"、"滋生"、"合体(再造)"之功能。

当然,许慎和段玉裁说"字",还只是在小学(文字学)的场域内讨论"字"的孳乳性或繁衍力。如果我们将"字,孳乳也"放在广阔的文化领域,来追问并验明"文字"与"文化"的血缘关系,则不难发现中华文化的字生性特征。《文心雕龙》开篇"原道",追溯"文"即文化之本原与起源,《原道》篇在为"文"释名章义即解决了"文"的本原问题之后,继之回答"文"的起源问题:"自鸟迹代绳,文字始炳,炎皞遗事,纪在三坟",从"唐、虞文章"到"益、稷陈谟",从夏后氏"九序惟歌"到周文王"繇辞炳曜",从周公旦"制诗辑颂"到孔夫子"熔钧六经",刘勰为我们描述的这一部上古文化史,分明滥觞于"文字始炳",分明嬗变为文字的"符采复隐,精义坚深",又分明完成于先秦圣哲的"组织辞令"、"斧藻群言"。

《原道》篇的上古文化史在论及商周文化时,称"逮及商周,文胜其质,雅颂所被,英华日新",这是伟大的《诗经》时代,这是辉煌的风雅颂时代。商周始祖的"英华"记录在《雅》《颂》文字之中。商的始祖是契,契建国于商;周的始祖是后稷,后稷的母亲是姜嫄。再往上追问:契乃谁生?姜嫄如何生后稷?幸好,我们有《诗经》的文字:《商颂·玄鸟》说"天命玄鸟,降而生商",《大雅·生民》说"(姜嫄)履帝武敏歆,攸介攸止。载震载夙,载生载育,时维后稷"。玄鸟生商(契),姜嫄履帝之足迹而生后稷,这是《诗经》的文字所记录的商周历史。就历史的真实而言,玄鸟不可能生商(契),姜嫄亦不可能履帝迹而生后稷;就文化(神话与传说)的真实而论,"玄鸟生商"、"姜嫄履帝迹生后稷"则不仅是"真"的,更是"美"和"善"的。而关于商周始祖的真善美的历史,与其说是《诗经》的文字所记录,还不如说是《诗经》的文字所创造。关于"字生文化"的例证,除了"玄鸟生商"和"履帝武敏歆",还可以举出后羿射日、女娲补天、皇英嫔虞、伏羲画卦、仓颉造字……中华文化史上这些动天地泣鬼神的壮美故事,这些孳文明乳文化的伟大事件,无一不是我们的方块字所创造出来的，字生文化是也。

"文化"和"文字"的"文"，被许慎解释为"错画也，象交文，凡文之属皆从文"①。东汉的许慎虽读过《庄子》却未见过殷商卜辞，故不知道这个"文"就是《庄子·逍遥游》的"越人断发文身"之"文"。甲骨文中的"文"，从武丁时期到帝辛时期，均有"文身"之义："象正立之人形，胸部有刻画之纹饰，故以文身之纹为文。"②纹身所具有的符号性、象征性、修饰性、结构性和文本化，使得"文"这个独体象形的汉字成为人类最早的文化产品之一，亦成为汉语言"字生文化"的最早例证之一。如果说，人在自己身体上的交文错画是人类最早的文化行为，那么"以文身之纹为文"则是人类最早的文化识鉴和文化交往，是人对"字生文化"的感性鉴赏和理性批评。交文错画着形形色色之"文"的龟甲兽骨，虽然被掩埋在殷商帝辛的废墟之中，但"字生文化"作为华夏文明的重要特征却生生不息，历经数千载而不朽。我们今天从文明、文化、文字、文辞、文献、文学、文章、文艺、文采、文雅等众多中国文化的诸多关键词之中，从诗、词、歌、赋、曲、文、说、剧、碑、诔、铭、檄、章、奏、书、记等各体文学及文化产品之中，不难窥见掩埋在殷墟小屯的"字生文化"之元素及景观。

二、心生而言立，言立而文明

"文字"与"文化"都有一个"文"，"文"既是独体象形的上古汉字的典型代表，也是字生文化的典型例证。《文心雕龙》以"文"肇端(《原道》篇首句"文之为德也大矣")，以"文"终章(《序志》篇末句"文果载心，余心有寄")，可谓始于"文"而终于"文"。《原道》篇追原"文"之"元"(原本与源起)，在很诗意也很哲理地阐释了"天之文"和"地之文"之后，水到渠成地引出"人之文"的定义："心生而言立，言立而文明，

---

① (汉)许慎撰，(清)段玉裁注：《说文解字注》，上海古籍出版社1981年版，第425页。

② 徐中舒主编：《甲骨文字典》，四川辞书出版社2006年版，第996页。

自然之道也。""人"(天地之心)诞生了,"字"(语言文字)才会被发明被创立;语言文字创立之后,"文"才会彰显、章明、刚健、灿烂。作为天地之心的"人",以自己所独创的"字"("名""言""辞"等),去彰明"自然之道",这一彰显的过程、结果及其规律就是"文"(文章、文学和文化)。如果说,《原道》篇"鸟迹代绳,文字始炳",《章句》篇"人之立言,因字生句""振本末从,知一万毕"讲的都是文字对于文化之产生即历史起源的决定性价值,那么这里的"心生言立,言立文明"讲的则是文字对文化之生成即逻辑本原的规定性意义。

鲁迅《汉文学史纲要》亦借刘勰"心生言立,言立文明"论汉语"文章"即狭义文化的本原、起源及流传,其首篇《自文字至文章》讲文字乃文章之始:"专凭言语,大惧遗忘,故古者尝结绳而治,而后之人易之以书契","文字既作,固无愆误之虞矣"①,连属文字而成文章,即刘熙《释名》所云"会集众字以成辞义",字生文化是也。汉娜·阿伦特《人的境况》讲人生在世须做三件事:活着,工作着,说(书写)着。② 人的工作,制作出各种文化产品,创造出灿烂的文明。而只有当人类用文字"立言"之时,才真正创造出"人之文"。或者说,人类只有凭藉"立言"这种文化行为,才能创造出"言立"的文化。《左传》讲三不朽——立德、立功、立言。就"德"和"功"的历史传承而言,前人如何垂后?后人如何识古?立言。何以立言?言寄形于字,因字而生句。故刘勰的"心生言立,言立文明"是对中华文化"字"生性特征的高度概括。

汉语"文学"一词有文献可征者,始见于《论语·先进篇》:"文学:子游,子夏。"孔子(前551—前479)的这两位高足,既不创制诗歌更不杜撰小说,何来"文学"之名?杨伯峻(1909—1992)《论语译注》将此处的"文学"释为"古代文献,即孔子所传的《诗》《书》《易》等"③。这里的

---

① 鲁迅著:《鲁迅全集》第九卷,人民文学出版社1982年版,第343-345页。
② [美]汉娜·阿伦特著,王寅丽译:《人的境况》,上海人民出版社2009年版,第14-17页。
③ 杨伯峻译注:《论语译注》,中华书局1980年版,第110页。

"文学"实际上是我们今天所说的"文献学",是观念形态之"文化"的重要组成部分。中国古代,小学(文字学)是经学的根基(故十三经有《尔雅》),经学家首先是小学家(字乃经艺之本)。《世说新语》据《论语》孔门四科而列"文学"门,叙述的是马融(79—166)、郑玄(127—200)、何晏(?—249)、王弼(226—249)、向秀(约227—272)、郭象(252—312)这些学者注经的故事。精通小学和经学的文化大师们,统统被划归于孔儒的"文学"之门。

夜梦仲尼、以孔子为精神导师的刘勰本来是要去传注儒家经典的,但他觉得自己在经学领域很难超过马融、郑玄,就转而去撰写《文心雕龙》,其《序志》篇坦陈:"敷赞圣旨,莫若注经;而马郑诸儒,弘之已精,就有深解,未足立家。唯文章之用,实经典枝条,五礼资之以成,六典因之致用,君臣所以炳焕,军国所以昭明,详其本源,莫非经典。"可见以"敷赞圣旨"即弘扬孔儒文化为人生理想的青年刘勰,实际上是从经学(包括小学)切入"文"的研究,或者说是从经学(包括小学)与文章之关系入手建构其"文"本体。以五经为标准来考察他那个时代的"文",刘勰很容易发现"(时文)去圣久远,文体解散,辞人爱奇,言贵浮诡,饰羽尚画,文绣鞶帨,离本弥甚,将遂讹滥"。坚守儒家文化的经学立场和小学本位,青年刘勰敏锐地看出他那个时代的"文"(时文)在"言"与"辞"(即语言文字)方面出了大问题,而问题之要害则是严重背离了儒家五经"辞尚体要"的传统:"盖周书论辞,贵乎体要;尼父陈训,恶乎异端;辞训之异,宜体于要。于是搦笔和墨,乃始论文。"批判时文的"言贵浮诡",回归元典的"辞尚体要",竟然成了刘勰撰写《文心雕龙》的文化心理动因。

如果说《序志》篇是在"文心(为文用心)"的深潜层次讲"辞尚体要",那么《征圣》篇和《宗经》篇则是在"雕龙(创作技法)"的精微领域讨论如何以圣人和经典为师来"辞尚体要"。二者虽有巨细之别,但其经学立场和小学本位(即"字本位")则是一致的。《征圣》篇连续三次讲到"辞尚体要",要求文学家学习春秋经的"一字以褒贬"和礼经的"举轻以包重",其文字方可"简言以达旨";学习易经的"精义以曲隐"和左传的"微辞以婉晦",其文字方可"隐义以藏用";学习诗经的"联章以积句"和礼经的"缛说以繁辞",其文字方可"博文以该情"。《宗经》篇则针对"励德树声,莫不师圣,而建言修辞,鲜克宗经"之时弊,大讲特讲儒家五经在"言""辞"即文字上的优长:易经的"旨远辞文,言中事隐",诗经的"藻辞谲喻,温柔在诵",书经的"通乎尔雅,文意晓然",礼经的"采掇片言,莫非宝也",春秋经的"一字见义,五石六鹢,以详略成文"。"五经之含文也",宗经征圣落到实处,是要学习五经的文字功夫即雕龙技法,这也是刘勰撰著《文心雕龙》的用心之所在,苦心之所在。

青年刘勰"征圣立言"的经学立场不仅铸就其文学本体观的"字本位",同时也酿成其文学史观的"字本位",即从"字"的特定层面来考察文学的历史嬗变。《章句》篇讲诗歌的演变,称"笔句无常,而字有条(常)数",诗歌句子的变化似无常规,而(每一句)字数的多少则是有规律可循的:"四字密而不促,六字格而非缓,或变之以三五,盖应机之权节也。"在刘勰的眼中,中国古代诗歌的发展演变史,落到实处,就是"字"数之多少的应变史:"二言肇于黄世,竹弹之谣是也;三言兴于虞时,元首之诗是也;四言广于夏年,洛汭之歌是也;五言见于周代,行露之章是也。六言七言,杂出诗骚;两体之篇,成于西汉。情数运周,随时代用矣。"《明诗》篇对诗歌史的描述,也是以"字有常数"为演变规律的:"四言正体,则雅润为本;五言流调,则清丽居宗。……至于三六杂言,则出自篇什;离合之发,则明于图谶;回文所兴,则道原为始;联句共韵,则柏梁馀制。巨细或殊,情理同致,总归诗囿,故不繁云。"总之,一时代有一时代之诗歌,彼一时代与此一时代的诗歌之异,或短或长,或密或疏,或促或缓,或多或寡,完全取决于字数的或增或减。王国维《人间词话》说"著一字而境界全出",对于诗歌创作而言,增(或减)一字则格调迥别、境界迥异,"字"之多寡,岂能以轻心掉之?

三、鼓天下之动者存乎辞

《周易·系辞上》讲到《周易》的四大功用,首条便是"以言者尚其辞"①。《周易》的文化符号包括了两大系统:卦爻象系统与卦爻辞系统,借用王弼《周易略例》的话说,前者是"象者,出意者也","尽意莫若象";后者是"言者,明象者也","尽象莫若言"②。但是,"象"之出意尽意,完全有赖于"言"之明象尽象,若无卦爻辞的文字阐释,《周易》那么多的卦爻象究为何意是谁也弄不清楚的。因此,《系辞下》要说"是故《易》者,象也;象也者,像也",《周易》就是象征,象征就是通过模拟外物以喻晓内意,而拟物喻意离开了"辞"是根本无法进行也无法完成的。作为修辞手法,象征有两个端点:一头是物一头是意,物何以达意指意或明意?必须有"辞",故《周易》的经与传要用"辞"来拟物(人物、事物、景物等)出意(意义、价值、情志等)。《周易》作为中国的文化经典,其生生不息的奥秘在于斯,其动天地泣鬼神的感染力亦在于斯,故刘勰要借用《周易》的话来浩叹:"鼓天下之动者存乎辞!"

在因"五经皆文"而征圣宗经的刘勰心目中,《周易》无疑是最好的"文"(即文化经典)之一,故《文心雕龙·原道》讲述上古文明史以《周易》的原创与阐释为主线,所谓"庖牺画其始,仲尼翼其终"。《周易》的创卦者,观物而画卦,"系辞焉以尽其言,变而通之以尽利,鼓之舞之以尽神";《周易》的观卦者,尚辞而解卦,"观其象而玩其辞",观察卦爻的象征意味而探究玩味其文辞,或者反过来说,通过品味卦爻辞而领悟其象征及修辞。"辞"对于《周易》的意义是无论怎么强调也不为过分的:无"辞"何以识训诂?无"辞"何以明象征?无"辞"何以成易道?无"辞"何以定乾坤?

---

① 本书所引《周易·系辞传》,均据(清)阮元:《十三经注疏》,中华书局1980年版,第75-92页,下不另注。

② (魏)王弼注,楼宇烈校释:《王弼集校释》下册,中华书局1980年版,第609页。

《周易》是象思维和象言说,而《周易》的象思维和象言说,是靠"辞"(小学之训诂加上文学之修辞)来完成的。受《周易》的影响,中国古代文化历来有"尚辞"之传统,笼统而言是讲究语言文字的艺术,具体而论是注重象征、隐喻、比兴、夸饰等修辞手法。《文心雕龙》创作论二十多篇,有超过一半的篇幅是专门谈"字"说"辞"的:属于谈"字"(即讨论语言文字)的篇目有《声律》《章句》《俪辞》《练字》等,属于说"辞"(即讨论文章修辞)的有《比兴》《夸饰》《事类》《隐秀》等,属于通论二者的有如何《通变》与《定势》,如何《指瑕》与《附会》,如何《熔裁》与《总术》。广而论之,中国古代文论的批评文本,数量最巨的是历朝历代的诗话、诗式、诗格、诗法等。明清以降,继海量的"规范诗学"或"修辞诗学",又出现热衷于作法和读法的小说戏曲评点。金圣叹《第五才子书》讲《水浒传》的创作是"因文生事","只是顺着笔性去,削高补低都由我"①,故"因文生事"是在叙事层面对"字生文化"的经典表述。

汉语的方块字孳生了文化,也哺乳了文化,字是文化之母。就"文字"创制与"文化"创造之关系而言,汉字的六书作为"字"的构造规律,深情地也深度地哺乳了中华文化,并成为观念形态之文化的创造规律。刘歆、班固将"象形"置于六书之首,并将六书前四项表述为"象形""象事""象意""象声"②,无意中触到字乳文化之要害。鲁迅《汉文学史纲要》亦论及"六书"尤其是"象形"与文化的关系:"文字初作,首必象形,触目会心,不待授受,渐而演进,则会意指事之类兴焉。"③

我们以文字与文学的关系而论。汉字六书对汉语文学的孳乳,若概而言之,则是鲁迅所言"意美以感心,一也;音美以感耳,二也;形美

---

① 陈曦钟、侯忠义、鲁玉川辑校:《水浒传会评本》上册,北京大学出版社 1981 年版,第 16 页。

② (汉)班固撰,(唐)颜师古注:《汉书》第 6 册,中华书局 1982 年版,第 1720 页。

③ 《鲁迅全集》第九卷,人民文学出版社 1982 年版,第 344 页。

以感目，三也"①。若分而言之，其"象形"之"画成其物，随物诘诎"既是汉字区别于拉丁文的标志性特征，也是文学的标志性特征，方块字的象形孳乳了文学的形象性和意境化，此其一。如果说"指事"的"视而可识，察而见意"，养育了文学之"赋"的直书其事，体物写志；那么，"比类合谊，以见指撝"之"会意"，与"本无其字，依声托事"之"假借"，则分别孳乳了文学的"比显"与"兴隐"，此其二。此外，"转注"的"同意相受"启迪了文学的互文性，而"形声"的"取譬相成"成就了文学的谐音之趣与声韵之美，此其三。至于具体的创作过程之中，文学家如何推敲，如何练字，如何捶字坚而难移，如何语不惊人死不休，亦可见出"字"对于文学的特殊意义。

被称为现代语言学之父和结构主义之鼻祖的费尔迪南·德·索绪尔（1857—1913），视"文字"为"语言"的表现或工具；与此同时，索绪尔又不得不承认："书写的词跟它所表现的口说的词紧密地混在一起，篡夺了主要的作用；人们终于把声音符号的代表看得和这符号本身一样重要或比它更加重要。"②把书写的词即文字看得比口说的词即言语更加重要，这在表音体系（如拉丁语）中或许不太正常，但在表意体系（如汉语）中却是非常正常也是非常真实的。

或许是看到了表意体系的这种独特性，宣称"我们的研究将只限于表音体系"③的索绪尔，却在《普通语言学教程》中用了整整一节的篇幅，专门讨论表意体系中"文字的威望"及其形成原因："首先，词的书写形象使人突出地感到它是永恒的和稳固的，比语音更适宜于经久地构成语言的统一性"；其次，"在大多数人的脑子里，视觉印象比音响印象更为明晰和持久"；再次，"文学语言更增强了文字不应该有的重要

---

① 《鲁迅全集》第九卷，人民文学出版社1982年版，第344页。
② ［瑞士］费尔迪南·德·索绪尔著，高名凯译：《普通语言学教程》，商务印书馆1980年版，第48页。
③ ［瑞士］费尔迪南·德·索绪尔著，高名凯译：《普通语言学教程》，商务印书馆1980年版，第51页。

性。它有自己的辞典,自己的语法",并最终形成自己的"正字法","因此,文字成了头等重要的";"最后,当语言和正字法发生龃龉的时候,除语言学家以外,任何人都很难解决争端。但是因为语言学家对这一点没有发言权,结果差不多总是书写形式占了上风,因为由它提出的任何办法都比较容易解决。"①我们看索绪尔从罗格斯中心主义立场出发的对"文字威望"的批评,在某种意义上恰好是对汉字这种典型的表意体系的表扬。书写形象的永恒和稳固,视觉形象的明晰和持久,文字威望对语言统一性的塑造和维护,尤其是文学语言如何以"头等重要"的身份来解决文字与语言的矛盾等,表意体系的这些特征及优长,构成了"字生文化"的文字学根基。

解构主义大师、后现代理论家雅克·德里达(1930—2004),其《论文字学》解构索绪尔语言学的二分结构,认为"文字并非言语的'图画'或'记号',它既外在于言语又内在于言语,而这种言语本质上已经成了文字"②,故"文字学涵盖广阔的领域",甚至可以用文字学替代语言学,从而"给文字理论提供机会以对付逻格斯中心主义的压抑和对语言学的依附关系"③。逻格斯中心主义又称语音中心主义,声音使意义出场,不同于汉字的书写使意义出场。德里达《论文字学》在批评索绪尔对文字与言语作内外之分时指出:"外在/内在,印象/现实,再现/在场,这都是人们在勾画一门科学的范围时依靠的陈旧框架。"④我们今天研究中华字文化,应该打破陈旧的框架,以一种跨学科的宏阔视野来说"文"解"字"。

---

① [瑞士]费尔迪南·德·索绪尔著,高名凯译:《普通语言学教程》,商务印书馆1980年版,第50页。
② [法]雅克·德里达著,汪堂家译:《论文字学》,上海译文出版社1999年版,第63页。
③ [法]雅克·德里达著,汪堂家译:《论文字学》,上海译文出版社1999年版,第50页。
④ [法]雅克·德里达著,汪堂家译:《论文字学》,上海译文出版社1999年版,第45页。

文字乃经艺之本，就人类轴心期文明的典型代表华夏文明而言，以"经艺"为代表的汉语元典，用一个一个的方块字（中华文化关键词或中华文化核心词），建构起轴心期华夏文明的意义世界。中华文化是字孳字乳的文化，华夏文明是字孳字乳的文明。观念意义上的中华文化，其源起是"鸟迹代绳，文字始炳"，其元典是或"一字以褒贬"或"联章以积句"的经艺，其楷模是情见文字、采溢格言、辞尚体要、辞动天下的圣贤文章，其种类是肇于经艺、著于竹帛的所有文体。字生文化，上古汉语的方块字从起源与本原处孳乳了中华文化，孳乳了华夏文明。追问并验明文字与文化的血缘关系，揭示中华文化的"字"生性特征，可为"文化"的释名章义，为文化研究的选文定篇，为文化理论的敷理举统，乃至为文化史的原始表末，提供新的路径并开辟新的场域。

自　　序

　　翻览佛经会发现，一般经书开卷会有一首《开经偈》："无上甚深微妙法，百千万劫难遭遇。我今见闻得受持，愿解如来真实义。"关于此偈的来源，还有一个故事。两千五百年前，释迦牟尼佛带众弟子托钵外出化斋，眼见一群孩童在路边玩堆沙子。其中便有一位小女孩儿，双眼澄澈，娇小玲珑。她远远看见释迦佛带领弟子们而来，居然半戏半真地用双手从地上捧一掌沙，走到佛陀面前，往佛陀的饭钵内一放。释迦牟尼佛看了小女孩儿，没有一丝不悦，反而十分客气地接受了她的沙土。大弟子舍利佛看不过眼，心想这女孩岂有此理，怎么可以用沙土戏弄我师尊！在路上舍利佛问道："师尊，刚才那女子分明胡闹，怎可把沙土放在您的饭钵里呢？"释迦佛微笑："你们不知，此女千百年后，因缘成熟，要在东震旦国为王。这时我若不受她沙土，她将毁我佛法。我若受她沙土，她便结下善缘。此女将来贵胄至极，可为天下主。届时，因此善缘，她将弘我佛法。"舍利佛点头称念佛名。此女孩子就是后来中国历史上唯一的女皇帝武则天。武则天一出世就有帝王的龙凤之姿。做皇后之前，她曾入寺为尼，不但虔信佛法，而且精通佛理。正是这位精通佛理的女皇帝作了这样一首赞叹佛法的四句偈言，此偈因深得佛理，无人超越，又出于帝王之笔，因而广为流传，成为佛徒诵经必读的开经偈，一直至今。

　　除却宗教色彩，佛教之"经"有着这样至高的地位，究其原因还是因为佛教经典包含的劝善教化之功。其实，儒道二家同样也把"经"当作因文明道的载体，不然刘勰何以称经为"恒久之至道，不刊之鸿教"？

"经"是中国文化精华的浓缩,是思想载体的核心,是传道受业解惑的重要资源,是修齐治平的理论武器。所以,中国人将"经"奉为至圣之典,处世之道,人文之源。谈"经",论"经",解"经",用"经"成为千古文人的一项伟大而自豪的事业!

中国文化之"经",以儒家为主,也包括释道二家。自先秦至明清,中国经学跨越了两千多年的发展历程。如果说先秦是中国经学之源头,浩浩汤汤,横无际涯,那么汉代则是中国经学的壶口,奔腾往泄,波奇浪纷,那么唐代则是中国经学的宏湖,平漪广域,恢丽万有,那么宋明则是中国经学的峡谷,沧溟分川,百舸争流。纵览中国经学的奇绝之景,可以发现汉宋经学因高峰耸立往往备受瞩目,而隋唐经学却因凹洼平林而颇显冷落。其实,这是不太恰当的。唐代经学有着非常特殊的地位,他不仅是中国经学的统一时代,更是中国经学融通于三教,变丽于诗文的重要时期。唐代经学还是承汉启宋的重要节点,是经典一统与延续的重镇。

唐代不仅是"经"的时代,也是"文"的时代。唐诗之高唱享誉千古,唐词之婉吟卓绝百世,唐赋之泓丽激荡文心,唐传奇之明快拨人神魂。唐代有李杜、王孟、高岑、元白、韩柳、温李。唐代有《河岳英灵集》、《诗式》、《国秀集》、《箧中集》、《极玄集》、《又玄集》、《中兴间气集》、《御览诗》等一系列优秀的诗论与诗选作品。唐代文学之"盛唐气象"更是百世无匹,令后世追慕神往!所以,这样看来,无论是唐代之"经"还是唐代之"文"都是叹为观止与言说不尽的。

然而没有言说就没有发扬,抛砖之举实乃意在引玉。本书的目的就是意在粗略地勾勒和描述唐代之"经"与"文"及其关系。概而言之,唐人之"经"既融通三教又勾连雅俗,唐人之"文"既统摄情志又汇通造境与事功,其"经""文"关系则表现出超越前代、重构新局的气概。初唐承接汉魏"经""文"局势而来,以孔颖达和陈子昂为代表的有识之士分别对唐代经学建设与诗学重构做出了极为重要的引导。孔颖达奉诏编纂《五经正义》标志着儒家元典越经千年完成了经文与注文的统一,由此影响唐初文论刚健有为之诗文理念和通经致用之思维方式的形成。陈子昂登高一呼，重倡"风骨"和"兴寄"，既是对儒家诗教的回归又是对初唐经学的回应。盛唐承接初唐，在经学三教融通与文论情志合一上做出扩展，禅宗空净与道家逍遥都给诗学以营养。此时期虽无文论大师却并不缺乏诗学华章，"经正文成"之势大放异彩。安史之乱以后，唐朝国力渐衰，经学与文论均进入转型与新变，既以文救经又以经统文，使得此时期的经学与文论呈现兼容之势。如果说韩柳元白是以文疗经、御经统文的代表，那么司空图则是将儒释道三教理念与华夏传统诗性思维融为一体的典型。

当然，本书如此侏儒拙目只能是井底望天，但文学有的时候，只问耕耘，不问收获。

是为序。

目 录

绪 论 ……………………………………………………………… 001

第一章 释名彰义：说不尽的"经"与"文" ………………… 012
 第一节 说"经"之始 …………………………………………… 013
 第二节 论"文"之初 …………………………………………… 033
 第三节 人文之元："经""文"关系论 ………………………… 041

第二章 交采于唐：唐代"经""文"及其关系 ……………… 053
 第一节 唐代"经"义的时代特色 ……………………………… 055
 第二节 唐代"文"义的时代标识 ……………………………… 066

第三章 勃郁幽芬：初唐"经"定"文"炳 …………………… 079
 第一节 "经"之必定：纷繁迷乱的唐前经学 ………………… 079
 第二节 "经"定典范：孔颖达与《五经正义》 ……………… 090
 第三节 "文"炳昭彰："四杰"之诗学革新 ………………… 103
 第四节 兴寄呼来：陈子昂诗学观的超越及其意义 …………… 113

第四章 清奇雅健：盛唐"经"融"文"丽 …………………… 119
 第一节 善归一揆：盛唐经学的三教旨归 ……………………… 121
 第二节 情志合一：盛唐诗学之文质双美 ……………………… 126
 第三节 灵祇致飨：《河岳英灵集》之融承三教经学 ………… 131

第五章　山河澹远：中晚唐"经"主"文"辅 ………………… 150
　　第一节　"兹翻百忧"：儒学渐衰与士子心愁 ………………… 150
　　第二节　肌理修复：改文换质与复古思潮 …………………… 154
　　第三节　骨髓更植：道统重构与《春秋》学兴 ……………… 159
　　第四节　以文疗经：诗求讽喻与文以载道 …………………… 173
　　第五节　清泠余韵：晚唐经"困"文"苦" ……………………… 188

第六章　日月叠璧：唐代"经""文"之影响 ………………… 202
　　第一节　承汉启宋的中心枢纽 ………………………………… 202
　　第二节　唐宋经文转型与唐宋诗之争 ………………………… 208

结语 …………………………………………………………………… 235

参考文献 ……………………………………………………………… 239

后记 …………………………………………………………………… 249

绪　　论

一、研究现状

"经"之称谓，始自墨家，墨家将儒家典籍称为"经"。① "经"在汉代得到尊崇，成为"六经"等经典的简称。东汉许慎《说文解字》："经，织也。从系，巠声"。段注"织之纵丝谓之经。必先有经，而后有纬，是故三纲、五常、六艺谓之天地之常经"。② 许慎释"经"只是一家，从古至今对"经"义训诂之典籍不胜枚举。就今人目能所及，古今释"经"之义总结并归纳起来大致有 182 种。③ 其中最为常见的是将"经"解释为"道"、"法"、"常"等。

"文"之本义为文(纹)身。④ 许慎《说文解字》录"文"字，段玉裁注为"错画也。"⑤就今人目能所及，古今释"文"之义总结归纳起来大致一共有 264 种。⑥ 其中最为常见的是将"文"解释为"文章"、"文字"、"文学"、"文化"、"文采"等。从资料整理来看，目前所能见到的对"经"与"文"进行训诂考释的著作主要有：《尔雅注疏》，(晋)郭璞注，(宋)邢昺疏，(清)阮元校勘，中华书局 1980 年；《说文解字》，(东汉)许慎

---

① 参看许道勋、徐洪兴：《中国经学史》，上海人民出版社 2006 年版，第 21 页。
② (清)段玉裁：《说文解字注》，上海古籍出版社 1981 年版，第 644 页。
③ 参看宗福邦等撰：《故训汇纂》，商务印书馆 2003 年版，第 1741 页。
④ 参看徐无闻主编：《甲金篆隶大字典》，四川辞书出版社 1991 年版。
⑤ (清)段玉裁：《说文解字注》，上海古籍出版社 1981 年版，第 425 页。
⑥ 参看宗福邦等撰：《故训汇纂》，商务印书馆 2003 年版，第 975 页。

撰，(清)段玉裁注，中华书局 2013 年；《释名疏证补》，(汉)刘熙撰，(清)毕沅疏证，王先谦疏证补，中华书局 2008 年；《字林考逸》，(晋)吕忱撰，(清)任大椿考逸，上海古籍出版社 2007 年；《经传释词》，(清)王引之撰，岳麓书社 1984 年；《经词衍释》，(清)吴昌莹撰，中华书局 1956 年；《故训汇纂》，宗福邦等撰，商务印书馆 2003 年；《甲骨文字典》，徐中舒编，四川辞书出版社 2014 年。

如果从经学与文学之关系的角度考察"经"与"文"，可以发现"经"与"文"之关系十分密切。经学与文论有着文本重合的属性，比如《诗经》既是经学经典又是诗学源头。不仅如此，经学还是文学文论的文体之源、"六义"之式。这一点，齐梁之际的刘勰在《文心雕龙》中已经谈得十分明白。刘勰之后，有关经学与文论关系的研究要么内化成为一种批评标准，比如诗之"六义"，要么外显为一种卫道原则，比如韩柳的复古思潮。其他研究则散见于各类诗文评中。"经"的"文"之属性与"文"的"经"之本体的认知，直到清代桐城派还有迹可循。① 今人研究经学与文论相比古人有着更为开阔的视域。据目前的资料所及，研究经学与文论关系的理论资料大致分为宏观研究与微观研究两种。从宏观角度研究经学与文论的有：李凯《儒家元典与中国诗学》(中国社会科学出版社 2002 年)、刘再华《论经学与中国古代文论的关系》(《中国文学研究》2004 年第 4 期)、吴建民《论经学对古代文论的影响》(《徐州师范大学学报》2007 年第 1 期)、吴建民《经学与古代文论范畴》(《徐州师范大学学报》2008 年第 1 期)、吴建民《经学元典与古代文论体系》(《徐州师范大学学报》2009 年第 1 期)、吴建民《论经学对古代文论学术特征之影响》(《徐州师范大学学报》2011 年第 1 期)、吴建民《经学传统与古代文论的科学性》(《学术论坛》2011 年第 3 期)、李建中《经学视域下中国文论关键词之词根性考察》(《武汉大学学报》2014 年第 1 期)等。

---

① 参看刘弈《清代中期经学家文学思想研究》(复旦大学博士论文 2007 年)、刘再华《晚清时期的文学与经学》(复旦大学博士论文 2003 年)。

从微观角度研究经学与文论的有：姜文清《汉代经学、神学对辞赋文学的影响》(《文学遗产》1981年第4期)、陈桐生《论〈诗〉教——经学与中国文论范畴系列研究之三》(《中国诗歌研究》2002年第3期)、程勇《汉代经学视野中的儒家文论叙述》(复旦大学博士论文2003年)、刘再华《晚清时期的文学与经学》(复旦大学博士论文2003年)、冯良方《汉赋与经学》(中国社会科学出版社2004年)、刘再华《近代经学与文学》(东方出版社2004年)、程勇《经典圣性的证立与汉儒文论话语的构建》(《文艺理论研究》2005年第1期)、程勇《略论汉代古文经学的制度构想与理论视野》(《齐鲁学刊》2005年第3期)、程勇《汉代经学文论叙述研究》(齐鲁书社2005年)、程勇《经学经术的分野与汉代经学文论话语的双重性质》(《学术月刊》2005年第3期)、边家珍《汉赋与经学》(华龄出版社2005年)、包兆会《汉代经学对汉代文论的影响》(《人文杂志》2005年第1期)、黄黎星《魏晋南北朝文论与经学之关系探析》(《淮阴师范学院学报》2005年第1期)、杨旭辉《清代经学与文学——以常州文人群体为典范的研究》(凤凰出版社2006年)、程勇《经学与汉代文论的关联》(《鲁东大学学报》2006年第4期)、张金梅《春秋笔法与中国文论》(四川大学博士论文2007年)、刘弈《清代中期经学家文学思想研究》(复旦大学博士论文2007年)、刘毓庆《从文学到经学：先秦两汉诗经学史论》(华东师范大学出版社2009年)、侯文学《汉代经学与文学》(人民出版社2010年)、吴建民《经学与汉代文论》(《阜阳师范学院学报》2010年第3期)、马兴祥《北宋经学与文论》(人民出版社2011年)、刘朝谦《经学文论在汉代的体制化进程》(《中外文化与文论》2011年第2期)、吴中胜《文：从先秦元典到文心雕龙》(《长江学术》2013年第2期)、董业铎《从〈文心雕龙·风骨〉看刘勰文学思想的经学倾向》(《求实》2014年第3期)等。

唐代经学与文论之关系是一个前人研究相对不多的问题。据笔者目前所能看到的文献资料而言，有关唐代经学与文论之关系研究大致可分为两类：一类是以纵向梳理形式存在的批评史论述，另一类是以横向比较形式存在的理论性研究。郭绍虞先生的大作《中国文学批评史》，作为这个学科里面最早、最全面、最系统的研究论著，以其独到的眼光首先谈及了唐代经学与文论这一问题。① 郭绍虞先生研究唐代经学与文论，是从复古运动的大背景中展开。而这种复古运动，乃是以包括李谔、王通、刘知幾在内的诸多经学家史学家之理论作为奠基。这些经学家、史学家的言论对后来的复古思潮产生了深远的影响。从这一点可以明显地看出，郭绍虞先生对唐代经学影响唐代文论这一问题是有着明确而肯定的认识的。邹然先生的《中国文学批评史》中有关唐代文论部分，跟郭绍虞先生的论述较为相似，也是从经学家史学家的论述展开。② 朱东润先生的《中国文学批评史大纲》也是从唐代刘知幾等史学家的文学批评开始，谈及了经学思想与文学批评等相关问题。③ 跟这些研究思路相似的，还有罗根泽先生的《中国文学批评史》④、王运熙先生等编著的《中国文学批评史新编》⑤、张少康先生的《中国文学理论批评史》⑥、方孝岳先生的《中国文学批评》⑦，等等。客观而言，先贤的这些研究理论都有其价值所在，对后来的研究者们进行深入挖掘文学批评史其他问题给予了诸多借鉴。

针对将唐代经学与文论关系进行以横向比较形式存在的理论性研究，据笔者查阅近30年间(1985—2015年)能够见到的、直接谈及这个问题的文章，大致有122篇。按照文章的研究内容与思路，可以分为这样几个类型：

从唐代"经"、"文"关系的宏观视野着手研究的有：梁道礼《政治家的要求和文学家的方向——初唐文论新探》(《陕西师范大学学报》1989

---

① 参看郭绍虞：《中国文学批评史》，百花文艺出版社2008年版。
② 参看邹然：《中国文学批评史》，北京大学出版社2006年版。
③ 参看朱东润：《中国文学批评史大纲》，武汉大学出版社2009年版。
④ 参看罗根泽：《中国文学批评史》，上海书店出版社2003年版。
⑤ 参看王运熙等编：《中国文学批评史新编》，复旦大学出版社2007年版。
⑥ 参看张少康：《中国文学理论批评史》，北京大学出版社2005年版。
⑦ 参看方孝岳：《中国文学批评》，三联书店1986年版。

年第 2 期)、卢钟锋《唐代的儒学复兴与学术史的研究》(《广东社会科学》1990 年第 4 期)、李岩《三教争衡与唐代的学术发展》(《社会科学家》1994 年第 4 期)、杨乃乔《经学与儒家诗学——从语言论透视儒家在经典文本上的"立言"》(《中国社会科学》1995 年第 5 期)、梅运生《士族、古文经学与中古诗论》(《安徽师范大学学报》1996 年第 4 期)、高林广《试论初唐史家、政治家的诗学思想》(《内蒙古师范大学学报》1997 年第 5 期)、江海《唐代儒学的新变与唐宋转型》(《淮北煤炭师范学院学报》2002 年第 3 期)、张国刚《略论唐代学术史的时代特征》(《史学月刊》2003 年第 6 期)、何晓园《中唐文人的政治自觉与诗歌创作》(《深圳大学学报》2007 年第 2 期)、张巍《中晚唐经学研究》(山东大学博士论文 2008 年)、何诗海《唐代经学与文章之学》(《浙江学刊》2009 年第 1 期)、李金坤《唐代儒释道文化之兴盛及其对文学之影响》(《毕节学院学报》2011 年第 1 期)、许宁《独尊儒术与重继道统——汉唐儒学文化观的个案比较研究》(《陕西师范大学学报》2011 年第 2 期)、潘忠伟《中古儒家经学著述形式的转变——关于义疏体裁的研究》(《中国社会科学院研究生院学报》2012 年第 5 期)、郭畑《求新解到疑经：唐代古文运动与经学变古》(《贵州文史丛刊》2013 年第 5 期)、泓峻《儒家经学研究对汉语文学文本形态的影响》(《中州大学学报》2014 年第 5 期)等。

从唐代"经"、"文"关系的微观视野着手研究的有：张启成《论〈毛诗正义〉与〈诗经〉学》(《贵州文史丛刊》1998 年第 5 期)、吴海兰《唐代新〈春秋〉学与政治》(《人文杂志》2003 年第 7 期)、贾明党《论柳宗元的经学思想》(《山西师范大学学报》2005 年第 1 期)、李金坤《〈风〉〈骚〉诗脉传承论——兼论〈毛诗正义〉经学话语对唐人诗心之激发》(苏州大学博士论文 2007 年)、谢建忠《〈毛诗〉及其经学阐释与唐诗文学价值》(《西南大学学报》2007 年第 3 期)、李慧智《儒经及其经学阐释对杜诗的影响研究》(南开大学博士论文 2010 年)、黄贞权《〈毛诗正义〉与唐代诗学》(《船山学刊》2010 年第 2 期)、雷恩海等《崇经重史、惟真惟实——王若虚文学观及其经学、史学思想的辩证关系》(《甘肃社会科学》2010年第3期)、徐继英《历史语境下的文化转型——元白诗学思想与中唐儒学论略》(《山西师范大学学报》2010年第4期)、宁俊红《散文与经学关联视野中韩愈文道观的本体论内涵及意义——兼与刘勰、朱熹文道观比较》(《兰州大学学报》2011年第4期)、陆丽明《〈左传〉与唐代散文》(中央民族大学博士论文2012年)等。

从唐代科举之"经"与文学之"文"的角度着手研究的有：傅璇琮《唐代科举与文学》(陕西人民出版社2003年)、王兆鹏《唐代科举考试诗赋用韵研究》(齐鲁书社2004年)、郑晓霞《唐代科举诗研究》(复旦大学出版社2006年)、程千帆《唐代进士行卷与文学》(武汉大学出版社2008年)、王士祥《论唐代省试赋的宗经特征》(《中州学刊》2010年第1期)、王佺《唐代干谒与文学》(中华书局2011年)、焦桂美《唐代明经科人才的经学贡献》(《北方论丛》2012年第2期)、汤燕君《论以诗取仕对"诗唐"形成的促进作用》(《浙江社会科学》2012年第3期)、洪铭吉《唐代科举明经进士与经学之关系》(文津出版社有限公司2013年)、高晓成《略论开元以前取仕制度与诗赋之关系》(《社会科学战线》2014年第4期)等。

从孔颖达美学思想与《五经正义》与诗学文论关系之角度研究的有：黄贞权《孔颖达〈毛诗正义〉的文学阐释思想》(暨南大学硕士论文2005年)、高广林《〈五经正义〉诗乐思想管窥》(《内蒙古师范大学学报》2005年第2期)、王长华《孔颖达〈诗〉学观论略》(《河北师范大学学报》2007年第1期)、谢建忠《论孔颖达与唐诗》(《文学评论》2007年第2期)、李金坤《孔颖达〈毛诗正义〉对经学与诗学的贡献》(《江苏大学学报》2007年第4期)、乔东义《孔颖达美学思想研究》(复旦大学博士论文2008年)、杨乃乔《唐代经学阐释学与两种文学观念的悖立——兼论〈五经正义〉的阐释学方法与原则》(《学术月刊》2009年第4期)、王海英《孔颖达〈五经正义〉与唐代文论》(《中国文学研究》2011年第2期)、陆双祖等《论孔颖达〈毛诗正义〉的诗学思想》(兰州交通大学学报2014年第5期)等。

上述研究在"经"与"文"的含义辨析上、在经学与文论关系之宏观观照与断代研究上都有诸多进展，尤其是对孔颖达经学与美学关系之阐述体现了理论视角之新颖。但是，反观以往经学与文论，尤其是唐代经学与文论之研究就不难发现，无论是研究视域上还是研究方法上都存在不足：第一，对唐代经学与文论的研究挖掘略显不足。以往经学与文论之关系的研究虽然在宏观上取得了诸多成果，但是就微观式的对某一朝代的研究却只多注意经学发展成就极大的汉、宋与清，而对于经学统一时代的大唐则没有给予足够的重视。而即使有学者将目光投向了唐代经学与诗学，也多数只讨论了孔颖达的经学与诗学。孔颖达经学与诗学关系只是整个唐代经学与文论关系之冰山一角。唐代经学与文论还有很多值得挖掘的地方。总而言之，唐代经学与文论有待进一步梳理，唐代各时期经学与文论之关系也同样有待进一步研究和梳理。第二，传统阐释模式与研究思路导致唐代"经"、"文"关系研究的非语境化。以往唐代"经"、"文"关系之研究有着明显的非语境化倾向。他们对"经"之阐述容易落入政治、史学、儒家意识形态的藩篱之中，无法聚焦于经学本身，而他们对"文"之阐述也多局限于唐代文学思潮与诗歌形态，而对于文论则相较而言没有更加深入系统的论述。实际上，"经"与"文"在整个文化与文论发展流变中有其自身的规律可循，唐代经学与文论是"经"与"文"在唐代这个语境中的表现形态之一种。对于"经"、"文"关键词之研究需要打破非语境化的偏狭视域，也要衔接汉宋语境的理论视野，这样才能更清晰地展现"经"、"文"以及经学与文论在唐代的关系。

二、研究意义

本书主要从"经"、"文"这两个关键词出发，研究唐代经学与文论的关系。选择唐代的经学和文论作为研究对象并非偶然的决定，而是在梳理"经"和"文"两个文化元典核心关键词在历时的发展流变中，尤其是在唐代这个特定语境中进行了深入细致地思考之后得出的结果。

唐代之"经"在中国文化史上值得大书特书。孔颖达《五经正义》、陆德明《经典释文》都堪称中国经学史上的杰作。因而唐代之"经"在"经"这一文化元典关键词之梳理过程中有着重要意义。唐代显著的文化印记不仅仅在"经",唐代之"文"在中国文学史上更是首屈一指。唐代被后世称为"诗歌大国",唐诗乃是中国诗歌的顶峰。不仅如此,唐代词之发展直接造就宋词超然的艺术成就,唐代散文大家韩愈、柳宗元入列"唐宋八大家",唐传奇以其新颖的言辞表达给予后世小说发展以极大影响。由此可见,"经"和"文"在唐代有着卓绝的地位。因此,从"经"、"文"这两个元典关键词的层面切入唐代经学和文论的研究,对于有唐一代文论乃至对于整个中国古代文论的研究,均具有重要的学理价值和方法论意义。

唐代经学和文论不是两条平行线,而是双向互动、相互影响的。总体而言,唐代经学与文论之发展轨迹乃是趋于统一的。经学昌盛则文论昌盛,经学衰靡则文论凋敝。经学大道复苏体现于文论上的刚健致用,文论革新之目的乃在疗救经学之疾。唐代经学与文论的总体特征可以称为"经正文成"。但作为变化的主体,唐代经学与文论在不同时期,又有不同的表现形式,乃至"经"与"文"之关系在唐代的不同时期有不同的特征,这些都是本书的研究对象。

中国文化以儒家为主流,儒家经典囊括天地、豁通天人、达智秉德,对于整个中华民族乃至东亚文化产生了巨大而深刻的影响。儒家文化从一开始就表现为政治性较强、宗教性较弱的特征,而这一特征与华夏先民的生活方式、思维方式以及实践方式有着极大关联,这一点从先民文字的创造中可以得到明证。以"经"为例,西周铭鼎以"肇雍经德"为尊,"经"之本义实为"经营",这与"经"字始以"巠"为用,其意一脉相承。

如果说原始儒家以经营为理念乃是一种文化意志的话,那么孔子整理六经为后世儒家存立经典,则是将儒家"经营"及"通经致用"之理念转化到文本层面。儒家通经致用,所通之经,一是明晰并践行经营之意志,二是领悟六经之文本内涵而践行儒者之旨,其根本目的实际还是通经致用、辅助帝王，顺阴阳而化成天下。"经"之义，无论是"经营"，还是后来演化出来的"经籍"、"经典"、"经济"等，其核心都在于经营致用。西周至两汉的儒家之经处于一个建构阶段，其宏观性与政治性远大于个人修养与文本细读。两汉至隋唐的儒家之经处于一个融合阶段，其兼容性与文化性则促使儒家文化中的内外修养达到一种相对平衡，这种相对平衡带来的是诗歌的繁荣与国力的强盛。两宋到明清的儒家之经处于一个完成与整理的阶段，其个人性与封闭性远大于宏观性与开阔性，因此宋明以个人人格修养与心性完善为重，实际关闭了"经营"的大门，虽然宋明理学所谓修齐治平，其最终目的是经营天下，但是外部环境的改变从根本上跟西周与汉唐之经学理念有了性质上之区别。

纵观整个中国文化史，儒家"经营"之理念实际上产生了重要影响。儒家经典与经营理念激励一代代华夏子孙努力构建理想社会之蓝图的脚步始终没有停止。因而"经"不再是简单的一种文化标志，而是中国文化大观念中的重要一员，也是涵盖政治、经济、哲学、历史等诸多领域的重要一员。"经"之命大、幅大、力大，足以表明它能够进入整个中国文化的核心关键词、整个中国文学的核心关键词、整个儒家元典的核心关键词。因此，研究"经"、儒家经典，明晰"经"之内涵的发展演变将有着重大的价值与意义。

素有文明古国之称的古代中国，其文明之昌繁、文教之兴盛、文化之璀璨足以证明"文"乃是华夏民族最核心、最有力的文化关键词之一。以六经为根底的儒家文化，从一开始就延伸出政治与文学的双重路径。既然六经明确讲述了儒家经营天人的玄奥之道，那么其中所含的文学之因也应当受到足够的重视。而恰好"六经"承载的"经"与"文"的交织之体又正好演绎了古代文化里经学与文学文论交融之典范。"文"的原始义是纹身、文饰、文彩、彣彰，后引伸为文字、文辞、文章、文籍、文学等，无论是原始义还是引伸义，均与"经"密切相关。就个案而言，《诗经》既是"经"（"五经"或"六经"之一），又是"文"（狭义的、纯粹的文学）；就普遍性而言，"六经含文也"，"经"是后世所有"文"的鼻祖和楷模。《文心雕龙》全面而深刻地总结了六经作为"文"之范式对后世文学及文论之影响。中国文化继承性大于创新性，其思维模式是以古为尚，故六经成为至圣之文，是所有文辞章句（当然也包括文学）的经典。由此可以看出，"六经"在成为儒家文化经典之后，又成为广义的或狭义的"文学"之经典，两种意义上之"经典"构成一种循环式的互文性。"文"之最高层面有"经"的统驭和导引，这象征着儒家成为主流意识形态，儒家文化成为权利话语。在这个意义上说，对"文"的研究也就是对"经"的研究，反之亦然。因此，从"经"、"文"这两个元典关键词及其二者之关系的层面切入，对于本书的研究对象及目标（唐代经学与文论）而言，不仅是一个新的角度，而且是一种行之有效的方法，从而具有了学理和方法论的双重意义及价值。

三、研究内容

"经"与"文"皆为中国文化元典关键词。"经"义有"经营"、"经籍"、"经典"之流变过程，"文"义有"文（纹）身"、"文章"、"文采"之衍发时序。唐以前的"经"、"文"关系，大体可表述为：先秦时期的共体同源，两汉时期的"经"尊"文"从，魏晋时期的"经"隐"文"显和南北朝时期的"经"体"文"用。唐代"经"、"文"关系既沿袭前代又独具特色，形成"经"正"文"成之时代特征。唐代社会集经学一统与文学隆盛于一身，其经学成就与文论创获交相辉映，从而为我们解读"经"、"文"关系并在此基础上深入研究唐代经学与文论提供了阐释语境与范例。

从中国文化元典关键词"经"、"文"关系的层面切入唐代经学与文论的研究，可以发现其"经"正"文"成之总体特征。唐人之"经"既融通三教又勾连雅俗，唐人之"文"既统摄情志又汇通造境与事功，其"经"、"文"关系则表现出超越前代、重构新局的气概。初唐承接汉魏"经"、"文"局势而来，以孔颖达和陈子昂为代表的有识之士分别对唐代经学建设与诗学重构做出了极为重要的引导。孔颖达奉诏编纂《五经正义》

标志着儒家元典越经千年完成了经文与注文的统一，由此影响唐初文论刚健有为之诗文理念和通经致用之思维方式的形成。陈子昂登高一呼，重倡"风骨"和"兴寄"，既是对儒家诗教的回归又是对初唐经学的回应。盛唐承接初唐，在经学三教融通与文论情志合一上做出扩展，禅宗空净与道家逍遥都给诗学以营养。此时期虽无文论大师却并不缺乏诗学华章，"经正文成"之势大放异彩。安史之乱以后，唐朝国力渐衰，经学与文论均进入转型与新变，既以文救经又以经统文，使得此时期的经学与文论呈现兼容之势。如果说韩柳元白是以文疗经、御经统文的代表，那么司空图则是将儒释道三教理念与华夏传统诗性思维融为一体的典型。

（1）唐代经学与文论的总体性特征是"经"正"文"成：经学精正则文论大成。经学与文论有着共生互文之关系，在整个经学史与文论史形成相互呼应之格局。"经"正"文"成是唐代经学史与文论史之概貌，也是整个中国经学史与文论史关系之缩影。

（2）初唐经学与文论的特征及关系是"经"定"文"炳：经学新定则文论昌明。唐初经学新定改变了六朝经学繁乱的局面，同时对文学文风有着极大影响。文风的改变直接引起文论重心与批评标准的转移，六朝靡音不再是文学及文论的主调，取而代之的是对"风骨"、"兴寄"这些文论观点的推举与尊崇。

（3）盛唐经学与文论是"经"融"文"丽：经学融通则文论清丽。盛唐时期的经学有着儒释道三教相互交融的特征，三教经学的交融直接影响了诗人情致的内化与意境的开拓，因而诗学文论在此文化环境的浸润下，凸显出尤重情志合一的清丽之貌与妙心灵象的造境之功。

（4）中晚唐经学与文论是"经"主"文"辅：经学领主则文论归辅。中晚唐对"经"之道统的尊崇达到整个唐代的高峰，而文论为配合经学意识形态的建构而成为一双辅助之手。中唐时期经学的复兴与转型直接影响了文论的复古与革新。

第一章　释名彰义：说不尽的"经"与"文"

我们先讲一个大家都知道的旧事。

公元前 511 年，孔子到了不惑之年。这一年有一位后来成为孔子弟子的人出生了，他叫陈亢。在有记载的孔子的 76 位弟子中，陈亢排名第 28 位，小孔子的儿子孔鲤 21 岁。陈亢勤奋好学。一日，与孔鲤聊天。陈亢好奇圣人会不会私下教诲儿子孔鲤一些他人轻易学不到的学问呢？于是，借着聊天的机会，陈亢直接问孔鲤道："阁下可是圣人的儿子，那你在圣人那里是否听到过什么特别的教诲吗？"孔鲤真诚地眨着双眼，思索了一下，回答说："没有呀。不过，有一次我父亲独自站在堂上，我快步从庭里走过。他便说我：'学《诗》了吗？'我回答说：'没有。'他说：'不学《诗》，就无法谈论思维构建之术。'于是我回去学《诗》。又有一天，他独自站在堂屋里，我踱步于庭，他看到我就问：'学《礼》了吗？'我回答说：'没有。'他说：'不学《礼》，怎么能懂得立身之道？'于是我又回去就学《礼》。我父亲就教诲了我这两件事。"陈亢听了很高兴，回去高兴地告知他人说："我问孔鲤一个问题，收获真大，得到三方面的收获：听到《诗》是必读的，听到《礼》这本书是必读的，又听了君子不偏爱自己儿子的道理。"

故事很短，然而含义颇深，值得我们把玩，回味，思索，追寻。可以试想，伟大如孔圣，在教育子女的时候，十分重视教导他们要阅读经典。换而言之，就是要读经。为什么呢？原因很简单。因为经典当中蕴含着许许多多的立身之道。立身之道，其实是现代人非常缺乏的。现代人，尤其是年轻人，行不足以立身，言不足以达意。其实要解决这两个问题，很简单，学习孔子的教育方法。孔子要孔鲤勤奋读《经》是在"言"的层面教导他。要孔鲤学《礼》是在"行"的方面教导他。言与行做到了不偏不倚，恭谨端正。孔鲤自然有了立身之本。这正是值得我们学习的。

《诗》与《礼》只是儒家"六经"当中的两部。在儒家文化里，经过不断的淘择，"六经"成为了被尊奉的经典。"六经"作用广大，对后世哲学思想、文艺审美、礼仪乐律等诸多方面产生了深远影响。这当中，自然包括六经对文论的影响。甚至可以说，基于文本同构之属性，"六经"生成之初便有了文体之范的特征。伟大的文论家刘勰曾这样论述经学与文学的关系：

> 故论说辞序，则《易》统其首；诏策章奏，则《书》发其源；赋颂歌赞，则《诗》立其本；铭诔箴祝，则《礼》总其端；纪传铭檄，则《春秋》为根。并穷高以树表，极远以启疆，所以百家腾跃，终入环内者也。"①

在刘勰看来，这种"不刊之鸿教"、"恒久之至道"的"经"，有着"为德也大矣"、"天地之心哉"的"文"的"理式"。可见，"经"与"文"一开始便有了一种特殊的关系。这种关系源于二者都是中国文化所孕育生发。当然，这是后话。我们首先要解决的问题是先弄清楚"经"与"文"之内涵。那么，何谓"经"？何谓"文"？

第一节　说"经"之始

"经"在古今乃是再常见不过的文字了。论经典，有儒家经典、道

---

① 刘勰著，范文澜注：《文心雕龙注》，人民文学出版社1958年版，第22页。

家经典、佛家经典。说一个人有着杰出的才能，往往他会被说成"经天纬地"之才。然而，"经"和"文"并不是我们想象的一开始就是"经典"、"文学"之义。"经"与"文"的含义都有一个演变的过程。了解这个过程，对于了解"经"和"文"非常重要。释"经"之始，先秦便有。根据目前的考古资料与研究状况而言，已知最先开始将儒家典籍称为"经"的学派并非是以"六经"为思想依托之儒家，而是与之分庭抗礼的墨家。①墨家或从吸纳儒家思想之目的出发而研习儒家典籍，抑或认为儒家之道乃以人世修为为重，他们看到了儒家典籍中经世致用之理，由之有了称儒家典籍为"经"之始。然而需要明确的是，墨家"经"之称谓多从典籍的角度出发，这是在"经"成为了固化的文本之后，甚至在"经"有着"常"、"法"、"道"之含义后才有的情况。实际上，最先开始的"经"，并非指"典籍"。换句话说，"经"之本义，并非"典籍"，而是"经营"。

《说文解字》是这样解释"经"的："经，织也。从系，巠声。"段注"织之纵丝谓之经。必先有经，而后有纬，是故三纲、五常、六艺谓之天地之常经"②，强调"经"之"织之纵丝"与"天地之常经"的双重义旨。刘师培称"盖经之义，取象治丝，纵丝为经，衡丝为纬，引申之，则为组织之义"③，皮锡瑞称"孔子所定谓之经，弟子所释谓之传，或谓之记，弟子辗转相授谓之说，惟《诗》、《书》、《礼》、《乐》、《易》、《春秋》六艺乃孔子所手定，得称为经"④，显然是对《说文》段注双重义旨的分别阐释。

周代铭文有"经维四方"、"肇雍经德"等词语。这些词语透出一股

---

① 参见许道勋、徐洪兴：《中国经学史》，上海人民出版社2006年版，第21页。
② （汉）许慎撰，（清）段玉裁：《说文解字注》，上海古籍出版社1981年版，第644页。
③ （清）刘师培：《刘师培讲经学》，凤凰出版社2008年版，第8页。
④ （清）皮锡瑞：《经学历史》，中华书局2004年版，第39页。

孔门讲经图

经天纬地、经邦治国的帝王之气。今人考此处"经"义为"经营"。①从目前已有的材料来看,"经"字做"书籍"解,最早也要到春秋战国时期。也就是说"经营"之义才是"经"的本义,而非后世认为的"经籍"或者"经典"。既然"经"字之义先有"经营"后才衍生出"经籍"以及"经典",那么其中的过程究竟如何?"经营"之义与"巠"所代表的"川水之貌"以及"经"所蕴含的"纵丝之织"有何关联?"经营"与后起的"经籍"、"经典"又是何种关系?"经营"于"经"义之演变中扮演何种角色?这些有趣的问题,有待我们一一解答。

上古时期,文字稀少,一字多用的现象很普遍。"经"字也是如此。在一些地方,"经"是写成"巠"的。郭沫若先生考证"经"的本字原是"巠"。他在《金文丛考·金文余释·释巠》里面说道:

> 大盂鼎"敬雍德巠",毛公鼎"肇巠先王令",均因乃用巠为经。余意盖经之初字也。观其字形,前鼎作,后鼎作,均像织机之纵线

---

① 许道勋等认为金文中的"经"的释义为"经维四方",也就是"经营"的意思。参见许道勋、徐洪兴:《中国经学史》,上海人民出版社2006年版,第2页。

形。从系作之经,字之稍后起者也。《说文》分巠、经为二字,以巠属于川部,云"巠,水脉也。从川在一下。一地也,壬省声,一曰水冥巠也"。说殊迂阔。①

距今为止,我们已能辩识的甲骨文里没有"经"和"巠"。因此,有学者据此推论殷商时代没有"经"字。② 据现有的文献资料看,"经"字最早出现在周代青铜器的铭文上。周代的虢季子白盘、齐陈曼簠、叔夷钟均有"经"字。值得注意的是,"巠"跟"经"二字都出现在铭文中。比如周代大盂鼎、大克鼎、毛公鼎、晋姜鼎都刻有"巠"字。那么,"巠"与"经"出现在同一时期,是否为同一字?

"巠"字由山川水流之貌演变而来,《说文》有"巠,水脉也。从川在一下。一,地也。壬省声,一曰水冥巠也。"③而"经"由纺织之状而来,即前引《说文》段注"织之纵丝谓之经"。古文字"六书",象形居首,盖因文字之始创多拟象于自然与人事。"巠"取象于自然(川水之流),"经"取象于人事(纵丝之织),而纺织之人事显然要晚于川水之自然,原始社会的"骨针"是纺织的雏形,直至西周纺织才得到飞跃的发展,因为西周出现了最早的纺车、辘车。"经"若从纺织之貌解,则可知是由纺织日盛而才得此字。因为,"巠"是从"川",而"经"才是从"丝"。所以这样看,"巠"与"经"可能不是同一个字。"经"和"巠"在周代青铜器铭文上都有出现。西周早期的大盂鼎上有"敬雍德巠"四个字,西周中期虢季子白盘上有"经维四方"四个字。西周晚期的大克鼎有"巠念氒保祖师华父",毛公鼎有"肇巠先王令"。至东周,晋姜鼎有"巠雍明

---

① 郭沫若:《金文丛考·金文余释·释巠》,人民出版社1954年版,第194页。
② 许道勋,徐洪兴:《中国经学史》,上海人民出版社2006年版,第1页。
③ (汉)许慎撰,(清)段玉裁注:《说文解字注》,上海古籍出版社1981年版,第568页。

德",齐陈曼簠上有"肇雍经德",叔夷钟上有"余经乃先祖"。①

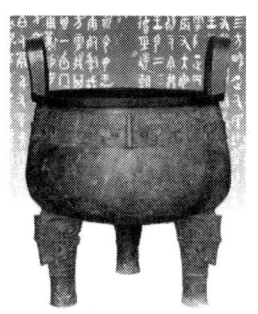

大盂鼎

"巠"与"经"起初是两个单独的字,"巠"的出现似应早于"经":"巠"是西周早期的字,"经"则是西周中期的字(史料明确记载此时纺织之术大盛②)。西周中后期二字开始通用,似因二字之取义皆有纵横、贯穿之象。而且,西周中期有"经维四方",西周后期毛公鼎又有"肇巠先王令",亦可证"巠"与"经"二字至西周中后期才得以通用,并延续至今,③如黄侃《声韵略说》"凡此诸文……而巠脉明白可寻"④。

以上辨明了"经"与"巠"之区别与联系,那么,"经"之本义与"巠"有何关联?我们认为,"巠"为川水之貌,此乃天地营构之象;而"经"为纵丝之织,此乃人事治理之道。中国文化向来就有"天人合一"的传

---

① (清)吴大澄撰:《说文古籀补》,中华书局2011年版,第566页。
② 《诗经》中早有周人关于纺织的记载,比如《诗·大雅·瞻卬》:"妇无公事,休其蚕织";还比如《诗·豳风·七月》:"蚕月条桑……猗彼女桑"、"七月鸣鵙,八月载绩,载玄载黄,我朱孔阳,为公子裳";《诗·郑风·出其东门》:"缟衣綦巾,聊乐我员";《诗·陈风·东门之枌》:"谷旦于差,南方之原,不绩其麻,市也婆娑"等,都可以清楚地反映出西周时期纺织技术已经得到了长足的发展和广泛的运用。
③ 据考证,"巠"后与"经"还有"陉"皆通。《集韵·青韵》:巠,通作陉。赵振铎:《集韵校本》,上海辞书出版社2012年版,第2334页。
④ 黄侃:《黄侃论学杂著》,中华书局1964年版,第388页。

统,而"天人合一"的心理根源,是诗性智慧的万物有灵、物我同一。那么,作为"自然"的"川水之貌",与作为"人为"的"纵丝之织","同"在何处,"灵"在何方?我们的回答是,"同"在"经营"之道,"灵"在对经营的主宰。

6世纪的刘勰在《文心雕龙》中勾勒"日月叠璧,以垂丽天之象"的原始心理体验:日月叠璧,以垂丽天之象;山川焕绮,以铺理地之形。这两句看似简单的话语里,透露出刘勰非凡之气魄的同时,也表露出中国古人观照时空具有一种经天纬地的想象!如果说文明炳耀时代的刘勰都用至高的视域夹杂惊人的想象来体察他所处的世界,那么几千年前的上古初民就更容易将自然世界进行想象的建构。因此,我们可以大胆地设想,"经"与"巠"的"创制者",在心理上会认为有天帝在统治万物,会有天道在经营万世。这在上古神话当中十分常见。不过,从形而下的层面论,西周纺织业的发展促进了时人对"经"与"巠"之词义的比拟性认知:"经",作为"纵丝之织",显然是属于"家事";而"巠",作为"川水之貌",则是天下之事,属于"国事"。因而,人们会在心理上将家事的纵横织丝,类比成国事的经营治理。故知从天道经营的川水之貌,到人事经营的纵丝之织,似有一个或隐或显的流变过程,这个过程孕育了"经"之本义——"经营"。换言之,"经营"作为"经"的本义,实际上是由"经"之纵丝之象融合了"巠"之川流之貌一路发展而来的。

古文字的词性演变常见由"动"而"名",比如"书",最初是"人执笔书写之姿",谓为"书写"。尔后才有用作名词的"书籍"之称。"经"字亦然。"经"在周代已经有了"经营"的意思,却几乎没有经籍(书籍)的含义。后世学者论"经"之本义,多言"经籍"、"经典"、"五经"之类,皆是谈用作名词的"经"而忽略作为动词的"经营"之义。我们认为,"经"之本义是"经营"而非"经籍"或"经典"。

从目前的材料看,春秋战国之前,"经"无"经籍"之义,更无"经典"之义,而更多的是"经营"之义。除前文所引周代金文之"经"为"经营"之义外，还有更多传世文书的证据：

《书·周官》："论道经邦。"①（郑玄注，经者，经营也）
《周礼·天官·序》："体国经野。"②（郑玄注，经者，经营也）
《周礼·天官·大宰》："以经邦国。"③（贾公彦疏引《治典》，义为经营）
《周礼·地官·司市》："以次叙分地而经市。"④（郑玄注，经者，经营也）

以上四条语料，"经"皆作"经营"解。《书》和《礼》都是周朝重要的文献，记载着当时的制度和风俗，天官、地官都号称周朝的"信史"。当然，周代"经"除了"经营"之义，还有其他义项：（1）"经"为南北之义。比如《周礼·春官·龟人》："南北为经。"⑤（郑玄注，义为"南北之向"），又如《周礼·考工计·匠人》："国中九经。"⑥（贾公彦疏：南北之道为经。）（2）"经"为二十八星宿。比如《周礼·春官·大宗伯》："以二十八星宿为经。"⑦（贾公彦疏：经为二十八星宿。）（3）"经"为常、道

---

① （汉）郑玄注，王应麟撰集、姜建设校注：《尚书》，中华书局1991年版，第372页。
② （汉）郑玄注，（唐）贾公彦疏：《周礼注疏》，上海古籍出版社2010年版，第5页。
③ （汉）郑玄注，（唐）贾公彦疏：《周礼注疏》，上海古籍出版社2010年版，第37页。
④ （汉）郑玄注，（唐）贾公彦疏：《周礼注疏》，上海古籍出版社2010年版，第515页。
⑤ （汉）郑玄注，（唐）贾公彦疏：《周礼注疏》，上海古籍出版社2010年版，第932页。
⑥ （汉）郑玄注，（唐）贾公彦疏：《周礼注疏》，上海古籍出版社2010年版，第1663页。
⑦ （汉）郑玄注，（唐）贾公彦疏：《周礼注疏》，上海古籍出版社2010年版，第648页。

之义。如《书·大禹谟》："宁失不经。"①(孔安国注：常也。)

无论"经"作何解，西周之时，"经"都不可能作为"经籍"或者"经典"解。而从周代铭文上"肇雍经德"等言语上仔细分析，可以认定周朝"经"之义，因天地授命之思想而具"统治"之内涵，乃特立经为"经营"之义。由以上分析可知，"经"最开始是"经营"之义，而非"经籍"之义。也就是说"经营"之义先于"经籍"之义。

不惟西周如此，即使到了春秋战国之时，"经"释为"经营"亦时时可见。比如：

《庄子·渔父》："吾请释吾之所有而经子之所以。"②(陆德明释：经营)
《国语·楚语上》："吾子经营楚国。"③(韦昭注：义即经营)
《楚辞·九叹·怨思》："经营原野。"④(王逸注：义即经营)

"经"本义为"经营"，经营国家，经营道德。西周灭殷之前，统治者自身尤重教化之功，亦极力宣扬"天命所授"之思想，文王、武王以修德而博四方诸侯之好感，因此"肇雍经德"四字绝非仅仅停留于修德之表面，而更多的是一种政治的权谋之术。周之统治者要经营一个国家，甚至经营天下，探其最初之本，从文化人类学的角度，正与川水与织丝的纵横之貌有关。川水之貌乃天道之经营，一如刘勰所言"日月叠壁，以垂丽天之象"，而纵丝之织乃人道之经营。上古之人喻物或象以政治之含义的例子比比皆是，比如"士"最初乃斧头之象，后衍生为"权

---

① (汉)郑玄注、王应麟撰集，姜建设校注：《尚书》，中华书局1991年版，第303页。
② (清)王先谦撰，陈凡整理：《庄子集解》，三秦出版社2005年版，第445页。
③ (清)韦昭注，明洁辑评：《国语》，上海古籍出版社2008年版，第261页。
④ (汉)刘向编撰，(汉)王逸注：《楚辞章句》，中华书局1985年版，第78页。

利"、"统治"等内涵即是明显例证。"巠"与"经"也是一样。天道与人道赋予他们以经营统治之含义也极为明显。"巠"所代表的"川流之貌"又与"经"所禀赋的"纵丝之织"有着关联,这在前文已经言明。正是由"巠"到"经",由"川流之貌"到"纵丝之织"这样一个演变过程,赋予"经"以"经营"的本义。

《易》有言象之辨,象能有言,言能传意。"氏族制时代传留给中华元典的一大精神遗产,是原始民主,氏族制时代传留给中华元典的又一精神遗产,则是"观物取象"的原始思维方式。"①天地万物之象自有其意。三代崇尚天地鬼神的原始心理意识告诫统治者,天地山川蕴含圣人大道,乃帝之所治。而纺织技术的发展一方面让统治者看到生产力的发展促进了社会的进步,统治的巩固,另一方面让他们意识到国家之治理就如同丝线之纵横有道。因此铭文上"肇雍经德"四个字才能显出统治的气魄和庄严。要而言之,从"川流之貌"到"纵丝之织",是一个顺流的演变过程,他们赋予了"经"以"经营"的本义,可谓"经"义之源。这是在前文讨论的"经"与"巠"之联系与区别的基础上,进一步叙述"川水之貌"与"纵丝之织"能将"经"义衍成"经营"的深入辨析。顺着此思维,我们又可以说,"经"有了"经营"之义,然后衍生出"经籍"、"经典",似为历史的必然。

"经"之义在春秋战国之世除了"经营",还有"道"、"法"、"理"、"常"等意思,比如:

《荀子·成相》:"听之经。"②(王先谦集解:经,道也。)
《吕氏春秋·当染》:"得其经也。"③(高诱注:经,常道。)

---

① 冯天瑜:《中华元典精神》,武汉大学出版社2006年版,第90页。
② (清)王先谦撰,沈啸寰点校:《荀子集解》,中华书局1988年版,第460页。
③ 张双棣、张万彬:《吕氏春秋译注》,北京大学出版社2011年版,第41页。

《左传·宣公十二年》:"武之善经也。"①(杜预注:经,法也。)

《韩非子·主道》:"此之谓贤主之经也。"②(王先谦集解:经,常道也)

《吕氏春秋·察传》:"是非之经。"③(高诱注:经,理也。)

《左传·昭公十三年》:"事则不经。"④(孔颖达疏:经,训常也。)

"经"的"道"、"法"、"理"、"常"等意思跟原先"经营"之义有很大的关联。周代铭文上有言"经维四方"。其实,"经"字在很多地方,被训为"东西"或者"南北"之意。比如《资治通鉴·周纪四》有云:"王之地经两海。"(胡三省注)此处意思是周王之地东西都是海。又班固之《西都赋》云:"经纬乎阴阳。"吕向注曰:"经,南北也"。《周礼·春宫》也说:"南北为经。"可见,"经"有"东南西北"四方之意(尤其是跟后来的"纬"结合)。那么,从这个意思上来看"经维四方"则很好理解。

天地四时、东南西北,包含不可变之常法,从天子到庶民不仅认可,而且遵循,此即谓大道。从原始部族的首领开始,君王必须经营四方之统治,必须经营祖宗留下的法则、道德。凡此种种,必须依托神圣不可亵渎之法来传承依托。正如周之败殷,极力宣传"天命在周",周是上帝派来经营人世的合法政权。因此,"经营"之名久而久之则必须依靠"经营"之实来统治。照着这样的思维,"经营"是一种"法",是一种"常"或者"道"。而周人的祖先崇拜、上帝崇拜无论在潜意识还是在现实统治的需要层面,都在告诫后世子孙要"遵循"、"发扬"那些"经

---

① 杨伯峻:《左氏春秋注》,中华书局1963年版,第725页。
② 张觉:《韩非子译注》,上海古籍出版社2012年版,第23页。
③ 张双棣、张万彬:《吕氏春秋译注》,北京大学出版社2011年版,第688页。
④ 李梦生:《左传译注》,上海古籍出版社1998年版,第1045页。

营"的思想,也即是所谓"经营维持"的内涵。后世为了记录这些"法"、"常"、"道",为了将先民的思维"经营"下去而且"记载"下来,亦即为了统治的合法继承,顺着文字及文运的发展,因而产生了书籍文字的记录,也就是后来"经"的另一个意思——"书籍"。目前可以考证的是,到《吕氏春秋》、《汉书》、《韩非子》之时,古人对"经"的解释都是"法"、"常道"等。这已然为"经"成为文本化之涵义的"经籍"的出现奠定了文献基础。

春秋战国之世,"经"有"法"、"道"、"常"等义,因而也有了"经籍"之义。比如:

《庄子·天道》:孔子"于是繙十二经以说"。①
《庄子·天运》:"孔子谓老聃曰:'丘治《诗》、《书》、《礼》、《乐》、《易》、《春秋》六经,自以为久矣。'"②
《荀子·劝学》:"学恶乎始?恶乎终?曰:其数则始乎诵经,终乎读礼。"③
《管子·戒》:"泽其四经。"④

从以上分析可以大致推测"经"字之意义演变为"编著书籍"之解释,应该是在战国时期。诸子典籍中,"经"之义有多种,而最多最重要的就是"经籍"的含义。儒家经典《论语》中"经"字仅一处,《孟子》中"经"字仅十处,均非指"经籍"之义,则更无"经典"之义。荀子重视"经",前文已经论述。荀子之"经"已经有了"经籍"的内涵,虽然有的学者认

---

① (清)王先谦撰,陈凡整理:《庄子集解》,三秦出版社2005年版,第183页。
② (清)王先谦撰,陈凡整理:《庄子集解》,三秦出版社2005年版,第204页。
③ (清)王先谦撰,沈啸寰点校:《荀子集解》,中华书局1988年版,第11页。
④ 刘柯、李克和:《管子译注》,中华书局2003年版,第194页。

为荀子之"经"更多的是指"常理"。①《墨子》和道家书中,用"经"指"书籍"。比如《墨子》里直接出现了《经上》、《经下》、《经说上》、《经说下》等篇名,此处之"经",都是指篇章书籍而言,别无他意。道家老子《道德经》,据长沙马王堆出土的文献材料显示,先时之《道德经》,其实分为《德经》和《道经》,而《德经》在前《道经》在后的排序显然跟现今的版式不同。当然形成这样的原因有待史学家和文学家的进一步确证。但很明显的是,无论《德经》还是《道经》,他们都表示的是书籍篇目,且老子一书中仅有篇目有此"经"字,这跟《墨子》一书十分相似。《庄子》一书中,"经"字出现得比较多,尤其是在外篇。虽然学界对外篇是否庄周所作存有很多争议,但这非本文重点关注。从现存的文本来看,《庄子》书中带有"经"字的如"六经"、"十二经"等句,其"经"之义显然已经带有了"经籍"和"经典"的意味。

"经"在春秋战国时期既有"法"、"道"、"常"等意思,也有"经籍"的意思,这里是否抵触或者矛盾?其实不然。由"常"、"法"、"道"、"理"诸义转而变为"经籍"之义是一种必然,更是一个问题的两个方面。诸子百家各述自家先圣之言以谋救世之道,若无书籍之存载,先圣之言如何传播?正因"经"有"法"、"道"、"常"、"理"之义,而"经籍"又具有载法、道、常、理之用,"经"有了"经籍"之义就变得顺理成章。因为"道之文"与"文之道"看似为二,实则为一。道之形而下者为文(书籍),而文之形而上者为道(法、理)。我们不能忽略的是,"道"乃是"沿圣而垂文"。圣人之所以垂文,根本原因就是在于,"文"(经籍)之目的乃在"经营"。这就回到了"经"最初的本义上面来了。也就是说,正因为"经"有着"经营"这样一个至关重要的本义,因而"经之道"变成"经之文"是一种必然的发展。也可以说,"经"之义,从"经营"变成"经籍",也是一种历史的必然选择。

---

① 李幼蒸:《儒学解释学——重构中国伦理思想史》,中国人民大学出版社2009年版,第225页。

"经"之义,从"经营"到"经籍",是历史的必然,荀子已经将"经"与"礼"相对,此时"经"应当做"经典"解。管子的"四经"即"诗、书、礼、乐"。已经含有"经典"的意味了。"经"之义,真正明确从"经籍"而为"经典",是汉人的选择。汉武之时,"经"迎来了生命历程中的第一次辉煌。"经籍"的被抬高与被推崇,产生了适于政治的"经典"。而"经典"又因读经及注经队伍的不断壮大和汉儒所秉持的"通经致用"思想之不断深入人心而愈加显要,这也就形成了"经学"。"经学"其实是儒字"经籍"不断经典化(classical)的过程或手段,不管这种手段自觉还是不自觉。有学者指出:"'经典'的形成,应当有一个较长的过程。从传播学的角度说,应是先称之为'书',继之称为'典',后则主要称之为'经'"。① 此论值得参考,因为"经"之形成的确并非一蹴而就。

"经学"时代之开启,一个很明显的标志是"经"名的确立:《诗》、《书》、《礼》、《乐》、《易》、《春秋》这些经籍,自汉武帝后变为《诗经》、《书经》、《礼经》、《易经》和《春秋经》(《乐经》实际已失传)。从此以后,"五经"被定为"群经之首",成为历代所公认的中华民族的元典,从汉代刘歆《七略》开始的各种图书分类,均须将"五经"置于冠首。② 汉代"经学"发展促生了"纬学",此不赘述。尔后经学有汉宋之分。③ 由汉学转向为宋学,实则是经学由义疏之学向义理之学的转化。从后汉古文经学的考据训诂,到宋明经学的义理心性,逐渐偏离了"经"之"经营"义的经世致用之根柢,故而近人熊十力先生曾言诸子之世以后,经学(儒学)实际已然衰微。④ 钱穆先生也指出:"故博士者,乃以家言上抗官学而渐自跻于官学之尊一职也。"⑤依钱氏所言,由"抗

---

① 边家珍:《经学传统与中国古代文化形态》,人民出版社2010年版,第68页。
② 许道勋、徐洪兴:《中国经学史》,上海人民出版社2006年版,第63页。
③ 关于备受争议的经学分期这个问题上,本文拟采取"汉学系统"、"宋学系统"、"清学系统"和"晚清近代系统"四个分期这个观点。
④ 熊十力:《读经示要》,上海书店出版社2009年版,第170~180页。
⑤ 钱穆:《两汉经学古今文评议》,九州出版社2011年版,第153页。

官学"变为"尊官言",儒家自孔子彪炳的经世致用之高旨与为民请命之浩然正气已然被官学化皇权化之经学消解殆尽。因此,我们认为"经"演化至经典化后的经学,实际上已完成了它的使命。

"经"从"经营"到"经籍",也是一种蜕变与新生。从思想的文本化到文本的政教化,"经"义之发展是一脉相承并有迹可循的。如前文所言,周代君王出于现实统治的需要,亟需将"经营"之思维演化为"经营"之行为,因而"经"之义在继"经营"之后,衍生出"法"、"常"、"道"和"经籍"等多层含义。圣人欲将"道"化为文本即"经",同时,圣人又借文本之"经"传授"道",这是一个问题的两个方面,是似二实一的,刘勰《文心雕龙·原道》篇"道沿圣以垂文,圣因文而明道"即为此义。实际上,"道"之推演发展,又怎能不借助圣人和书籍呢?而反过来,圣人之书籍若非载道,又何以存之何以传之?更进一步,若经籍无道,圣人不宣,经籍又怎能被尊为经典?这里的"道",正好可以被看作是周代的"经营"之旨。周之"经营"天道,乃是为自身政权的合理性做各种必要的铺垫。"肇雍经德"四字,包蕴着儒者"以德为本","以德治国"的浩气与崇高,无怪后世儒者欲尊周孔而谏帝王以德。

经营自身之德的最终目的是为了经营国家之业。此"经营"并非老子"如烹小鲜"之慎微态,而是带有"周虽旧邦,其命维新"之大气魄。用更简明的四个字表述便是"通经致用"。周取代殷,所用的口号乃是天命在周。后儒莫不效仿。每一个改朝换代的时期,儒士都从周之"经营"那里捧得"致用"的法宝,或救倾颓大厦于危急,或立新基于旧邦,如汉武之立"五经",王荆公之"熙宁新政",康有为之"戊戌变法"等莫不如是,这些思想的源头其实就是经之本义——"经营"。

顺着这一思路,我们要进一步辨析的是,由"经"之"经营"义而生发出"经籍"义是必然之理,也说明"经营"之义确先于"经籍"之义而生。也正从这个角度看,"经营"之义,实际上占据着统摄或支配"经"义发展的重要地位。从经学史乃至儒学史的整个发展过程来看,"经"之"经营"义正是经学乃至儒家文化"经世致用"的词义之本源?因此可以说,"在中国经学发展史上,'通经致用'一直是作为一种中心观念和核心价值被加以标榜和提倡的。"①

"经"之本义乃是"经营",肇雍经德,乃西周立国之本。周如此,汉亦然。汉儒有"法先王"与"法后王"之争,但无论如何,汉儒之尊崇周公与孔子,汉代统治者之选择儒家,有汉一代的尊经行为对后世尊经之影响等,均与"经"之本义"经营"有着关联。可以说,"经"义的演变,与周至汉的政治演变及历史走向是紧密集合、是互通互用的。自汉后,社会和政治的变革,学术和思想的路向,无一不与"经营"有着直接的关联。"经营"之义作为"经"的道之本,与从中衍生出的"经籍"、"经典"、"经学"有着千丝万缕的联系。

我们上面分析了"经"之本义乃是"经营",我们也谈到"经"之"经营"最先乃携一股帝王之气而成。究其成因则是因为"经"实际乃具统摄天人之本性。之所以这么说,是因为"肇雍经德"四字简单明了地将华夏民族上古时期统治阶级之政治特性毫不保留地表述了出来。肇者,引发也;经者,营构也。雍,是为高贵,德为仁德。这种一开始就十分成熟的政治意识形态的表露,标明当时统治阶级的认知已经到了一定境界。能够将政治付诸于德行,能够高贵而不失德行,这大致是自夏氏以来,商周不断传承的一种政治品格。只是到了周孔时代,这种极具民族特色的政治意识达到了空前的成熟与稳固。因而说周公定礼制乐实在不失为一种历史的必然。

"肇雍经德"既然明显地表露出上古华夏民族欲以高贵养德而遵法飨国的政治意识,那么不得不说,"经"这个关键字实在是精确地钳制了中国政治文化的根本,而这个根本其实也就是"经"之本义,是为"经营"。

上古无文本时代,"经营"是靠部落首领意识与统治阶级的主观权

---

① 汪高鑫:《论通经致用的经学传统》,载《安徽大学学报》2009年第2期,第96页。

力进行传承,当然这种意识传承在无文本时代,其具体过程需要文学历史等更多更广的知识去考证,比如人类学、文化学、考古学等都需要对之做出深入的研究,因而不是本课题的主要任务。在此,我们只能以一种研讨的视野去研究"经营"这一政治理念如何由无文本时代传承到经典兴盛之时代。据现有的研究表明,氏族社会以"公"为最高准则,"不患寡而患不均",部落的统治也需要公正仁德的制度才能保证正常运转。他们象天法地,敬天尊德,殷持一种敬畏之心。因而上古统治者对于无法解释的自然现象或灾害总有迁罪自身的意识本能。风雷因天怒,旱涝以天谴,地震则德失,疫病或鬼侵等自我主观的想象,表明他们既敬畏天地鬼神又对于人事有着恪守"以德为本"的经营意识。上古而来的将政与德紧紧捆绑的意识并非华夏民族独有,研究古希腊罗马之历史与神话均可以清晰看见,东西方自氏族社会开始的统治阶级都有着明确的德行约束。比如著名的俄狄浦斯王杀父娶母悲剧之根由正是其父背弃恩情,因而被下了神谕。当然,基于生产力水平的低下与社会结构的不够完善,这一时期的"经营"意识乃是一种理念的传承,而没有确凿的文本典籍加以依据。

华夏民族"经"之"经营"理念有着从心理意识到行动自觉、由传播风化到上下尊崇、由巫史记志到典籍分备的演变轨迹。当然,在实际形成过程中此三种途径并非截然分开,而是交织并构地促进"经"的文本化的发展成型。最迟至周公制礼作乐,"经"之文本性才真正得到完成。统治者将其经营之意识形态逐一注入经典文本之中。这种有文本时代的经营意识得到了更加明显与广泛的传播。

如果说周公时期为健全统治制度而采取礼乐教人之经营理念仍然带着十分明显的巫史的性质的话,那么到了孔子时期,由周公开始的由上古鬼神之事一变为人世之事的治国方针则得到了极大的运用。孔子不言鬼神,只言人事。"子不语怪力乱神"。[①] 人事之经营才是他的儒家思

---

① 杨伯峻:《论语译注》,中华书局1958年版,第71页。

想的基本方针。对于人事经营，孔子并不能凭借自己没落旧贵族的势力得到全面正确的改善，但作为时代知识与文化的代表，尤其是那个时代人们对周公礼乐兴隆印象的怀念，孔子选择将遵从先王经营理念传播周公仁政治国的方式，直接投入到文本化的"经营"理念之中。他整理典籍、梳理仁义、精撰诗史、培育贤良，六经由此一改仪志史录、歌言讽颂之性质而变为儒家究际仁政、通达德人的重要典籍，也就是现在还在广为流传的"经典"。孔子晚年明了当时之乱世对于他之仁道的传播与接受的困难，因此只能转而以著修不朽之文的途径继续传承自己的仁政思想。后人从其言辞中自然能够窥测孔子"经营"之思想。这就是后世所谓的儒家思想的"通经致用"之理念首端。

由"肇雍经德"到"通经致用"，这其中带有明显的逻辑转变。"肇雍经德"，其经营重在统治者之德行，以德服人成为华夏民族上古时期公有制最明显的标志之一，经营天地及人事则对德行做了最基本的要求。而到了"通经致用"，其重点则在致用，致用是借由通晓经典而成，经典包含的其实还是经营的理念，而关键是要把经典中经营的理念使用到人事当中。这亦能反映出德行经营模式的失败。而熟悉古代史的人都知道，自三代而到秦皇汉武，中间几百余年的战乱正是周朝礼崩乐坏之后的直接产物。因而想要借助经典中之经营理念恢复商周时代制礼作乐的纯雅模式，则必须依靠文本化的经营，让人们去了解去实现去建构那样一个美好的时代。这正是孔子"通经致用"最开始之初衷。

"通经致用"在汉代早已被人广泛推崇。而另一个不得不提的便是"经"之"经营"与生俱来的政治性，不论是"肇雍经德"还是"通经致用"，其最终之目的乃在政治。也即是说，"经营"之目的是政治，政治之过程正是"经营"。因而肇雍经德与通经致用能否使用得当，乃与政治清正廉明或昏庸暗淡同轴共振。汉代将"通经致用"提升到一定高度，是因为汉代建设政治意识形态的需要。然而封建政治本身不可克服的矛盾又使得"通经致用"这一经营理念无法一直恰当贯彻。因而汉后动乱与儒家衰微成为历史事实。

华夏民族政治之特性便是天行刚健与分合流转，魏晋即使是又一次的礼崩乐坏，但儒家经营理念却顽强存活，直到隋唐新时期的大一统政权的逐渐建立，"通经致用"之"经营"理念则再次大放异彩。不惟六朝到隋唐，其实，唐末到宋初，元末到明初，一系列的历史事实不断证明的是"经营"这一自上古便存的政治特性与文化品格在绵延的历史长河中从未中断，也即是说，"经"之"经营"从"肇雍经德"到"通经致用"乃是一以贯之的，乃是永恒贯彻的。"经"之"经营"的这种恒惯性直接影响和缔造了华夏文明的光辉面貌，也是本文后文论述经学与文论之重点的重要理论出发点。

先秦之"经"带有极为明显的人法于天的印迹，这大概是自原始部族敬天畏神之心理演化而来。上古之世，统治者效法天地节气与万物萌生之性对人事经营。尔后周公逐步将原始心理中神的因素减少，进而加重对人的礼乐教导。那种带有巫术性质的政治活动逐渐演变为以人为重的仁政。周代是中华文明勃兴的第一步。这个时候的"经营"理念既有前代敬天保民的痕迹，也开启了后世体国经野的大政之门。与民教化、百姓礼乐、和谐生辉等后来被孔子进一步发扬光大的儒家思想在这里已有迹可循。

春秋战国的长期战乱一方面使得周代建立起来的礼乐大厦瞬间垮塌，另一方面也让人们意识到礼乐仁政实际上必须是统治者坚持的政治方针。因而持此理念之儒家在诸子百家中脱颖而出并逐渐被列到百家之首则是封建政治与历史发展的一种必然。华夏民族的个性中有一点就是喜欢怀古。旧的东西始终胜过新的东西，很多事物必须在过去找到依据和先例才会得到运用，政治制度亦是如此。因而经过春秋战国之乱，人们从心理深处意识到重建儒家思想之必然。这个任务在汉朝可谓得天所授。

汉代上自帝王下到儒者，在历汉初休养生息后，普遍意识到重新建立并完善儒家礼乐文化之重要性。因而武帝时期"罢黜百家、独尊儒术"成为一种王朝政治的必然选择。客观来讲，武帝和儒者双方都有着

"互相利用"的心理,但历史之所以成全这种"互相利用"还是因为儒家这一套仁政治国很能赢得人们的欢迎和响应。儒家"尊尊亲亲"之思想,恰好能为统治者巩固阶级统治做出合理的解释。这成为汉代帝王努力支持发扬儒家的主要动力。

汉代极力扩充了"经"之"经营"的政治性,与"经"之文本性("经籍")、经典性("经典")一起,努力促使华夏民族"经政一体"的建构模式在汉代初步形成。中国自生之道教与外来之佛教等宗教势力未能如西方一样凌驾于政体之上,正是因为"经政一体"之政治模式的形成未能给宗教一种权力的突破。相反的,宗教成为为政治意识形态服务的力量之一。"经"之经营的政治性成型不久,"经"之文本性得到极大尊崇。由此,对文学艺术、哲思审美等产生了深远影响则成为一种必然。汉代赋家一身兼任多职,政治家、史学家、赋家的多重身份影响了他们在诗学上的理论表达,客观上其实也是"经"之"经营性"与"文本性"二而一的双重效用之推动。因而汉大赋一方面是赋学积累的产物,另一方面其尾端的讽谏之意又是儒家"温婉讽谏"、"经营致用"之思维的表现,也正是其中之义。然而汉代中央集权之大一统的高压政策以及武帝实际以文学家为俳优娱乐之态度,更进一步将文学审美之真与政治服务之善的矛盾扩大,最终导致了赋家自身角色认定的迷乱,乃至他们"一身兼有两种角色,从而导致角色混乱,最终产生角色危机"。[1]

如果说汉代"经营"之理念完全成为政治之代名词,成为继周以来政权巩固、兴邦治国之代名词,这尚且只是汉代自春秋战国以来大一统发展的一种可靠性选择的话,那么自汉末而到魏晋六朝新一轮的几百年动乱,"经营"大体再次历经严重垮塌的情势下,唐人对"经营"的政治性理解则必然是一种理性而自觉的追求。这种"理性与自觉的追求"一方面是封建政治制度在李唐的进一步完善的结果,另一方面则在除政治

---

[1] 胡学常:《文学话语与权力话语——汉赋与两汉政治》,浙江人民出版社2000年版,第205页。

意识形态之外还深刻而广泛地影响了李唐王朝的文学艺术、哲思审美、士人心态乃至科举仕途。同时，跟汉代不同的是，唐代的"经营"根底不再是政治意识形态上独尊儒家的一元模式，而是融合儒释道三教文化精粹与审美维度之大视野下的多元模式。

　　汉唐之经营模式不同，但汉代"经营"给予了唐代"经营"以借鉴之例。唐代"经营"自然是汉代"经营"基础上的大发展大拓新。可以说，这两个大一统时代的"经营"理念缔造了华夏民族最为光辉璀璨的两个时期。同时还需提及的是，唐代"经营"之理念乃是处于华夏民族由外功到内圣道路转变的一大关楔，这在后文将会相继谈及。这里需要点明的是，华夏民族封建时代前半期"经营"理念之最高峰正在有唐一代。其最显著之特点，正是将"经营"之政治性融合汉魏以来文学之审美性而予以充分调和，成为一种"以诗修政"、"经政于诗"的"经营"模式。这种模式的外在表现之特点，乃在"诗缘政"之命题。唐代"诗缘政"命题下的"经营"理论伴随唐代诗歌繁兴盛衰之始终。而唐代诗人之心亦始终以"诗缘政"之理念悬于"经营"之上。陈子昂《与东方左史虬修竹篇序》："风雅不作，以耿耿也。"李白《古风》："大雅久不作，吾衰竟谁陈。"、"大雅思文王，颂声久崩沦。"柳冕《答杨中丞论文书》："逮德下衰，风雅不作。"元结《箧中集·序》："风雅不兴，几及千岁。"①这些诗心忧虑而为倡导风雅，实际就是融经学致用与诗学审美于一体的文化心理导向之表达。这种模式的内在表现之特点，乃在"文载道"之命题。唐代"文以载道"命题下的"经营"理论由中唐之前的潜伏状态到中晚唐的爆发状态，一直激励中唐士人以极大之勇气谋求诗文之革新。他们亦由此救弊经学衰微与文道丧落带来的政治不利与下颓世风。韩柳的古文运动、元白的新乐府运动都是其中的劲旅。中晚唐由外转内的"经营"模式同时开启宋明理学与心性之学之端倪。唐代经学与文论之关系，正

---

① 肖展鹏主编：《隋唐五代文艺理论汇编汇评》上册，南开大学出版社2002年版，第560~570页。

是以这种交糅方式呈现。

第二节　论"文"之初

　　说完了"经",我们再聊聊"文"。文,几乎伴随中国人的一生:从出生时的命名、立档到童稚伊始的读书、学文,从成年之后不断认知、领悟中国文化到逝世时候的他人为自己撰写碑文、立传,"文"始终紧紧伴随一个人的一生。可见,"文"在中国文化中具有多么举足轻重的地位。如果说"经"倾向于政治伦理的建设,那么"文"则广泛地涉及中国文化的方方面面。那么,什么是"文"?"文"之本义、引申义、发展义均有何体现?

　　相对"经"而言,"文"之本义则得到了较为清晰的研究。徐中舒先生主编的《甲骨文字典》对"文"的解释是这样的:"象正立之人形,胸部有刻画之纹饰。故以文身之纹为文。……至金文错画之形渐伪而近于心字之形。"[1]可见,徐先生认为"文"之本义乃是"纹身"。此论尤确。根据生物学与心理学的观点,原始人之所以要纹身,是从基本的食欲需求出发的。为了更好地隐匿自我和捕捉猎物,原始人开始了纹身。尔后,纹身具有了某种含义,成为狩猎能力的代表。之后纹身又成为女性装饰的图案,这就跟美联系上了。从基本的生理食欲到追求美饰,这其实就是"文"义之简史。当中通过文明教化,衍生了诸多内涵。除了"纹身"之义,据目前所能见到的"文"之义大致还有如下几种分类:

　　(1)文,错画也。——许慎《说文解字》,段玉裁注。[2]"文"最开始就是两笔错画而成,是一种符号标识。这种错画性质,应该是目前所知的"文"的最简单的形貌。

---

[1]　徐中舒主编:《甲骨文字典》,四川辞书出版社2014年版,第996页。
[2]　(清)段玉裁:《说文解字注》,上海古籍出版社1981年版,第425页。

(2)物相杂,故曰"文"。——《易·系辞下》。① "物相杂"跟"错画"相比,已经相对复杂一些。按照逻辑推断则是"错画"的进一步延伸。需要注意的是,这种"相杂",已经有了"堆砌"、"藻饰"之意蕴的萌芽。

(3)颜色相杂谓之文。比如《易·系辞上》:"青赤相杂谓之文。"② 又如《淮南子·时则》:"黑赤为文"③(高诱注)。很明显,跟第二条的"物相杂"相比起来,"颜色相杂"之物象更具体,表意更精细,也显露出了审美观照的端倪。说明此一时期人对"文"之认知有了审美的抽象感官。从时至今日流传下来的部落内成员的颜料文身可以推测,"颜色相杂"的"文"或许是全世界民族在原始社会共有的心理认知。这种"颜色相杂"的"文",或因动物崇拜,或因阶级区分,他们与审美感官是否有直接联系尚待考古界进一步论证。

(4)织丝彩饰为文。比如《楚辞·招魂》:"披文服纤"。④ 王逸注曰:文,谓绮线也。以"文"为绮丽之线标明那一时期纺织技术取得了极大发展,也表明人们对衣物有了除却温饱之基本求生心理之外的对于审美的自觉感知。这一层面的"文"尚在物的方面,跟文学、文论无甚关联。

(5)文辞、文义、文章等。《书·尧典》:"钦明文思安安。"⑤《论语·子罕》:"博我以文。"⑥谓"文"之义为文辞、文章之例者,比比皆

---

① (清)李道平撰,王承弼整理:《周易季解纂疏》,中央编译出版社2011年版,第446页。
② (清)李道平撰,王承弼整理:《周易季解纂疏》,中央编译出版社2011年版,第216页。
③ 赵宗乙著,孟庆祥等译注:《淮南子译注》,黑龙江人民出版社2003年版,第234页。
④ (汉)王逸:《楚辞章句注》,吉林人民出版社2005年版,第201页。
⑤ (汉)郑玄注,王应麟撰集,姜建设校注:《尚书》,中华书局1991年版,第338页。
⑥ 杨伯峻:《论语译注》,中华书局1958年版,第99页。

是。《论语》中多次出现"文"。"文"之"文辞"义最开始应该跟随文字的产生而产生。文字的组合便自然成为"文",它能表达一段意思,即使是简单的、粗浅的意思,也不妨被称之为"文"。东汉许慎《说文解字叙》里早就提出过这个看法:"仓颉之初作书,盖依类象形,故谓之文。"①此说很有道理。文字产生之初,其音、形、义三者基本上是一体的,而文字组合由少到多是随着人们语用表达的习惯约定俗成。在文字组合成为一种普遍使用的、有其内涵意义的语句之后,语篇则宣告完成。一个语篇就是一个简短的文章,包含了若干文辞。语言学家们对之有着详细的论述。文辞文章随着字与句的产生而产生,这从最开始的错画、物相杂、颜色相杂、织丝彩饰这些表示具体物象的"文"之义有了截然不同的内涵。"文"在成为了包含"文章"、"文辞"等义的范畴以后,有了质的飞跃。这种飞跃,在社会文化、文辞章句、文艺批评等诸多领域有着明显表现。这种飞跃,也是关联本文研究之"文论"的"文"的含义之开始,因而有着极大意义。

(6)文采,非鄙陋之言。如《荀子·性恶》:"多言则文而类。"②杨琼注曰:"文,谓言不鄙陋也。"③这是强调"文"的审美意味,属于文学风格的范畴,也是针对文章言辞之好坏标准而言。孔子有文质之论;老庄谓"文采"之言乃巧言,因而对之表示反对。魏晋时人针对玄言诗之味同嚼蜡而有意凸显声色,"文采"由人之品评变为文之论衡,"文"的自觉程度大大提高:"夫无识之物,郁然有彩,有心之器,岂无文欤?"④(《文心雕龙·原道》)这种对"文采"的强调跟"文"当时还是绮丽之线之含义有内在的关联。二者之特征皆表现为一种赏心悦目的华美。

---

① 宗福邦等编撰:《故训汇纂》,商务印书馆2003年版,第975页。
② (清)王先谦撰,沈啸寰点校:《荀子集解》,中华书局1988年版,第434页。
③ (清)王先谦撰,沈啸寰点校:《荀子集解》,中华书局1988年版,第434页。
④ 范文澜:《文心雕龙注》,人民文学出版社1959年版,第13页。

人对美的追求是一种不自觉的审美感知，是从悦耳悦目之外物，到悦心悦意之体验，再到悦神悦志之精神层面的逐渐提升。如果说"绮丽之线"乃是停留在悦耳悦目之感官享受层面的话，那么有彩（采）之"文"则是进一步升华到悦心悦意之层面了。要之，"文"之"文采"义的生成，标志着文学风格与文学审美的全面展开，对后世影响极为深远。

（7）诗歌、诗书、六艺之文、五经六籍。《论语·述而》："文行忠信。"《论语·颜渊》："君子以文会友。"这里的"文"乃是一种文学文体与文学典籍的合称。跟前面"经"之"经籍"的论述十分接近。很明显，"文"的内涵已由"文辞"、"文章"泛化为"带有文字的书籍"这样更为通俗、含义更为宽广的概念。同时还需注意，在《诗》作为外交用语受到重视的时候，也可以称为"文"。"以文会友"之主要层面其实还是"以诗会友"。诗歌也可以体现一个人的文采。这样，"诗"与"文"无论是内在还是外在都达到了一种相通的地步。"诗文"连称的说法在很多语境下得以使用。李渔《闲情偶寄·词曲上·词采》："曲文之词采，与诗文之词采非但不同，且要判然相反。"①本文的题中之"文论"，实际上包含了大部分"诗论"的成分，二者并不冲突矛盾。

（8）礼法、礼物威仪、器用仪式、祭祀节文。《国语·周语》上："以文修之。"韦昭注曰："文，礼法也。"②这里，"文"上升到一种文化的层面，一种礼法的外在表现形式。

（9）文德。仁恩、美善、缓柔。《孙子·行军》："故令之以文。"李筌注："文，仁恩也。"③将"文"解释为仁恩，是一种将"文"之形象道德化的手法。文者，柔也。有文化的人都显得文质彬彬，因而跟沙场征战的人相比更加温柔，由此引申出"文"的仁恩之义。这里已经开始用"文"形容人的品德。

---

① （清）李渔：《闲情偶寄》卷一，中华书局1959年版，第22页。
② 曹建国等注说：《国语》，河南大学出版社2008年版，第189页。
③ 邹德金主编：《名家注评孙子兵法与三十六计》，天津古籍出版社2008年版，第465页。

(10)谥号。慈惠爱民谥曰"文";锡民爵位曰"文";愍民惠礼曰"文"。谥号是对去世之人的追尊,是将"文"义品格化的表现手段,是第九条形容人之品德的进一步升华。古代有地位有贡献的人才配享有谥号,而且其人多表现出恩柔贵礼的品格才得以赐封。比如唐德宗李适谥号"神武孝文皇帝",宋欧阳修谥号"文忠",王安石谥号"文正",可见"文"在古代其实是一个地位很高的称谓。

孔门论学

从以上对"文"之含义的梳理可以看出,"文"之义有着从自然到人文,从外在到内在,从名理物器到风格审美,从礼仪德行到文化文明的一个清晰的转变过程。文字的出现点燃了文明与文化的火把,"文"不再是简单的交错的图画,也不再简单的是颜色错成的织锦,而成为了与"字"相搭配的专属。有了"文字",渐而便有了"文章",有了"文章"则或从内容与形式、文义与辞藻方面做出诸多发展,因而"文"的含义一下子鲜活起来、生动起来。"'文'作为具有美饰性内涵的语素,内化在文明、文化、礼义、文章、文教、文德、文学、文辞等语汇当中,使得这些语汇之间有了某种共通性,它们相互影响、渗透乃至叠合,含蕴日渐丰富。"①

---

① 郗文倩:《中国古代文体功能研究》,三联书店 2010 年版,第 23 页。

同时还需要注意的是，文化是统治阶级必须掌握的权力因素之一。所以刘永济先生这样论述过"文"："以道德为经纬，以辞章相修饰，在国则为文明；在政则为礼法；在人则为文德；在书则为书辞；在口则为词辨。五者大小不同，体用无二，所以弥纶万品，条贯群生者，胥此物也。"①可见，"文"天然跟政治文化乃至人格都有关联。大至邦旨，小至精神，都可以在"文"的苑囿里磨砺。

"文"在中国文化语境里，一开始就不是单纯的文艺审美范畴，而是一个更大更宽的范畴，是极具功利与物质的范畴。这里说的功利与物质当然毫无贬义。季羡林先生曾经就论中西方美学之区别谈道："西方的美偏重精神，而中国最原始的美偏重物质。这同平常所说的西方是物质文明，而东方是精神文明适得其反。"②这里引用此语意在说明，中国文化里"文"的修饰性一开始就跟物质性的东西挂钩，最明显的则是为政治经学服务。因而历史上配合政治与经学而来的，则是用"文"不断的丰富和诠释"经"的存在。尤其是在经学与政治关系日益密切之后，"文"几乎成了"经"、"经籍"、"经典"的代名词。这种情况在隋唐时期尤为突出，因为隋唐开创了中国封建时代以文取仕的先河。"文"逐渐成为政治、经学、文化，甚至文明的代名词。

在文学审美领域之外，随着"文"之地位与价值的不断提升，对于人物品评而言，有"文"则是一种极高的荣誉。无论是帝王谥号，还是孔孟尊称，或者是古代有名官吏死后的封号，能够用"文"来称谓的，都属光荣的赞誉。这些在历代史书中之记载不胜枚举。在文学审美领域之内，文采文辞成为自有文字之后，文明与文化发展的一种新态势。孔子虽然表明他对文学的态度是"辞达而已矣。"但实际上，对于"文"的追求，他也有着"尽善尽美"与"言非文而不远"的企求。毕竟作为普通的人，对于美好事物的喜爱乃是一种人之常情，更何况封建时代相对"六

---

① 刘永济：《十四朝文学要略》，黑龙江人民出版社1984年版，第3页。
② 季羡林：《禅和文化与文学》，商务印书馆1998年版，第97页。

经"之庄重沉肃，辞彩溢美之文的确能让人相对心旷神怡。"文明时代的诗人们在夸饰外物时，首先是为了文学修辞和艺术审美的需求，所谓'壮辞可得喻其真'。"①汉赋可以表达赋家内心华丽场景与瑰奇的想象。因而武功卓著的汉武帝尤喜以言辞华美之文来满足他的狂傲之心，汉赋亦由此兴盛。历代帝王多对"有文之言"暗自喜爱。纵然圣明如唐宗宋祖，其雅爱风骚一直是历代佳话，由此可见，"文"在历史文化中意义十分重大。

在"文"不断文学化的过程中，随着审美因素的不断加强，"文"的偏向性有着一个不断转变的过程。上古三代自然是贵族统治，贵族掌握着文学文化的权力枢纽。春秋战国以来，随着孔子儒教的兴盛，文化文学"飞入寻常百姓家"成为事实。但那个时候，不论任免管理还是人物品评，他们强调之首位始终是"德"。从最开始经营国邦之原始国家开始，"肇雍经德"强调的始终是"德"而非"文"。甚至直到秦汉时代，举孝廉制度的延续依旧表明"德"在选官任官层面上的重要性。但至汉后动乱让世人清晰地意识到，"德"作为一种人性与道德的约束，有其无用与虚假的一面。道貌岸然的德者受到厌弃，"才"的评价标准受到关注。尤其是到了隋唐时期，儒士在历经周汉两朝动乱之后，由心态改变开始，继而引发了与周孔时代大为不同的处世风格。"德居其次"而"才肇稽首"的选官制度成为中国自周孔时代以来用人制度的一大新变。因而在唐代儒者重文成为自上而下的一种风尚。这一时期的儒士有着向文士转变的明显轨迹。尤其是初盛唐时期科举制度加入殿试试诗这一环节，直接给予儒士努力提升文学水平的不竭动力。这一点将在后文详细谈到。

按照文学人类学的观点，人类早期的神话意象表明在原始部族时代，人类的认知心理完全是一种"敬畏的想象。"所谓"敬畏的想象"乃是指自原始社会开始的敬天法天的心理使得人类对自然的认识有着主观的

---

① 李建中：《文心雕龙讲演录》，广西师范大学出版社2008年版，第21页。

想象。他们会把风雨骤起、山川泽流看作上帝的法则,会把四季变更、春荣秋败看作天道的运行。比如仓颉将鸟兽虫迹作为文字创始的依据。其实这些早期的人类认知一开始就标明在华夏民族(也许包括世界其他民族)世界观里,天(或者道)与人有着一致的法则,人必须以天为准的,顺祈阴阳,遵守法则才会国泰民安。这些天人合一的认知,其实从"文"这个字的演变也能清晰地做出观测,换句话说,"文"这个字其实也就代表了华夏民族文化认知的自然与人文的统一。

  "文"字最开始之写法是两画交错,今人考其含义乃是代表一种文身。现在而言,"文"是一种具有符号意义的象形字。章太炎曾从文字学的角度分析了"文"与"章"这两个字的本义。章太炎说"文"是错划,"章"是乐竟(此处无误,非"章"——笔者按。),命其形质曰"文",状其华美曰"彣"。指其起止曰"章",道其素绚曰"彰"。[①] 其实,最开始的"文"与最开始的"章"的含义随着时代的变化都发生了演变,更何况章太炎乃是从文字学的角度考量的。因而正如周振甫在此评论道:"太炎并不了解文学与非文学的区别,只因他站在文字学的见地上讲,便定出有形质有起讫的为文章,有辞藻有情韵的为彣彰。……其实昭明的所谓'文',阮元的所谓'文',我们的所谓文学作品,约略相当于太炎的所谓彣彰。……文字的意义每每跟着时代转变,要是对于每一个名词,都这样推求它最初的本义来加以解释,那一定是扞格难通的。"[②]的确,站在文学及美学的角度而言,文学作品性的"文",乃是"彣"这种具有修饰润色功能的性质在不断转化过程中,与人之性情越发紧密结合而成为人内心抒发的一种手段和才能。"文"可以生成为文化、文明、文学、文体等一系列的载体,也是重要的美学概念。

  正如前文所言,这个"文"字,经历了从自然纹理到人文个性的演变,因而我们说它是自然到人文的统一性标识。人成文章,感物摇兴,

---

  ① 章太炎:《章太炎全集》,上海人民出版社2014年版,第778页。
  ② 周振甫:《周振甫讲古代文论》,江苏教育出版社2005年版,第177页。

需要借助山川之貌，涤除玄鉴，因而能借景抒情，创造出有情有景之文，因而"文"达成了自然到人文共通的载体。这种"体物浏亮"的思维模式到了陆机时代尤为兴盛。尤其是到了刘勰心目中，"文"则是天文地理的宏观表现，无论是"日月叠璧"还是"山川焕绮"皆是有道之文。而作为天地之心的人，则更是以"文"沟通天地的万物之灵。可见，"文"，并非一种僵死的符号的堆砌，它是每个诗人作者性灵的返照，是每种情感与思绪的涓流，是一种价值与认知的平面的推演，是一个人灵魂达心于手的直接吐露。太史公称的"三不朽"，"文"（言）则占其一，而"德"与"功"其实也是需要"文"去记载流传的。从这个意义上讲，作为历史传承的"文"的作用对于记录华夏文明文化的确起着不可轻视的作用。

"文"作为总体的表达，传承着文化的命脉。而当"文"具体演化成诗的时候，则更升华为华夏民族文化文学之精粹。华夏民族是诗的国度，诗的吟哦流韵反映了华夏民族的精神面貌与国度气质，因而"文"中之诗，则是整个"文"之层面的高峰之一。因而考察"文"，进而考察诗，更能明了从自然到人文之统一的"文"的内在涵韵。

第三节 人文之元："经""文"关系论

在谈"经"与"文"的关系之前，我们先谈一谈"梦"。

"梦"，人人都有。美好的愿景，称之为"美梦"，痴心妄想的思绪会被斥之为"白日梦"。人是要有梦的，弗洛伊德认为"梦"乃是一种潜意识，可以是人不断前行的动力。古代的人也是一样的。梦在古代文人心目中是一种含有朦胧和神秘色彩的东西。尤其是古代社会宿命思想的作祟，因相信梦并以此作为命途的预测之说比比皆是。当然，人类初期在无法解释的事情背后总会"揣测"出诸多臆语谶言。可是，一个有趣且值得注意的事情是，历史上凡有所作为之人，他们都很相信梦。帝王一梦能影响天下局势，文士一梦能左右宦海仕途。闺阁一梦能生死长情，塞客一梦能缘恨南北。甚至道士一梦九重华天，僧尼一梦传灯结缘。诸如此类，翻阅文史不胜枚举。不过古人有一种梦能有经纬天地之功，我们不妨称之为"文梦"。什么是文梦？有伟大的思想家教育家如孔子，有伟大的文论家批评家如刘勰。他们都有梦，而且他们的梦是典型的"文梦"。在《论语·述而》中，孔子这样感慨：

子曰："甚矣吾衰也！久矣吾不复梦见周公。

孔子为什么这样强调要梦见周公呢？这在当今时代是不可想象的。一个男子夜夜期盼梦见另外一个从未谋面的男子。这是十分奇怪的。但是，孔子是个伟人，伟大的人，他的胸怀和抱负非常人能够理解。孔子之所以想要梦见周公，原因很简单，那就是孔子是因为想要重新恢复周公时代礼乐健全、君君臣臣的良好政治时代，因而日思夜想之余便会梦见制礼作乐的周公。我们说，当"文"泛化为文教的时候，涉及了文化主潮、思想建构、文明制度乃至政治意识，这些都是古人读书穷理的终极追求，是古代文士指点江山、为帝王师的最大梦想。所以，从这个角度上讲，"文"的确跟"梦"有着十分紧密的联系。这就是典型的"文梦"。通过孔子"不复梦周"这件事能够得出两点认识。一方面，反映出孔子的确是一个为天下苍生着想的仁者，另一方面，也反映出周公礼乐思想之魅力。孔子的这个梦，反映出他想要诉求的乃是一种世态，这个世态的前模式乃是周公提供的。而他表示出对这个世态极大的肯定和热情，还认为这是救助乱世百姓脱离苦海的最佳方式。这种看不见摸不着的"模式之力"，很多时候在后世的表述里成为一种"道"。能够运转这种道的，可以称之为"经"，运行这种"经"的状态，可以称之为"经营"。一下子，"梦"联系了"文"，"文"联系了"道"，"道"联系了"经"，"经"联系了"经营"，"经营"就是这个梦的终极追求！当然，好梦常有而经营难得。因为孔子深知一句话叫做"天下有道则出，无道则隐"。（《论语·微子篇》）根据这样的逻辑，换句话说，天下如果是周公模式，那么儒者可以出来做官，去为实现自己的理想而作为，反之，如果不是这种模式，那么儒者则隐没自身，遁迹山野。如果是后一种，经营是没法实现的。怎么办？孔子晚年思考了这样一个问题。于是他将重心从"经营"转移到了"作文"身上，这样一来，"梦"的终极目标转化成了为"文"。"梦"，跟"文"就有了密切联系了。孔子晚年自知他所追求的"道"无法实现，就跟自己的"梦"无法实现一样，因而他选择的实现"道"的方式变成了诉诸于"文"——用史家的历史评价或"春秋笔法"去震慑犯上谋乱的诸侯，用儒者的处世原则择汰上古的文学记载，换而言之，孔子实现"道"的方式就是整理或者著述典籍，这些典籍经孔子之手，又被后人整理成"六经"，也就是现在儒家的经典之文。用"文"的形式承载着自我之梦，孔子是伟大的先行者。如果说，孔子之"文梦"尚且带有诸多的政治因素，那么相较而言，刘勰的"文梦"就带有更多文学的纯粹色彩了。《文心雕龙》之《序志》篇曾明确谈到刘勰幼年梦见自己攀采五彩祥云的美梦：

> 予生七龄，乃梦彩云若锦，则攀而采之。齿在逾立，则尝夜梦执丹漆之礼器，随仲尼而南行；旦而寤，乃怡然而喜。大哉，圣人之难见也，乃小子之垂梦欤！自生人以来，未有如夫子者也。……于是搦笔和墨，乃始论文。①

刘勰后来努力做文，生文五彩，与先前攀采祥云的梦之间到底有无关系这个问题无法弄清楚，但刘勰将此事情讲述出来，其文字之间明显在表示他之攀采祥云与如今精心做文有着一种宿命式的神秘联系。我们无法说明彩云是否和文采有直接联系，但是至少可以肯定的是，人在年幼时期如果能够在色彩方面有敏锐感官的话，那么他在文辞认知与词藻析得上则有着不可比拟的天赋。

---

① 范文澜：《文心雕龙注》，人民文学出版社1959年版，第729页。

因而，可以这样分析，刘勰梦见自己攀采五彩祥云乃是现实中他对天地色彩有着他人不可比拟的天赋。天地色彩之外显实际就是日月叠壁与山川焕绮，刘勰能对天地之纹有着敏锐的感知天赋，显然为他后天磨砺成文打下无可比拟的基础。正因他年幼高超的天赋所以他在文辞运用上技艺高妙，能成得《文心雕龙》一书，更能自成理论，指导他人做文。当然，这样的分析主要是想说明，刘勰的文梦被他自己认为决定了他后来的文学之路乃是应命所授。更为重要的是，刘勰是将他的"梦"，作为他的"道"来实现的。而他的"道"实现的途径则是为"文"。

周公辅佐成王图

齐梁时期经学衰微，文章重彩，因而辞藻华美艳丽，对儒家文质观推崇的"辞达而已"全然不顾。刘勰对此极为不满，他对过分藻饰的批判没有得到时人之肯定，他之主张亦不受时人所重。在刘勰看来，"文"乃是最高的"道"的化身。他把"文"作为一个美梦去攀采，作为一个理想去追求，其最终目的还是为了实现"道"。刘勰的"道"融合了儒道二家的思想，甚至或多或少沾染了佛教空明澄澈之味道。正是刘勰重道推文，因而他在文章写作上极为用心。反过来，正是从文章写作的标准，他间接地表达了他对圣人之道的理解，对天地大道的理解。当然，刘勰身在齐梁时代，其认知局限不可避免，但他对文心之雕琢的确龙首他人，为他的"文之道"、"道之文"的思想做了深入的研究阐释。跟孔子一样，无论其梦如何，他们二人之最终追求还是在"道"。① "道"之为道，对经学来说便是经营致用，对文论来说便是以文载道。换句话说，经营致用乃儒家之道，以文化成亦是儒家之道。治世须遵儒家之道，治文亦崇儒家之道。儒家之道乃是治世与治文的关键。然而不论治世还是治文，经学还是文论，以道为本应是天下文士的共同追求。更何况很多时候，治世之关键还在治文，"道"之关键也在"文"，这在有唐一代表现得极为明显。

从"文"之"道"到"道"之"文"，无论是显现为典籍还是梦境，在中国古人心目当中，对"文"与"道"之联系是始终如一的。"道"当然显得空泛，且在中国文化语境当中，道，有儒释道三家之道。为了进一步缩小范畴，我们把"道"外显为"经"，落脚点在经学。而对于"文"，同样的，为了缩小范围，我们将"文"的内涵界定在文论上。这是不超越和违背"经"与"文"的含义的。本书的重点就是观照唐代经学与文论。"经"与"文"有着密切的关系。② 我们从元关键词"经"与"文"切入，落脚点乃在经学与文论。因而研究"经"与"文"的关系及其流变，实际乃是研究经学与文论的关系及其流变。经学与文论有着紧密联系。"在中国文学史上，经学与文学始终保持着极为密切的联系。中国传统诗学思想可以宋代为界分为前后两个时期。先秦至唐属前期，宋至明清属后期，与儒家的经学期和理学期大致相合。此种相合并非偶然，而是有着内在的必然性与合理性，这也可以看出儒家思想在诗学思想发展演变中的主导作用。"③实际上，最开始以文本形式出现的"五经"，跟文化文

---

① 很多学者关注刘勰之"文道"，似乎只关注其文本身，而忽视了刘勰之文背后对道（尤其是儒道）的终极追求。关于这一点，山东大学的戚良德先生有一篇名为《文章千古事——儒学视野中的〈文心雕龙〉》的论文同样提到这个问题。戚良德认为刘勰之"文"不仅仅关乎文学之文，还是"着眼于一个人的人文素养和基本能力，从而关乎一个人的人生境遇和全部事业。"该文载《文史哲》2014年第2期。

② 本书的"经"与"文"，在后面的表述中一般指经学与文论。

③ 萧华荣：《中国古典诗学理论史》，华东师范大学出版社2005年版，第6页。

学有同体共源之属性。从最基本的人文性而言,"五经"和文学、文论关注的都是人的问题:人的性情志向问题、人的认知与审美问题,或者总而言之曰人文问题。对于这一点,邓国光先生论述的极为恰当:"五经意蕴所在,极乎'性情'而匠于'文理',实无异于文学。对'性情'的关注不但沟通经学和文学的内在联系,更因之而构建了一套独具特色的华夏文论系统。"① "经"与"文"关系之流变亦是经学与文论之关系流变,他们有其自身之发展。我们讨论唐代经学与诗学之关系,为弄清二者关系及流变,遂其论述由先秦始,至隋唐止。

一、两汉:"经"尊"文"从

"六经"原本是华夏民族古老的文化典籍,自孔子发扬光大则成为儒家文化教旨。然而孔子生活的时代未能允许孔子的思想得到推行,"六经"一时成为诸子百家中散溢微光的陈集。春秋动乱与战国烽火让统治者看到大一统的政权才是国家存亡的关键。但这一任务在统一六国的秦代未能完全完成。秦施恶道,背离仁政,反而给了后来的汉代以历史警醒与前车之鉴。因而汉初黄老思想得到统治者推崇则不足为奇。随着汉王朝国力渐盛,黄老思想不再能满足国家形势时,儒家则自然登上历史舞台,成为统治阶级青睐的治国方略。汉高祖本籍楚地,不尚周孔之道。文景二帝对儒学颇有亲近,但未能全面采纳儒生规旨。武帝罢黜百家,独尊儒术,已是众所周知。尔后白虎、石渠两次谈儒,使得儒家在汉代颇显盛威,诸子百家尽隐而儒者孔教独尊。有汉一代,儒家得到全面发展因而后世称其为"经学隆盛之时代"。

汉代经学隆盛,皆因帝王重视儒学教化。然而一个很明显的事实是,汉代帝王尊崇儒学,启用儒生,并非因他们从遵从周孔之道而来,而只是在借儒家教化,方便统治。自汉高祖起,儒者在汉代地位之抬升非因其教旨之高深,而仅仅是因为叔孙通之辈以儒家礼乐制度讨得刘邦

---

① 邓国光:《经学义理》,上海古籍出版社 2011 年版,第 243 页。

欢心，谓皇帝高位之尊享由此礼乐而成。正如尝到肉之滋味因而圈养牛羊一样，儒者在汉代找到了新的谋生之道。因而他们由仁人志士经邦致用之儒一变而为趋炎附势谄媚鄙陋之儒。这种性质的儒者，已经完全跟周公、诸子时代之儒者大不一样。周公时代虽然没有正式称谓的儒家出现，但是周公所作之礼乐实际还是儒家礼乐文化之先驱。诸子时代之儒者则大多直言敢谏、刚正凛直，能够为重构周孔之道而身先士卒。这些精神到汉代大一统政权健全之后全然褪色。之所以周公之儒、诸子之儒与汉武之儒精神面貌有如此区别，乃是因为周孔之道毕竟是一种理想的蓝图。尤其是周道衰微，礼崩乐坏，又经春秋战国几百年烽火，而儒家经学微弱无力、于世无补。因此主宰正在大发展的封建社会的统治者，能够清晰认识到儒家教旨只能作为统治之工具，而非真正国家政权之灵魂。

早在周后诸子时代，荀子韩非法术势之论，正是看破周孔之道而明晰政权治国之道而来。汉武帝年幼所学，正集百家数术，他能明晓法家儒家之真正用途，因而即使汉武帝独尊儒术，实际上也是"外儒内法"。"外儒内法"四个字其实已经表明儒家已经转变了原始性质，失却了原先肇雍经德、公则仁义的美好理想，变成为世俗化的儒家。这样讲，并非贬低儒家，毕竟历史的发展有其必然。

汉代经学隆盛之同时，文学艺术也得到极大的发展，汉赋自然是其中最为令人赞叹的文学艺术结晶。有汉一代可以完全称得上文学大发展的时代。不论是从突破春秋战国以及秦朝文学单一之情势而言，还是从个人抒情文学得到极大发展之角度而言，汉代的文学成就的确可以跟这个大一统王朝之气象相比肩。汉赋虽然极具汉武一统之特色，然而汉赋终究并非独立发展的审美艺术。先是为了劝百讽一之经学功用，为了提醒帝王骄奢淫逸之害，尔后却因善写山水百物而颇得帝王欢悦之心，汉赋变成了专让帝王赏心悦目的美物报告。"劝百讽一"自然是儒家经学旨归下文学发展的模式。跟《诗经》之功用一样，采风之最初目的就是为了了解民情世态，用诗讽劝也是为了规范帝王德行，然而这一切终将文学之审美功利化，在汉代甚至成为经学的从属。正因如此，汉代文论亦是经学的从属。

前人认为，汉代文学与文论实际上是经学的附庸，这一点不太准确。"客观考察分析可知，汉代儒学与文学的演变，大致说来，从同幅共振趋于失衡；两汉儒学对文学的影响虽然巨大，但它没有左右汉代文学发展的根本方向，汉代文学没有沦为经学的附庸。"①因而此处用的乃是"从属"。"附庸"则是毫无主见毫无地位可言，而"从属"则是地位稍次。之所以用"从属"，是因为汉赋纵然是因为经学功用"劝百讽一"而发展起来，但是很明显，汉赋在后期发展中，个人情感之因素越发增强，以致后来抒情小赋的流行，标明汉赋找到个性审美的最终归宿。因而在这个层面来说，汉赋并非完全没有主见和地位可言。更何况，在汉代精通经学之大家，绝大多数都是写赋能手。扬雄、张衡、司马迁、司马相如等，在经学政治受挫之时，往往能将内心愤懑诉诸文辞，借赋消愁。汉代大量的《悲不遇赋》的产生往往因此而来。这也标明汉赋不仅具有重要的抒情作用，同时赋家的批评标准亦由图物写貌变为自我抒情。

汉代经学在对文学文论影响方面亦值得一提。即使文学在汉代跟经学相比属于从属的地位，但经学对文论之影响绝对不小。其中最为重要的则是经学源自《诗经》里的规劝讽谏传统一直影响着汉代文论，因而汉赋无论多么华美，最后的曲终奏雅还是必须回归到经学的苑囿里来。汉代董仲舒发展了儒学的新途径，其天人合一理论以及汉代《周易》阴阳理论的不断完善，对汉代文论很有影响。

汉代经学和文论都取得了极为重要的成就。经学开启了后世汉学研究的重要路径。文论上不仅秉持规劝讽谏的儒家之道，还给后来魏晋山水诗之写貌手法以极大助力，甚至给"以文为诗"或"以诗为文"之论提

---

① 陈松青：《试论汉代文学没有沦为经学之附庸》，《唐都学刊》2007年1月第1期，第11页。

供了借鉴。不得不说，经学与文论两盛的格局在大一统时代相对容易形成，因而汉代经学与文论之繁荣与唐代经学及文论之发展实际上可以做对比性研究。

二、魏晋："经"隐"文"显

有汉一代终因政权旁落而淹没于历史长河，两汉经学的隆盛景象成为碎影。代大汉几百年大一统而来的，是魏晋南北朝的长期动荡。没有了大一统国家政权的维系，经学失去了安定生长的土壤，显得孤诣飘零。的确，跟两汉相比，经学在魏晋南北朝未能拥有为国家政权直接服务的显贵位置，没有能调和古今文经学之争的经学大师，没有了皇帝直接参与的经学会议，只有形似诸子般的谋士奔走于各军阀之间，传递夺取天下的筹谋，只有汉后私家隐蔽流传的经学专著以供少数文化传承人去保存，而各军阀忙于征战无暇顾及文化教育与意识形态之建设。由此对比可以清晰看出，经学在魏晋时期处于一种低迷的状态，他如游丝之气流于寰宇之内。

正是魏晋时期经学处于低迷衰微之境遇，因而经学意旨发生了显著变化。又因为魏晋玄学的兴盛，儒家经学的确境遇堪忧。汉代"劝百讽一"、"温婉讽谏"的儒旨之中断成为可能。"思想上玄学时代的开始，就是批评上讽喻传统的中断。它从魏晋开始，贯穿整个南朝，并延续到唐代。"①此论尤确。

在乱世征战中，德之处世不太现实，而才之凸显才是叩开明君大门的钥匙。曹操重才轻德，能够任用德行或缺的有才谋士直接赢得最后的胜利，这也直接表明经学笼构的仁德礼义全然崩溃在谋夺政权的强大野心之下。魏晋时期，世乱经微，儒家风化之旨停于长空而不散于民间，两汉长期绷持的意识形态逐渐松绑。加上玄学清谈的兴盛与世风华靡的景象，因而魏晋时期文学文化受到极大影响。首先受到极大影响的是文

---

① 张伯伟：《中国古代文学批评方法研究》，中华书局2002年版，第52页。

学诗歌。魏武帝诗歌内含强者的雄霸之气,这样骨气刚强的诗歌自然不似儒家温柔敦厚诗风教旨。魏文帝之诗情质温柔,陈思王之诗情兼雅怨,有《诗》风之流韵而无《诗》志之伟岸。两晋逐步将诗风推向雕琢浮华,即使"竹林七贤"文辞繁简适中,但整个两晋文学作品崇尚雕缛藻饰已是不可挽回。左思、陆机、潘岳等著名文人之诗歌赋作,或内容庞杂,或情感细腻,或辞美文妍,或刻工情思,已然不再是儒家"温柔敦厚"与"辞达而已"的美学标准。

在经学与文论相对比的情势下,可以说,随着文学的自觉意识的不断加深,魏晋文论之发展远远超过经学。魏晋诗歌走出了两汉诗歌古朴沉质、埋哀言怨的狭小空间,为古朴雅致的诗学领域增添了不少虚华的色彩。这大致是赋体写物入诗之流变所致。而魏晋诗歌题材的极大扩展与体裁的大量出新,直接为后来唐宋诗歌的发展奠定了深厚的历史积淀与丰富的写诗手法。这一时期的玄言诗、田园诗、咏怀诗、咏史诗,五律、五绝、七律、七绝,还有骈文、散文、辞赋等都得到了不同程度的发展。魏晋经学衰微带来的还有小说的繁荣。这当然也于东汉佛教传入后,佛经义理里面故事的讲述方式之影响有关。魏晋文论实际取得了长足发展。曹丕的《典论·论文》、曹植的《与杨德祖书》、应场的《文质论》、陆机的《文赋》、挚虞的《文章流别论》、李充的《翰林论》等,皆为魏晋时期的文学发展指出了方向。凡此种种,都清晰表明魏晋时代是一个文学文论大发展的时代,也都表明文学不再是引经据典的章句之学,而是充满着个人情感与活脱生气的私家之言。

三、南北朝:"经"体"文"用

魏晋时期的经学局势一直延续到南北朝时期,但庆幸的是南北朝时期对魏晋时期经学低迷、文风虚糜的局面做了反思。这种反思并非来自统治阶级之主观意愿,而是在政治格局分为南朝与北朝之后,两方分立对峙、互相参照的形势下开始的。正是南朝与北朝存在两种政治格局,因而南北朝之经学各具特色。北朝延续汉代训诂考释之风,因而尤为重视名物考释。南朝则因楚地玄风之盛,因而偏重义理清谈。不仅仅是经学研治上,在文论思维上,南北朝也是有着极为明显的差异。北朝尚质,南朝尚文,这些已是众所周知。南北朝受到佛教思想之冲击也是史有所载。具体到经学与文论之关系上来说,能够清醒认识到儒家教旨之重要,而又能借佛家精思言理之思维著说文章的,只能是南朝齐梁间的刘勰。

刘勰对于"经"与"文"的关系,在其千古大作《文心雕龙》之开端三篇中已经讲述得十分明白。所谓"道沿圣而垂文,圣因文而明道",旨在恢复儒家《诗》教。刘勰此处所言之"道",虽然有着道家自然之旨的意味,但可以肯定的是他说的主要还是儒家之道。杨明先生认为刘勰的"道","不限于道家,而是儒释道三教都认同的宇宙本体"①。这种说法有一定道理,但必须指出的是,这种三教都认同的本体之"道",其关键还在儒家。因为杨明先生还明确指出,刘勰"道"的提出不是为了宣扬三教本体,而是借助"道"来提高文学文章的地位,继而为他将要提出的"征圣"、"宗经"的文学主张做铺垫。②

正因为恢复的关契乃是儒家之道,因而在《文心雕龙》中刘勰处处显示出对儒家"六经"的重视。《宗经》一篇对儒家"六经"做了详细的分析。称赞"经"为"恒久之至道,不刊之鸿教。"可见刘勰心目中经及儒家地位之重。而《序志》言他幼年攀采祥云之事,更是直接明了地表明对孔孟之教的推尊,希望自己是孔子事业的继承人。但刘勰跟周孔及两汉时代的儒者关于传播儒教教旨有着极大的区别。前人对儒家之"六经"所作的乃是道德仁政之推重。刘勰跟前人的不同之处在于,刘勰乃是从"依经立文"的角度把经学与文体做了具体的勾连。在《宗经》一篇,刘勰就说了"六经"各自禀赋的文体特性:"《易》唯谈天,《书》实记言,《礼》以立体,《诗》以言志,《春秋》辨理。"③(《文心雕龙·宗经》)因而

---

① 杨明:《刘勰评传》,南京大学出版社2011年版,第77页。
② 杨明:《刘勰评传》,南京大学出版社2011年版,第78页。
③ 范文澜:《文心雕龙注》,人民文学出版社1959年版,第29页。

在写作不同文体之时,"六经"之文体风格成为了一种模板与范式:"论说辞序,《易》统其首;诏策章奏,《书》发其源;赋颂歌赞,《诗》立其本;铭诔箴祝,《礼》总其端;纪传铭檄,《春秋》为根。"①(《文心雕龙·宗经》)这种从"六经"中找寻文体依据的思维虽然早在荀子时期已经有所提及,但刘勰才是真正从体系上系统梳理了不同文体与经学之间的关系。换句话说,刘勰系统梳理了经学与文论的关系。"六经"从刘勰开始不再是简单的道德宣讲或者仁政纲领,而是变成了一种文学写作的模板。刘勰认为的经文关系,简单说,就是依经立义、经体文用。

如果说"经"与"文"在汉之前是"经"重"文"轻,在魏晋南北朝是"经"轻"文"重的话,那么在刘勰这里,"经"与"文"形成了一种和谐的统一。如果说,刘勰之前,"经"是制约"文"、规范"文"的,那么到了齐梁刘勰《文心雕龙》这里,"文"成了"经"的理式的化身,成为了"经"的本体之用,这对于后来唐宋之文学观与经学观产生了极大的影响。

---

① 范文澜:《文心雕龙注》,人民文学出版社1959年版,第30页。

第二章 交采于唐：唐代"经""文"及其关系

作为中国文化元关键词，"经"义有"经营"、"经籍"、"经典"之流变，然其主干与依托乃是经学。经学是"经"的本质属性。同样的，"文"义有"文身"、"文章"、"文学"之流变，其意旨与关键乃是文论。文论是文的思维表征。"经"、"文"同属认知与思维的苑囿，同是华夏民族世界观价值观审美观形成的核心因素。"经"与"文"在不同时期，其含义有所不同，其关系亦有所不同。"经"与古代政治意识形态建设紧密相关，而"文"则深深联系着古代审美的认知维度，这是就宏观的角度而言。就微观角度而言，唐代"经"之归正乃是经学重建之前提。唐代"文"之新成亦是文论革新之基础。唐代经学与文论有着特殊价值与范式意义。

唐仕选图

与六朝不同，唐人对"经"及经学之意义有着极为清晰的认知。唐代统治者开国之初，便对儒家经学表示重视，对经学教育与礼仪制度之建设极为用心。高祖武德七年，李渊诏令兴学："自古为政，莫不以学为先。学则仁义礼智信五者具备，故能为利深博。朕今欲敦本息末，崇尚儒宗，开后生之耳目，行先王之典训。"①高祖之重振儒家经学之决心在《置学官备释奠礼诏》中表露得更为明显：

  六经茂典，百王仰则；四学崇教，千载垂范。是以西胶东序，春诵夏弦，说《礼》敦《诗》，本仁祖义，建邦立极，咸必由之。自叔世浇讹，雅道沦缺，爰历岁纪，儒风莫扇。隋季以来，丧乱滋甚，眷言篇籍，皆为煨烬。周孔之教，阙而不修，庠塾之仪，泯焉将坠。非所以阐扬徽烈，敦尚风范，训民调俗，垂裕后昆。朕受命膺期，握图驭宇，思宏至道，冀宣德化，永言坟素，深存讲习。所以捃摭遗逸，招集散亡，诸生胄子，特加奖劝。而凋敝之馀，湮替日久，学徒尚少，经术未隆，《子衿》之叹，无忘兴寝。方今函夏既清，干戈渐戢，搢绅之业，此则可兴。宜下四方诸州，有明一经已上未被升擢者，本属举送，具以名闻，有司试策，加阶叙用。其吏民子弟，有识性开敏，志希学艺，亦具名状，申送入京，量其差品，并即配学。明设考课，各使励精，琢玉成器，庶其非远，州县及乡，各令置学。官僚牧宰，或不存意，普更颁下，早遣立修。夫安上治民，莫善於礼，出忠入孝，自家刑国，揖让俯仰，登降折旋，皆有节文，咸资端肃。末叶疏惰，随时将废，凡厥生民，各宜勉励。又释奠之礼，致敬先师，鼓箧之义，以明逊志，比多阙略，更宜详备。仲春释奠，朕将亲览，所司具为条式，以时宣下。②

---

① （宋）宋敏求编：《唐大诏令集·崇儒·兴学诏》，商务印书馆1959年版，第537页。
② （宋）宋敏求编：《唐大诏令集·崇儒·置学官备释奠礼诏》，商务印书馆1959年版，第537页。

这篇诏书详细说明了汉末六朝儒学不振,经学凋敝的景象:"雅道沦缺,爰历岁纪,儒风莫扇","周孔之教,阙而不修,庠塾之仪,泯焉将坠。"这种对儒家经学情势发展的清醒认识,标明唐初统治者意欲恢复周孔之教的决心甚大。"经"在唐代不再是处于边缘和衰迷的境地,而是重将升起的新日。唐人对"经"的重新重视,标志着经学发展在唐代焕然一新。可以说,经学走向一统,"经"之致用重新归于正位,是历史之必然,也是唐人选择之必然。

第一节　唐代"经"义的时代特色

在回答唐代的"经"、"文"之内涵以前,我们先要回答一个问题:为什么要选择唐代?在中国漫长的封建历史中,能称得上盛世强国的时代的屈指可数。但是唐代绝对榜上有名。唐代尤其是初盛唐时期,国力强盛,经济富庶,文化多元,当时的外交可以堪称四方来朝。这是一个令人向往的时代。在这样一个时代,如果没有经学与文学的支撑,那是很难取得如此辉煌的成就的。所以,我们要选择唐代的"经"与"文"来阐明。这是其一。

其二,唐代的"经"与"文"又极具特色。唐代的"经"最重要的特征就是,她不仅仅是儒家的"经",她还包含了释道二家的"经"。所以,与汉代"独尊儒术"相比,唐代的"经"是多元的、丰富的、融通的。唐代的"文"在中国文学史与文论史中也是大放异彩。无论诗词歌赋还是散曲小说,无论是政令策论,还是传奇俳句,都包含在唐代"文"的内涵当中。值得一提的是,唐代大概是历史上少有的用诗歌写诏书的时代。武则天那首《腊日宣诏幸上苑》诗既是诗也是诏书:

明朝游上苑,火速报春知。
花须连夜发,莫待晓风吹。

显然，这是用诗歌这种文体写作的诏书。这在中国历史上可能十分少见。但是，唐人从生命里真挚地热爱诗歌的情感，流露到其他地方，均不免用诗歌这样诗性的文体去表达和装饰他们的话语。可见，无处不文采的唐代多么重视"文"。在诗学观念上，"文"的影响也无处不在。无论是鞭辟入里的论诗诗，还是精秀美伦的《二十四诗品》，在表达手法上始终融入诗性智慧的言语总会令人咀嚼再三，回味无穷。这便是唐代。当然，这里只是概说。唐代文化丰富多元，层峦叠嶂，万斛泉源，我们只能择片叶以赏春秋，品杯盏而思甘泉。

步辇图

整体来说，唐代"经"、"文"之义，既承接前代而来，又与之有别。要之，唐代"经"义的时代特色主要有三：一是整体偏向事功致用，二是三教经旨趋于融通，三是经典有大中小之分。下面我们一一来阐述。

一、融经典与通俗于一体

封建王朝有分合荣衰的历史规律，经学实际上也有其自身的生命历程。与两汉经学相对统一繁盛而言，魏晋南北朝的经学发展总体处于衰微阶段。经学因为没有了大一统政权的倚靠，被玄学与清谈挤在意识形态的边缘。历经两次历史大分合后，南北朝后期的人们似乎意识到经学一统之时代即将临近。因为动乱分裂太久后的人们期盼的是政权的统一和国土的安泰,随之而来的则应该是意识构建的统一与经学思想的统一。这在后来的隋唐时期已经得到历史的验证。

其实,早在南北朝时期,江左清越而河朔贞刚之别已然出现,而刘勰时代已经有诸多学者意识到,南北两朝并非应该对立而应该在不断交融交流中走向一统。因而不断有经家对经学一统之构建做出研究,甚至当时的统治者也对经学一统抱着极大的期盼。但南北朝朝代短暂并未能完成经学一统的任务,直到李渊灭隋而大唐兴起,这一任务才有实现的可能。

大唐政权一统直接给经学统一创造了条件。南北经师合二为一,在高祖与太宗明确青睐儒家之背景下展开了一统的宏大任务。继陆德明《经典释文》之后,孔颖达等历经二十七载精心编撰的《五经正义》出世。《五经正义》的出世,标志着唐代经学基本上实现了统一。高祖与太宗相继推举儒家思想,极大地激发了儒者的热情。一时间,经学礼乐制度与史学律法等不断发展完善。这根魏晋南北朝时段断掉的经学脉络在大唐得以续接。因而唐初群臣欢呼鼓舞,直呼此等盛事乃盖三代而超周孔,是太宗隆德之下百姓亲拥之结果。"经"之"经营"内蕴的确在唐初尤其是太宗手里得到了元气的恢复。太宗皇帝对有唐一代文治仁政局面的开启可谓功劳甚大。"经"之内涵的基本确立让经学走上正轨。相较而言,这一时段之"经"的内涵与周汉不同。

首先,"经"之经典性意味在唐代完全成熟。周代之"经"尚在文化与文学模糊的界定之中。周公之礼乐建设与其政治思想乃是不分表里,其制度建设与文本构建大致同步。因而"经"仍然有着上古时期浓厚的"肇雍经德"之味道。至孔子时期,"经"之政治性与文本性开始趋向剥离。孔子删定"六经",以此教化民众,树立价值判断,即是剥离的表现。"经"的文本性成型之后,汉代就有了经学版本论争。官学与私学同时铺展,让两汉这个经学隆盛时代显得庞大而博杂。"经"之经典性的意味虽然在武帝统定"五经"之时极为明显,但随着治经方式越来越朝着考释训诂方向发展,"一经说至百万言"。阐释的本身乃是对经典的一种消解,虽然这种消解本身也是一种建构,但实际已经远离了经典本身。由此,"经"之经典性逐渐减退。魏晋南北朝经学衰迷,南朝与北朝治经方法的差异也没有使"经"有着完整的经典性。直到唐初随着《五经正义》的颁布,每一经都有其固定的版本参照,不会再分出官学家学之冗杂,也不会再有南北经学殊途之纷扰。仕人皆以《五经正义》为本,官吏选拔亦以此为宗,因而经学的一统局面才算真正的形成。可以说,"经"之经典性的意味在此时才算真正恢复和铸就。值得一提的是,《五经正义》选取各经之版本,其实直接为后来"十三经"之版本提供了极佳的借鉴。"十三经"基本上取唐之《五经正义》之选经版本。这种经典性的权威表征是大唐经学一统的直接证据。

其次,唐之"经"具有事功通俗之品性。所谓"经"之经典性,是依其乃是国政之本与立身之基而言,是周孔仁政立德以来一以贯之的"经营"理念的永恒性。唐初统治者与经家明显恢复了这一点。而所谓"经"之事功通俗,非谓"经"之经典性之消解,而是在唐人于"经"之运用上,不再是将"经"如同周孔两汉时代一样奉为神明之物,而是将文本变为致用,进一步发挥其通用之功的理解形态。史学家习惯称唐人有着极强的事功心态。无论是贵族子弟还是士庶阶层,他们勇于以文求仕或边疆期武,他们的目的不仅是壮大文坛武域,更重要的是借此爬上仕途高位。李白、杜甫、王维、王昌龄、白居易皆是如此。说他们事功性太强并非贬低他们,而是大唐时代允许他们勇于追求,这是时代兴隆世道发展的表象。正是此种极强的事功心态一面促发士人经世致用之信念,另一面又客观上将经典性之"经"转化为通俗性之"经"。经典在他们看来,一边是修身立德之根本,一边也是博取功名的途径。毕竟在唐初大一统政权之环境下,仁者德政不再是个人修养的首要目标。个人理想可以通过仕途得到实现才是盛世下才德之人的首要目的。还有一点需要说明的是,自汉至唐,统治阶级在"德"与"才"之间有着明显的选择偏向。唐代统治者向来对有才之士多加恩冕,开放的世风引发的时代盛景加上唐代统治者源自北方鲜卑少数民族之血性,自然对儒家德行不会太过强调。大唐重才重文与汉魏已经有了极大的区别。因此,"经"之通俗性之特色形成亦是唐代社会发展之必然结果。

最后,唐之"经"兼融经典性与通俗性。大唐是中国封建史上较为特殊的王朝。她的统治者身上携带少数民族的血统,她是封建时代最为隆盛的阶段,却也是整个封建社会前后之分期。她有着一统经学之伟大壮举,却在经学信仰上有着不同前代的通俗性之性质。更为难能可贵的是,唐代士人对"经"之理解,并非偏执一端,而是较好地将"经"之经典性与通俗性融为一体。上自皇帝文臣,下至庶民百姓,人们对"经"之理解没有过分的汉人训诂考释之繁琐,也无后来宋人义理阐释之深奥,他的经学既有前代经家注重以经修德立身之传统,也有自身以经求仕之新貌。所以"四杰"一面能呼唤风骨之诗风,一面在大唐政权漩涡中游身;所以李杜一面致君尧舜,一面仕途求官;中唐韩愈一面以文载道,一面诗风力求新奇险怪;白居易一面提倡新乐府运动,讲求文辞白雅,一面却华美修辞《长恨歌》。这种融经典性与通俗性于一体的唐人风貌被有些学者看做唐人性格的两重性。其实在大一统封建王权之下,士人性格的两重性毫不为奇。汉代有着与唐代相似的国家政权与时代风貌,因而在士人性格两重性上面亦有很多相似之处。究其原因,乃在封建大一统政治与文学追求独立审美之间的矛盾所致。但显然唐人即使处在这样的矛盾之中,也比汉人显得通达。李杜即使落魄潦倒,却从未悲天悯人,怨天尤人,而是极其乐观豁然地载酒吟诗,甚至屋逢漏雨却希望庇士大厦千万间。这种精神也正是唐人心灵上经之经典与通俗兼容之外在表征。要而言之,唐代经之特色整体偏于事功致用,能兼经典性与通俗性于一体。

二、通三教经义而备政

唐代非如汉代宣称独尊儒术。即使唐高祖李渊与太宗在诸多正式场合提倡尧舜之道,但实际上唐朝施行的是三教共荣的政治策略。"释宗以因果,老氏以虚无,仲尼以礼乐,沿浅以洎深,藉微而为著,各适当时之器，相资为美。"①唐代流行三教论衡。这是典型的文化盛会，也是天子包容三教、择善从之的体现。《周书》记武帝于建德元年（572年）春，"幸玄都观，亲御法座讲说，公卿道俗论难，事毕还宫"；又于建德二年（573年）十二月，"集群臣及沙门、道士等，帝升高座，辨释三教先后，以儒教为先，道教为次，佛教为后"。② 这种非常严肃的文化盛会在唐代非常流行，且举办起来十分成熟，唐贞元十二年（796年）四月，德宗生辰日，朝廷举行三教讲论，目的或在祈福。当时就有一批辩手得胜：比如儒者第一赵需，第二为许孟容，第三是韦渠牟。其中韦渠牟因"枝词游说，捷口水注"而让德宗心动欢喜，数日后居然因此升迁为秘书郎。当然，作为辩手讨论三教教旨终归有种国教论衡比武的意味，其中不乏政治上为获得地位而进行的意思在里面。这是较为官方的作法。实际上，在日常当中，世人讨论三教也如家常便饭。唐代一个叫高彦修的人，就记录了一个流传千古的"笑话"，极佳地展现了唐人的三教观念：

> 咸通中，优人李可及者，滑稽谐戏，独出辈流，虽不能托讽匡正，然巧智敏捷，亦不可多得。尝因延庆节缁黄讲论毕，次及倡优为戏。可及乃儒服险巾，褒衣博带，摄齐以升崇座，自称三教论衡。其隅坐者问曰："既言博通三教，释迦如来是何人？"对曰："是妇人。"问者惊曰："何也？"对曰："《金刚经》云：'敷座而坐。'或非妇人，何烦夫座然后儿坐也。"上为之启齿。又问曰："太上老君何人也？"对曰："亦妇人也。"问者益所不喻。乃曰："《道德经》云：'吾有大患，第一章宋前俳优小说与戏弄的混融形态是吾有身。及吾无身，吾复何患？'倘非妇人，何患于有娠乎？"上大悦。又曰："文宣王何人也？"对曰："妇人也。"问者曰："何以知之？"

---

① （唐）神清撰，富世平校注：《北山录校注》卷一，中华书局2013年版，第35页。

② （唐）令狐德棻《周书》，中华书局1991年版，第32页。

对曰："《论语》云：'沽之哉！沽之哉！我待价者也。'向非妇人，待嫁奚为？"上意极欢，宠锡甚厚。翌日，授环卫之员外职。①

当然，这里面存在一定的滑稽戏谑成分。但是至少反映出这样几个问题：第一，唐代上自帝王，下到百姓，都是热衷于了解熟悉三教文化的。第二，唐代的文化观念里面，"经"不是至高无上、不容亵渎的。相反，唐人对于"经"的观念和认知是亲和的、爱民的、诙谐的。第三，也是最重要的一点，三教的观念在唐代是一种交融的，而不是分离的，是可比的，而不是隔绝的，是理解的，而不是陌生的。这就是唐代的"经"，有意思的"经"，有深度与乐趣的"经"。

唐代统治者从立国之初便显示出对儒家之重视，毕竟历经汉后几百年之动荡，重建儒家意识形态是大一统政权不可回避之选择。唐高祖政权建立之初，凭借天命谶纬之言，为李唐做舆论宣传的道教在此事上颇为有功。大唐李氏为让人们相信天命所授，将李氏王朝之远祖追为太上老君李耳。道教在唐代享有极大荣耀，归根于此。有的学者还认为大唐表面实行儒家政策，实际是按道家思想治国。此等说法有待商榷。唐初高祖太宗明确尊崇尧舜之道，高宗延之。则天朝虽重视佛教，却只以之为旁支。玄宗雅爱诗文，颇重《孝经》之儒道。由以上分析可以看出，认为大唐以道家思想治国的看法是片面的。另外还有一点必须提及的是，道教在唐代有着讨论道性之风尚。"唐代道教把道性问题与宇宙生成论结合起来。道性本来清净，但它与佛教的诸法皆不一样。道教认为清净的心性必须有所附丽，因而把本性与元气论结合起来。"②道家讨论了本性，也谈及了宋明人所谓之心性。然而道教终究是带有极为明显的宗教化态度，是以追求成仙为目的的心性之论，因而在心性与载体之关

---

① (唐)高彦修《唐阙史》卷下，影印文渊阁《四库全书》第1042册，台湾商务印书馆1986年版，第809页。
② 张国刚：《略论唐代学术史的时代特征》，《史学月刊》2003年第6期，第86页。

系上仍然无法完全圆满解决。但唐代道教心性论之提出，却客观上跟佛教等因素一起，给予宋代理学心性之论以极大启发，甚至"可以说唐代道教讨论心性问题成为宋代理学的直接先驱之一。"①

佛教在东汉末传入中国，一开始并无太大影响。但是历经魏晋战火，百姓流离，佛教宣扬的生死轮回与因果报应颇得众信。且佛教在儒家衰微之势态下迅速与中原文化融合。佛教由此得到上自统治阶级下到黎明百姓的极大关注，以至六朝时期取得了极大的发展，信众遍布各个阶层。唐初佛教本来发展缓慢，太宗命玄奘西天取经促进了佛教教义的中国化。武则天借由佛教取得政权，"天命所授武氏为王"之谶言正由佛教传出。因而武则天时期佛教又一次得到了极大发展。更为难得的是，佛教在中国化过程中在唐代出现了禅宗。神秀禅与慧能禅一时占据宗教界之高峰，成为唐及以后中国佛教的一枝独秀。可见，三教在唐代政策方针允许下都取得了极大发展，形成了三教共荣的局势。

三教共荣在唐初更多的乃是一种文化的交融。三教交融的深入在政治层面上达到同为"经营"之旨服务，在官方意识形态指导下则成为一种政策性的文化互补与权宜之需。"到了睿宗以后的盛唐时期，儒释道三家不分先后、同时并举的政策以皇帝诏书的形式被正式确定下来。自此以后，国家对三家思想的利用，已不再是一种争夺政权的权宜之计，而成为一种功能的互补与文化的需求。"②

大唐三教共荣乃是历史少有的景象。"无论是从历史的偶然性还是从文化的必然性上讲，儒释道三家并举的局面都不可能在别的国家、别的时代出现，它只是隋唐社会，尤其是盛唐时代的特殊产物。"③三教共

---

① 任继愈：《中国哲学发展史·隋唐卷》，人民出版社 1994 年版，第 407 页。
② 寇养厚：《唐代三教并行政策的形成》，《东岳论丛》1998 年第 4 期，第 35 页。
③ 陈言、李红春：《儒释道背景下的唐代诗歌》，昆仑出版社 2003 年版，第 64 页。

荣虽则罕见，更为罕见的是"经"之"经营"理念也因三教共融而达到贯通。太宗、则天相继推崇道释二家，表面让儒家处于低潮之中。但实际上佛道二家还是无法与儒家相抗衡，因为统治者十分明了真正的治国之术还只能是儒家。唐代统治者在治国之术上巧将释道二家之旨嵌入儒家思想之中。儒家"通经致用"之理念在唐代自然显而易见。太宗偃武修文，正是古代仁政明君之代表。唐初宰相清廉，用人偏向东南文士，因而能使朝廷之事上通下达。这正是"经营"理念之实践。那么释道二家之"经营"何在？道家尊奉老子无为而治，在唐初则表现为任用守成持重之宰相，经营文臣而莫使其任动妄为，阻扰百姓生息。这跟汉初崇尚黄老之道是一样的道理。此等"经营"，意在保全政权之稳固，为后来太宗玄宗大唐隆盛之世积蓄了基础。佛教在则天时代产生了禅宗一派，其心性理论是佛教中国化后发展之高峰。然其心之修行，务先从"自性"、"自悟"开始。所谓"自性"、"自悟"，也是世人自身经营内心所感，去淫邪妄念，不偏执著，方可成就真身。禅宗这种度化他人先由度化自己开始的思维模式，其实被后来宋代《大学》"修齐治平"之思维所借鉴。归根结底，"自性"、"自悟"也就是自身经营自身，只是由儒家"经营"之宏观变成禅宗"经营"之微观。反过来，其实每个人都能"经营"自身之微观，组合起来便是儒家提倡的仁德治世之宏观。这正是禅宗之高明所在。

  以上是就"经"之内涵意蕴层面而言唐代"经"之三教融通。在文本层面，唐人看待"经"与"经学"也是三教共通的，具体表现在唐代经家把《老子》、《庄子》也奉为经典。"在魏晋以前，唐宋以后，儒家经典中绝对容纳不下《老》、《庄》，而隋唐人普遍认为儒家经典可与《老子》、《庄子》结合。"[1]陆德明甚至认为《老子》在经典性层面上其地位乃仅次于《论语》："《老子》虽人不在末，而众家皆以为子书，在经典之后，故

---

[1] 吴雁南等：《中国经学史》，福建人民出版社2001年版，第235页。

次于《论语》"①这种看法还得到太宗之认同。太宗阅过被传为"善言玄理"的陆德明之《经典释文》,"甚嘉之,赐其家束帛二百段。"②可见太宗也认同这种划分,但确切说,有关此等看法在唐前或唐后是几乎不存在的现象。由是,经之"经营"理念在唐代取得了三教共通之势,也正是前文所谓统治者将释道二家之旨嵌入儒家仁政之中的结果。但必须明确指出的是,不论三教经义如何共荣,儒家之经营始终处于核心主导之地位,本文所论之"经",皆非释道二家之"经",而是儒家之"经",经营之"经",周孔之"经",这是特别值得注意的。

三、分经为大中小以取仕

唐人看待"经"与经学除了偏向事功致用,且兼具经典性与通俗性融合之特点外,还有一大特点就是"经"乃是有大中小之分。唐人把《易》、《书》、《诗》、三《礼》、三《传》合为"九经",而把《礼记》和《左传》作为"大经";把《毛诗》、《周礼》、《公羊》作为"中经";《周易》、《尚书》、《仪礼》、《谷梁》作为"小经"。唐人把"经"分为三等,表面上是根据经文多少来分的,其实更重要的划分依据乃是取仕层面之上。这种把"经"分为大中小三等之做法,在唐前和唐后是没有见到的。那么,这样的划分具有何种意义呢?

首先,从分"经"为几等这个做法上来讲,唐人对"经"之态度已经跟汉代有了不同。汉代经家不敢随意划分"经"之等级,至于经文多少则在古今文之争的背景下还不能作为肯定的答案。而且汉武帝独尊儒术后,"五经"成为官方意识形态之代表,是不容轻易划分或亵渎的。唐人却在取仕上将"经"分为了几等,大中小之考核也许并无褒贬之义,但是"五经"成为"九经"不仅是经典内容之增加,似乎还有与人分九等

---

① (梁)陆德明撰:《经典释文》卷一,《序录》,上海古籍出版社2003年版,第14页。
② (后晋)刘昫等撰:《旧唐书》卷一八九,中华书局2000年版,第3363页。

之涵义相同。

其次，若将"经"分三等作为取仕之标准，那么取仕亦有三等，分"大士"、"中士"、"小士"。如此则"士"有等级之分，直接昭显"经"亦有等级之分。前文提到，在唐人眼里，《礼记》和《左传》被看做"大经"，因而《礼记》和《左传》成为唐人最为重视的经典。《礼记》讲述各种礼仪规范，《左传》则是著名的史书与文学作品。研习《礼记》和《左传》的士人，被称为"大士"①，在科举考试中占有一定的优势。李唐自太宗始，非常重视礼仪之建设。而唐人之史学发展亦在重视《左传》的风尚下取得长足的进步。唐人重视《礼记》与《左传》直接促进了唐代礼学与史学的极大繁荣。《唐三礼》的完成以及《史通》的出世，给后世礼仪建设与史书修撰极大的借鉴意义。

最后，取仕分"大士"、"中士"、"小士"似乎与《道德经》中"上士"、"中士"、"下士"十分相似。《道德经》曰："上士闻道，勤而行之；中士闻道，若存若亡；下士闻道，大笑之。不笑不足以为道。故建言有之：明道若昧，进道若退，夷道若纇。上德若谷；大白若辱；广德若不足；建德若偷；质真若渝。大方无隅；大器晚成；大音希声；大象无形；道隐无名。夫唯道，善贷且成。"可见，将"士"分为三等，并非道家专属。在唐代的经学取仕里面，士对经典的领悟程度或许也跟道家所谓"勤而行之"、"若存若亡"、"大笑之"等相似。唐代儒道这种对待经典的态度，也可以侧面反映出唐代"经"义兼宗儒道的一种融通态度。

当然，这样论述"经"（经学）的特征乃是一件未为完备之事。因为经学本身以及看待经学的角度是多种多样的，并非是某一人某一文能定格的。我们这样讲唐代经学的时代特征，大致是抓住唐代经学表现出来的有别于汉宋的一些特征。唐代经学呈现出来的特征既是深受唐代文化

---

① "大士"在古代有指"德行高尚的人"之意。《管子·法法》："凡论人有要，矜物之人，无大士焉。"尹知章注："大士不矜，谦以接物。"《韩诗外传》卷九："孔子曰：'大士哉！由来，区区汝何攻？赐来，便便汝何使？愿得衣冠为子宰焉。'"大士，称颜渊。此处指研习《礼记》与《左传》之人因有才德而在唐代颇受礼遇。

之影响,又是在唐代历史中处于不断变化的。这是需要说明的。

第二节 唐代"文"义的时代标识

"文",在气质上说叫文质彬彬,用年轻人的话叫文艺青年:多情、浪漫、有才、自我。如果说中国历史上的皇帝,哪一个最符合文艺青年的形象,那么非唐代的玄宗皇帝莫属。为什么这么讲呢?玄宗皇帝诗书礼乐样样能行,这样的本领在帝王家是很了不得的。玄宗前期颇有太宗遗风,加之海内升平,所以缔造了大唐盛世的景象。然而"安史之乱"以后,玄宗皇帝一蹶不振又成了历史上的反面教材。当然,历史巨变有诸多因素造成,我们不能详述。但无论是盛世时候的玄宗,还是衰败时候的玄宗,他的身上有一点是没有被忽略的,那就是对文艺审美的深刻追求。如果说安史之乱以前,玄宗雅爱文艺乃是一种清明政治的体现,那么安史之乱以后,他还如此钟情诗文,那便是真爱诗文带给人的一种心灵寄托与愉悦。的确,诗人诗作在很多时候就是能够安抚心灵、寄托情感的。在多如星辰的唐代诗人群里,被玄宗皇帝亲口称赞文采斐然的诗人并不多。但玄宗朝的李峤算一个。那么,我们在说唐代上自帝王下到百姓,都极为重视"文"的审美认知之前,先要说一说,为什么玄宗皇帝单单青睐李峤及其诗作呢?原因很简单,李峤的一首《汾阴行》,"摇荡性灵,形诸舞咏",正好触碰到了玄宗那根最为脆弱的神经。我们先看看,李乔的《汾阴行》是如何铺陈辞赋,以寄哀情的:

君不见昔日西京全盛时,汾阴后土亲祭祀。

斋宫宿寝设储供,撞钟鸣鼓树羽旗。汉家五叶才且雄,宾延万灵朝九戎。

柏梁赋诗高宴罢,诏书法驾幸河东。河东太守亲扫除,奉迎至尊导鸾舆。

五营夹道列容卫,三河纵观空里闾。回旌驻跸降灵场,焚香奠醑邀百祥。

金鼎发色正焜煌,灵祇炜烨摅景光。埋玉陈牲礼神毕,举麾上马乘舆出。

彼汾之曲嘉可游,木兰为楫桂为舟。棹歌微吟彩鹢浮,箫鼓哀鸣白云秋。

欢娱宴洽赐群后,家家复除户牛酒。声明动天乐无有,千秋万岁南山寿。

自从天子向秦关,玉辇金车不复还。珠帘羽扇长寂寞,鼎湖龙髯安可攀。

千龄人事一朝空,四海为家此路穷。豪雄意气今何在,坛场宫馆尽蒿蓬。

路逢故老长叹息,世事回环不可测。昔时青楼对歌舞,今日黄埃聚荆棘。

山川满目泪沾衣,富贵荣华能几时?不见只今汾水上,唯有年年秋雁飞。

李峤(645—714年),字巨山,唐代赞皇县人。与苏味道、崔融、杜审言合称"文章四友",晚年又被尊为"文章宿老",可见时人对其才情之肯定。作为武则天至唐中宗时期最著名的御用文人,峤诗多为咏风颂物之作,词新典丽,而内容较为贫乏,他的代表作便是这首《汾阴行》。这首诗的末四句云:"山川满月泪沾衣,富贵荣华能几时?不见又今汾水上,唯有年年秋雁飞。"唐玄宗听梨园子弟歌此,一再赞叹:"峤真才子也。"为什么玄宗这样一个才艺多门、精通诗乐又有点自高自傲的皇帝,会对李峤的这几句诗如此感慨赞赏呢?我们先看看,这首诗讲了什么内容。

这首诗说的是汉朝的旧事。汉武帝时雄图大展,天下太平。于是筑柏梁台,宴集能写七言诗的臣僚。就在这次盛宴之后,他又下诏巡幸河东。此诗正是写河东地方长官隆重迎接天子大驾的场景:百姓万人空巷想要一睹皇帝威仪尊荣以及祭祀汾阴后土的盛况。然而好景不长，诗人笔锋一转，写出"自从天子向秦关"开始了抒发今昔盛衰无常的慨叹。"秦关"是借以讽喻汉武帝学长生术。昔年的盛况之地如今变成蒿草满地、黄埃漫天的场景。李峤极力渲染了盛衰无常之感，甚至总结出"富贵荣华能几时"的一般议论。

明皇幸蜀

说到此处，我们可以想象为什么玄宗听了此诗会无限感慨。玄宗安史之乱以后，实际已经失去了对江山的完全统治的权力。加之心爱的贵妃自缢马嵬坡，自然更加伤心难过。在叛乱平息之后，玄宗再次来到马嵬坡附近凭吊贵妃之时，忽然有人用箫吹奏李峤的这首《汾阴行》。面对大好的河山，面对已逝的爱人，玄宗本来就极其难过。箫，本就是长情鸣哀之乐器，加上春日山川晴好，百草丰茂，本来是佳人出游的好时候，却偏偏是玄宗孤单一人。这个失去了天下，失去了心爱的女子的玄宗，大概是世上最为孤单可怜的男子了。偏偏这个时候，有人跟他的心情一样，还用哽咽的箫声吹出了最伤怀的曲调——《汾阴行》。玄宗听此诗乐，不觉潸然泪下，因此问左右随从，此曲何人作？左右回答：李峤。玄宗才有了"峤真才子也"的感慨。

其实，不是李峤的诗有多么好。而玄宗未听过此诗可见李峤诗名并不十分显著。那么，为什么玄宗如此感慨夸赞呢？原因也就是因为实在是太过契合读者之心了。一首诗好不好,就看能不能动人心弦。而另一个方面,一个人文学修养深不深,就看能不能触景伤情、即目感怀!很明显,玄宗是极具感怀伤时之才能的。历史上又有几个多情的皇帝,能如玄宗一般直露真情、激赏诗曲呢?唯有爱文、重文、懂文之人能够做到。皇帝都如此,可见,唐代世人对"文"的重视之深了。

"山川满目泪沾衣",非经历懂得之人,如何能道?"文",可见于唐之时,多么激荡人心,多么以文动情!那么,唐代的"文"又具有哪些时代特征呢?文论史似乎将唐代诗学置于峡谷之间:前有汉魏文论之雄伟高耸,蜚声百代;后有宋明文论之层峦叠嶂,万景奔会。处于汉宋之间的唐代诗学既无旷世之奇思,又无群体之高见。唐代诗学甚至与唐代诗歌之地位不相匹配。然而,天下之道,有无相生,宠极必辱,亏后为盈。唐代诗学虽略少汉魏诗学高华,且不若宋明文论沈密,却有其独得之妙。唐代诗学既能"文质取半,风骚两挟",又能融通三教,勾连雅俗。

可见,与"经"之归正同轴共振的乃是"文"之新成。"文"在汉代是经学的从属,五言诗与汉大赋明显有着《诗》之风旨。魏晋南北朝之"文"则绮丽藻饰,情感丰富而姿体妩媚。华而不实成为魏晋"文"之整体风貌。经过齐梁文学之发展,尤其是刘勰对"经"、"道"与"文"之关系的阐述,"文"乃是"圣"发明"道"之物器,这"道"自然是儒家之道。"文"也是"道"之文。对"文"本身而言,"道"之文乃因"文"之道而成。"文"之道,在刘勰看来也是儒家之道,在隋唐之际四海一统之后,更是儒家之道。此为其一。其二,刘勰对"经"与"文"之关系做了新的阐释:经体文用。文章写作不仅在内容上要延续《诗》、《骚》风雅,文体形式上则可以依据"五经"为模范。这种把"文"提升为与"经"同等地位之看法在当时极有创新性。"经"之经典意味变成"文"之写作意味宣告了一个极重文思、融经入文之时代的来临。因而"四杰"及子昂在唐初极力呼唤《诗》之风雅,以"经"救"文"。他们希冀革除六朝文学的奢华风貌,而推唐代"风骨"、"兴寄"之新声。盛唐诗人"经"、"文"并修,经立其本而文统其身。中晚唐诗人以文救经、文以载道都是将"文"作为一个极为重要之因素看待。这跟宋代理学家认为的"作文害道"有着截然不同之理解。要而言之，唐代诗学有两大时代特征：一是诗学发展呈现从紧联政教到多维共存之势；二是诗学融承三教而兼采其旨。

一、从紧联政教到多维共存

兴观群怨是中国诗学的传统。唐代诗学面对的是六朝诗学讲求缘情绮靡之文，因而诗学也表现出极为强烈的政教意识。唐之统治者深谙文治之道使得诗学更加紧联时事。因此，唐代诗学首先表现出紧联政教的时代特征。唐代诗学紧联政教所呈现之特征与汉不同。汉代学术呈现出"经为主文为辅"的形态，诗学阐释有种"依经立义"之感。如诗学情志问题是通过《毛诗序》与《乐记》之再阐述而展开，辩论屈子地位及诗学通变问题则是诸家围绕《离骚》争论展开。与汉不同，唐代文学在六朝文学萌发的独立意识之上继续前行，"经"与"文"相辅相成。唐代诗赋可以以独立的形态直刺时事，唐代诗学可以从"文"自身出发（而非依经立义）探讨世风引领、情志表达与文坛建设。初唐太宗以儒学为本，魏徵合南北诗风而兼采文质，"四杰"、子昂呼唤风骨兴寄之风摇荡海内，诗学与政教同声呼应显而易见。至盛唐始，六朝脂粉之气已尽而唐音之风初成。无论边塞、田园、庙堂、林泉，皆以气象为先，以风骨为尚。盖其内在之力皆由政治清明、国家强盛、经典一统而来。于时之人殷璠早有论断："自萧氏以还，尤增矫饰，武德初微波尚在，贞观末标格渐高，景云中颇通远调，开元十五年声律风骨始备矣。实由主上恶华好朴，去伪从真，使海内词人，翕然遵古，有周《风》、《雅》，再阐今日。"①此论中"实由主上恶华好朴"一句，已然揭示诗风之变染乎世情。至于中唐国祸，诗学关切政教之心更甚。初盛唐诗学紧联政教之势一分

---

① （唐）殷璠著，王克让注：《河岳英灵集注》，巴蜀书社2006年版，第1页。

为二：一是大倡复古载道之论，首端者韩柳；二是多尊"兴寄"、"美刺"之法，代表如元白。韩愈柳宗元倡导文以载道，大举复古之旗，诗学主张"发愤"、"不平"，欲扶将倾大厦，心忠而力微。元稹白居易多吟讽喻之诗，"文章合为时而作，诗歌合为事而作"，针砭时事，有扬道之心而难以截断众流。

初唐诗学紧联政教，盛中唐开始又出现了多维共存的局势。今人尚永亮总结中晚唐诗学的特征为"或潜必于纯艺术境域或瞩目于社会问题。"①中唐诗学的这种变化原因在于唐代社会现实的发展及诗人"缘情感物"方式的变动。刘勰有言："文变染乎世情，兴废系乎时序。"政教有变则诗学会随之而变。初唐诗学饱含扫尽齐梁余韵的锐气而力图重振风骨兴寄，其根本在于顺应初唐政教主张文质兼备之诗风。但随着政治稳定经济繁荣，影响诗学发展的力量逐渐平衡，诗歌既可以继续为政治教化服务，也可以偏向纯艺术的凝结。唐代诗歌发展也确乎如此。安史之乱后，中唐诗学主张就有了两大主潮：殚精于复古讽谏和封闭于炼字苦吟。殚精于复古讽谏之代表如韩柳与元白。韩柳元白的出发点都是为了通过给文学补充力量达到疗救社会风气和巩固政教。这一点，文学史诗学史有详切之言，此不赘述。封闭于炼字苦吟者如孟郊贾岛。所谓"郊寒岛瘦"并不仅仅是对二人诗风之描述，也是对中晚唐时期世风凄冷的侧面回应。实际上，诗歌由初唐扬乎风骨至盛唐妙音空灵，一变至中晚唐专郁苦吟有其发展之必然。诗歌发展紧联社会现实。唐音之妙本在空灵。然而盛世之中唐人事功之心颇盛。以涉世事之心成言理奇崛之文，必伤乎辞气而坠于事堆。强唐盛世，封建集权与贤能个体必有极大矛盾。游于功名则害其诗心，忠于诗心则不利仕途。一旦在求真求雅与庙堂之术上产生了强烈的矛盾时，当时释道之道则自然牵引人心。李白恃才傲世却不离道家逍遥之旨，王维身居高位而心向禅门，杜甫纵有济世之心却苦不得志，晚年心许双峰寺。盛唐都无法完全实现自己的政治

---

① 尚永亮：《唐代诗学走势简论》，《光明日报》2001年7月25日。

理想，中晚唐诗人的内心就更加处于矛盾之中。因此，诗人在现实中无法用诗歌干预政治教化，就只能回归于艺术的世界，对纯粹艺术有了执着的追求。

二、诗学融承三教而兼采其旨

唐代诗学有别于汉者在于其首开兼采三教之风气。而后宋代诗学亦有融通三教之迹，但与唐之相较而言，多郁于理，多契议论，而少唐代诗学之空灵。南宋严羽谓盛唐诗"羚羊挂角，无迹可求"，非止于唐诗，抑或可概述唐诗学之貌。

首先，唐代诗学范畴多受儒家诗学影响，除"风骨"、"讽喻"、"载道"外，当属"兴象"别具特色。兴象强调内在之情兴与外在之物象融为一体。"兴象"是盛唐时期最具代表性的诗学范畴，是"唐音"的主要风貌。"兴象"继承了初唐陈子昂"兴寄"说，又极大地凸显了诗人的主体性，既秉持儒家诗学言志之传统又兼采人情之本，达到西方所谓的"陶冶"与"净化"的功效。唐代诗学更多的是以诗人主体为本位的审美观照。因为唐代诗学是要营造"有我之色彩"与"有我之意境"的诗歌，是对主体能动的凸显和放大。

其次，唐代诗学范畴也吸收道家思想。道家天心顺物的"自然"之思既丰富了唐代诗歌内容，还影响了唐代的诗学标准。于诗歌内容而言，唐代山水田园诗清新于两汉，典雅于六朝，悠逸于宋明，正是多受道家清静无为之思想。在唐代之前，未有如唐代诗人将艺术审美与天地之道结合得如此完美。在唐代诗学标准中，诗歌是否语出天然乃是一种极佳的艺术评判标准。所以在《唐诗纪事》里孟浩然一句"微云淡河汉，疏雨滴梧桐"首出，能让后面联诗之人顿然搁笔。究其原因乃在孟此句已将天地自然之道尽萃于十字，他人还何足道哉？同样的，在殷璠《河岳英灵集》中，随处可见殷氏对那种能够自然涵咏诗歌的诗人的无限赞叹之情。比如殷璠论常建乃是"佳句辄来，唯论意表"，论李白则谓"故其为文章，率皆纵逸"，论岑参则"宜称幽致"，论綦毋潜则谓其"善写方外之情"，最明显的莫过于论述王维的自然之道："维诗词秀调雅，意新理惬，在泉为珠，着壁成绘，一句一字，皆出常境。至如'落日山水好，漾舟信归风'，又'涧芳袭人衣，山月映石壁'，'天寒远山近，日暮长河急'，'日暮沙漠陲，战声烟尘里'。"①以自然之然化自然之境，正是道家天心顺物思想的极佳演绎。当然，王维诗歌中也有非常明显的禅佛之气。正是王维将山水的自然之道与禅佛的空净之境完美的结合，他才当之无愧成为唐代山水田园诗的代表。

最后，唐代诗学融承佛教思想极为明显。禅宗"顿悟"之思与佛教"境"之论述深刻影响了唐代诗学。禅宗"顿悟"不仅促发盛唐诗学讲求一种空灵简约之美。禅宗"顿悟"还缩小了理想与现实的落差，赋予诗心以一种生机勃勃的生命力。禅宗"顿悟"非以一刹为止，而是在一念之间包含天地之道。由此要求诗学艺术上追求一种"圆通"的艺术境界。《黄檗断际禅师宛陵录》卷下道："十方世界山河大地皆然。见一滴水。即见十方世界一切性水。又见一切法。即见一切心。"②由于一念之间不分微尘，不分山川，所以"一性圆通一切性，一法遍含一切法，一月普现一切水，一切水月一月摄。"③这种一切皆一的思维乃是禅宗顿悟的精妙所在。也正因此，在盛唐诗学中更加推崇一种能通达天人，和谐自然的超妙境界。"这种观念用于诗歌创作，就是强调艺术表达在形式上浑融和谐，在内容上浑厚圆成。高度成熟的艺术作品不但应能从整体上把握表现对象，而且所表现的内容应当贯穿更为深远广大的含义。诗歌发展史上，由六朝的重视炼字琢句到唐人的通篇圆成，从六朝的重视一机一境的优美到唐人的在意境中表现对人生、现实、宇宙的更深刻的理

---

① （唐）殷璠著，王克让注：《河岳英灵集注》，巴蜀书社2006年版，第66页。
② ［日］高楠顺次郎等编：《大正新修大藏经》，大正一切经刊行会2013年版，第386页。
③ ［日］高楠顺次郎等编：《大正新修大藏经》，大正一切经刊行会2013年版，第396页。

解，都体现了对艺术的整体和谐的追求。而南禅宗的一体之悟的观念，可以用来说明这个道理。"①

佛教之"境"对于唐代诗学也影响极深。盛唐殷璠《河岳英灵集》与皎然《诗式》均吸纳佛教"境"之理论，将佛教唯识宗中的"境"的理论纳入诗学体系。皎然明确提出了诗人主体的"取境"之境："取境偏高，则一首举体便高；取境偏逸，则一首举体便逸。"②取境的选择决定诗艺的高下，跟个人的自性自悟的天分有极大关系。如果说"取境"类于唯识宗之性境，那么"造境"则或类于独影境。殷璠虽然没有明确提出"造境"，但是在诗歌评论中仍然表现出对受到佛教影响的造境的诗句表示极大的赞赏。最典型的乃是殷璠评论常建和王维的诗歌风格之语："建诗似初发通庄，却寻野径，百里之外，方归大道。所以其旨远，其兴僻，佳句辄来，唯论意表。"③又如："维诗词秀调雅，意新理惬，在泉为珠，着壁成绘，一句一字，皆出常境。"④殷璠所谓"在泉为珠，着壁成绘，一句一字，皆出常境"乃是非常明显的诗人"造境"的过程描述。这样一种"在泉为珠，着壁成绘"的造境过程，甚至有着道家自然而然的艺术境界。跟司空表圣《自然》一品所谓"俯仰即是，不取诸邻"、"如逢花开，如瞻岁新"有着一样的审美情趣。

综观上述可以看出，唐代"经"之归正与"文"之新生乃是沿袭汉魏以来"经"、"文"关系发展而来的必然趋势。唐代诗学在"文"之苑囿里亦随着文学理念的更新而不断发展。杜书瀛先生曾就唐代文论之要成总结道："唐代诗学文论有自己的重大贡献，如在'唯美'一系，进一步深化魏晋南北朝时期的'形式运动'，提出'对偶说'，促成了律诗、绝句

---

① 孙昌武：《佛教与中国文学》，上海人民出版社2007年版，第290页。
② 张伯伟：《全唐五代诗格汇考》，上海古籍出版社2002年版，第241页。
③ （唐）殷璠著，王克让注：《河岳英灵集注》，巴蜀书社2006年版，第12页。
④ （唐）殷璠著，王克让注：《河岳英灵集注》，巴蜀书社2006年版，第66页。

的建立;提出'诗境'论,成为中国'诗文评'核心理论思想之一'意境'的起始;晚唐司空图提出的韵外之致、味外之旨的观点,影响深远。在尚用一系,则有元白诗论,韩柳文论等很有特点的思想。"①唐代"经"与"文"之交织,有其自身之轨迹,经学与文论的发展在相互影响中铺开大唐繁华璀璨的天幕。

"经"、"文"意义之重要不言自明,"经"、"文"关系之研究亦极具价值。从社会学的角度而言,称唐代为中国封建社会发展之顶峰已然成为学界定论。唐代国力之隆盛、经济之发达、文化之昌繁在那个时代足以成为世界中心。那么作为封建社会发展之顶峰的唐代,其经营理念自然有其独得之妙。唐代经学在经学史上贡献颇多,意义极大。唐代又是一个诗歌大国,李白、杜甫、白居易、王维等一系列文化名人闪耀在这个国度。称唐代为文化大国,毫不为过。唐代文化之繁荣也深刻影响了包括日本、朝鲜、韩国等国家在内的绝大多数亚洲国家。那么一个经世大国,一个文化大国,其中蕴含的经学与文学文论之关系便值得世人做出深入的研究。然而,部分经学史对唐代经学表示"遗憾",文论史对唐代经学发展给予的影响不够重视。事实上,唐代经学对文学有着极为重大之影响,唐代经学与文学文论发展之关联乃是中国文学史与中国文学批评史发展中之不可或缺的重要环节。这个隆盛的时代赋予了经学与文论特殊的色彩与价值,也提供了一个"经"、"文"交织的典范意义。

任何文明与文化的发展,必须是一种批判式的继承。唐人面临的文化语境乃是六朝时期南朝文学的繁荣与北朝经学的兴盛之局势。相较而言,南朝文学的繁荣带来的是诗歌与文辞的柔化倾向,而北朝经学厚实纯朴带来的是诗歌与文辞的清刚之气。唐代初期,太宗之文化政策虽然表面上是融南北刚柔之风为一体,实际上南朝轻柔妩媚之风气占据了初唐文坛之主角地位。面对六朝奢败的历史教训,顺应经学统摄南北的历

---

① 杜书瀛:《唐宋金元文论"衰落"、"隆起"辨》,《陕西师范大学学报》2013年第1期,第11页。

史趋势，唐初诗风随"四杰"、子昂呼唤"刚健"、"风骨"、"兴寄"之口号而得到转变。诗风由柔变刚的风格转化，其中之力实际上来自经学转变。唐初太宗在位时期一系列的文化整合运动，逐渐将原本风格与研经方法不同的南北之学融为一体。同时，科举的逐渐完善给予了士人通经致用的途径，这与六朝及隋代相比，乃是一个巨大的转变。这种转变适应了封建政权大一统之需要，因而成为一种政治与文化的共识。

站在大一统的文化政权基础上，南朝轻柔小巧的奢靡之气不再适应诗歌风格之发展，而清刚雅健的新型风格则自然成为文坛的主流。诗歌风格的转变说到底乃是因为文化环境的转变，文化环境的转变实际之根底乃在经学政治之转变。由此可见，政治的一统，促进了经学之一统，经学之一统促进了意识形态的转变。意识形态与文化态度的转变自然深刻影响了诗风之转变。初唐清刚雅健之诗歌风格正是这种文化语境之变化下形成的。当然，初唐经学与文论不可避免带有工具性与致用性之特点。文化整合时期顺应经营之道实际是一种普遍的历史规律。

如果说初唐时期的经学带有明显的儒家刚健有为的意识形态印迹的话，那么盛唐时期的"经"之内涵，则带有明显的三教融通之涵蕴。唐代儒释道三教各有其特定的历史地位。尊道为祖的政治天命意识、以儒为主的意识形态构建与援佛兴政的特定历史背景，让儒释道三教在唐代尤其是盛唐这个时空当中成为一种融通为主、对抗为辅的文化格局。三教之"经"在这一时空当中首次形成了一种经营之共识：儒家经营入世，道家经营仙身，佛家经营心性，三教在文化上共同影响着士人人格之建构。因而在大唐，一人之身而兼多家信仰成为一个文化特性之开端。唐后士人进一步融通三教之经实际乃是对唐人三教理念之继承与发扬。

盛唐时期三角融通之文化态势给予经学广博深沉之特点，经学融通带来的是诗学的宽泛，诗歌的繁荣带来的是诗学理论的"隐匿"。然而跟称道"唐人无经学"说法一样荒谬的乃是唐人无诗学之论。魏晋南北朝乃是中国文学自觉之时代，士人内心既有祈盼政治意识形态之完全构建的心愿，其文化内在亦趋于一种统摄与体系的整合意识。大量的诗学论著顺应此种情势，因而带有宏观与辩证的思维特征。魏晋南北朝诗学论体能区分诗赋之别，诗坛评风能有上中下三品之分，诗法梳论则讲求通变与奇正。这种自觉的理论建构为隋唐时代诗学发展提供了良好的文化基壤。因而唐代诗学一开始就有着融通南北的广博视野与兼及刚柔的包容气度。他不再趋向汉代的偏于诗学之"质"，也并未倒逆六朝的诗学之"文"，而是走向了一条文质兼容的彬彬之路。

反观唐代诗学之发展确乎如此。初唐诗学在经学元气恢复之中，逐渐收拢清健之气而摒除六朝靡风，"风骨"、"兴寄"的理论呼声成为政权一统与经学重构形势下文化整合的首要建树。盛唐时期李杜的风格树立、王孟的风尚身范，尤其是杜甫论诗之开创，都是三教文化融通背景下盛唐诗学建构的代表。盛唐理论虽然没有六朝精妙，但是在诗学实践上却取得了极大成功。如果没有诗学理论的深厚积淀，又怎可能在盛唐时期开出绚烂之花？中晚唐诗学提倡复古之风，其本质乃是重构初盛唐时期的刚健之体。

文学并非独立的艺术形式。文学审美认知在社会政治层面有着广泛关联。在汉唐这种大一统政权背景下表现得尤为明显。这种"关联"在文化上表现为用经学重构政治意识形态。在经学上表现为用文艺理论巩固、维护乃至修补经学建构的意识形态。初盛唐时期乃是李唐大一统政权借助经营理念直接重构政治意识形态的过程。此一时期诗学理论与之呼应，倡融合、尚清健、崇风骨。中晚唐时期则是李唐王朝以文艺理论巩固、维护乃至修补经学建构的意识形态之过程。诗学理论亦与之呼应，推复古、重子学、兴文道。

很明显，唐代经学与诗学在整个李唐王朝历史发展中扮演了十分重要的角色，而经学与诗学之关系则是互相交织、相互影响的。没有初盛唐时期经学意识的重构，没有科举的深入发展，诗学理论提倡的风骨兴寄则显得微弱无力。同样的，没有中晚唐诗学理论的文道疗救，没有文艺的复古思潮，经学体系的维系与修补则举步维艰。可以看出，"经"、"文"关系在唐代有其独特的魅力所在。唐代经文关系体现了经学政治对文艺诗学调控的适当性。唐代经学与诗学关系的典范性在于,她跟汉代经学与诗学关系相较而言扩大了诗学诗性的自由程度,跟宋代经学与诗学关系相较而言扩展了经学发展的空间与视野。她让经学与诗学成为一种良性的互动,而非汉宋呈现的相互制约的格局。因而诗歌高潮出现在隋唐而非汉宋则成为一种历史必然。唐代经学与诗学的良性互动,让唐代经文关系成为前无古人后无来者的特例,给予后世文学文化发展极大影响。

第三章 勃郁幽芬：初唐"经"定"文"炳

唐代"经"、"文"关系有其总体之貌，唐代各时期之"经"、"文"关系也有不同。初唐时期的"经"、"文"关系可以概括为："经"定"文"炳。初唐时期经学最大的成就是经学文本取得了统一，以《五经正义》为代表，我们称之为"经定"。文论上则是一改六朝虚靡之气而以"风骨"、"兴寄"为宗，我们称之为"文炳"。为改变六朝经学与文论发展的不利局面，初唐孔颖达与陈子昂等人为引导经学与文论向正确的方向发展做出了诸多贡献。

第一节 "经"之必定：纷繁迷乱的唐前经学

东汉后期经学发展出现相对而言较为混乱的局面，六朝时期玄风盛行导致经学发展十分缓慢。为配合大一统政权的意识形态建设，唐人面临的首要任务就是厘清前人的经学遗产，继而勘定经学文本，为统定经学思想做准备。汉代经学被称为中国经学史上的隆盛阶段。汉代算是自周后形成的第一个持久的大一统的封建政权。"古今之争"①与两帝参会②，让

---

① 这里指发生在汉代的经学的古今之争。今古文经学之争涉及经典内容、经典排序、对待孔子的态度、经学地位与影响等诸多领域，是经学发展过程当中的一次非常重要的论争。
② 指公元51年汉宣帝参加的石渠阁会议和公元79年汉章帝参加的白虎观会议。石渠阁会议是一次很重要的学术会议，与汉代经学学术思想有着密切的关系，它是汉代学术史上的重要枢纽，是汉代学术许多重大问题的关键点，也是整体把握西汉前后学术问题的一个重要切入点。白虎观会议是石渠阁会议的延续，目的正是为了巩固儒家思想的统治，将儒学与谶纬之学进一步结合起来。

汉代政权依靠儒学建立的经学意识形态有了长足的演进。儒学在汉代成为统治阶级意识形态，竭力维护自身地位与立场。正是因为儒门在汉代开始与国家体制和皇权势力发生了千丝万缕之关联，因而"经"之"经营"之道有了与国家政权兴衰同轴共振之新形势。每当国家政权统一强大时，儒家学派则被统治意识形态吸纳，成为政教法典的掌权人。每当政权跌宕、天失其中之时，儒家学说与经学教旨便黯然失色。汉后经学之"乱"，正循此而来。东汉明帝和章帝努力恢复生产，但随着短暂的"明章之治"后，外戚与宦官相继从幼主手中夺权，国家陷入困境。灵帝沉迷酒色终致"黄巾之乱"。汉代衰亡之帷幕下启。与东汉政权紧密联系的东汉经学亦表现出由盛而败的历史特征。东汉前期(光武、明、章三帝)之经学因政权稳固，帝王重视，因而其发展继王莽执政期间的重儒崇经之风气后，日臻佳境而达到"极盛时期"。赵翼在《廿二史札记》卷四《东汉功臣多近儒》中云："西汉开国功臣多出于亡命无赖，至东汉中兴，则诸将皆有儒者气象，亦一时风会不同也。"①赵翼此处明言东汉儒学渐兴之态势。刘秀自幼习儒，自然对儒家经学颇为留心。因而在位期间广兴儒教、弘经崇文，对太子之教育亦颇重儒道。东汉第二任君主明帝，"学道九载，通明经义，观览古今，储君副主莫能专精博学若此者也"②。至于章帝则因白虎观会议而于经学史上永垂圣明。由此可见，东汉前期随着政权的稳固与君臣对儒学的重视，经学亦取得了极为辉煌之成就。梁启超对此盛赞道："汉尚气节，光武、明、章，奖厉名节，为儒学最盛时代，收孔教复苏之良果。尚气节，崇廉耻，风俗称最美。"③(《新民说·历代民德升降原因表》)此一时期经家之私学亦盛，

---

① (清)赵翼撰，董文武译注：《廿二史札记》，中华书局2008年版，第84页。
② (晋)陈寿撰，(宋)裴松之注：《三国志·桓荣传》，中华书局2000年版，第839页。
③ 梁启超：《饮冰室合集》第6册《新民说》篇，中华书局1989年版，第87页。

与官学相映成辉，这就促进了经学向下层人民之普及，乃至当时妇孺皆懂经书所言。东汉前期经学大略如此。自明章之治后，东汉渐衰。官学因政权跌宕而陷入发展困境。人民负重因而无心经义，私学虽然持续发展，但整个经学发展面貌已经跟东汉前期大相径庭。马氏尤其是郑氏之学兴起后，古今文经学合流，郑学大兴而官学见绌。

汉末黄巾之乱，直接动摇了汉朝国本。尔后持续几百年的动乱则更将经学推向发展之低潮。① 儒家经学虽然还是被统治阶级作为国家意识形态，但魏晋王朝的短暂，玄学对儒家思想的改造，释家与中原文化融合等因素，都让魏晋时期的经学处在缓慢发展之中。在曹魏政权时代，经学研究领域值得一提的是王肃，史有"王学出而郑学衰"之论。作为汉末融古今学之争于一家的郑学乃是被曹魏政权认可的经学意识。之所以西晋时期王学压倒郑学，除因经学见解不同外，更多的是政治色彩。王肃隶属司马昭集团。曹氏以郑学为重，司马氏取代曹氏，因而推倒郑学而立王学便不足为奇。然而东晋时期，郑学却重新恢复势力一举压倒王学。郑学与王学随着政权更迭而表现出胜败之景象。其中之原因并非是简单的经学研治方法上的分歧造成的，其根本原因乃是由于两家均未提出一个符合时代发展的崭新的儒家思想体系。而郑学王学的反复，消解了郑学在人们心目中之权威，在客观上给予了玄学兴盛之土壤。因而曹魏正始年间何晏、王弼的玄风吹起便属"应运而生"。玄学的出现，其作用有二：一是斩断经学天人关系之论，开启经学理性化之道路。二

---

① 虽然近年来对魏晋南北朝之经学研究取得了极大进步，但总体而言，魏晋南北朝之经学处于低迷之事实乃是学界基本认同的。本文论述之重点并非魏晋南北朝之经学详细，而在于这一时期经学发展之态势，尤其是这一时期经学繁多、经非一统的局势。因而用一"乱"字而非"绝"字。根据牟世金先生在《六朝经学的中衰与发展》(《青海社会科学》1985年第1期，第81页)的统计，汉代从公元前206年至公元220年，共426年；魏晋南北朝从220年到581年，共361年。通常把汉末建安时期的24年并入魏，仍是汉代比魏晋南北朝的时间长得多。但有关"五经"加《论语》的著作，汉代有六十种，魏晋南北朝则多达二百五十二种，是汉代四倍以上，数量虽多但其成就却不能跟汉代相比，因其官私驳杂，故言其"乱"。

是突破郑王训诂之旧习而引出重义理之新学风。虽然很多学者认为玄学对经学走向起到极大的扭转作用，认为玄学将经学从谶纬之途引领到思辨之路。但玄学之用终究非经学之用所能替代。之所以如此肯定说明，乃是玄学自身之弊端客观上不可能充当国家核心意识形态。玄学最主要之特色乃是崇虚无、重无为，又以恬淡虚静作为圣人理想之境界。这些思想或许在魏晋动荡时期对抚慰世人心灵有着极大效用，或许也能在文学艺术上打开与汉代文学艺术截然不同的情感之门。但是作为已经与政权紧密结合的意识形态而言，"虚无"或者"恬静"无济于事，儒家"经营"之旨才是真正的治国之道。

如果说曹魏时期经学尚有汉末之余响，那么两晋时期经学则颇有自身时代特色。西晋杜预之《春秋左传集解》正是两晋经学研究之杰作。杜氏融《春秋》与《左传》于一体，合而释之，集解精密，深得唐之孔颖达赞许，无怪此书出而他注隐。东晋则韩康伯之《易》学研究、范宁之《谷梁》与干宝之《易》尚得名闻。很明显，纵观两晋之经学研究，私学之盛乃承汉末而来。经家派别杂多，义理训诂并存，且"五经"中只有一二经典尚得研究。其官学体系并无整体引导，不似东汉各经隆盛，更非大唐诸经一统。

两晋经学境况至南北朝未得好转。国分南北，"经"亦分南北。二者虽非绝然对立，其经学研治大体各异。而从大的环境上讲，此一时期因佛教大步发展，引起统治阶级之格外重视，其在与儒道二家磨合中不断融入中原文化。相对释家思维之精密，儒家经学显得羸弱，但经学尚在沉寂中缓慢发展。南朝经学以梁代为盛，梁代重《礼》，却借佛教讲经方式首开义疏之学，这给后来经学义疏提供了一种借鉴的范式。所谓"义疏"，有其自身之特色。"它既不同于汉代的传注或一般的集解，也不同于玄学抽象思维的义理发挥，而是介于义理与训诂之间的一种经学著作形式。"①义疏形式的产生对于经学研究，在这种特殊环境下于历史

---

① 李金河：《魏晋南北朝经学述论》，《山东大学学报》1997年第1期，第52页。

有其极大之功。故皮锡瑞评论道:"南北诸儒抱残守缺,其功亦未可没焉。夫汉学重在明经,唐学重在疏注;当汉学已往,唐学未来,绝续之交,诸儒倡为义疏之学,有功于后世甚大。"①虽然南朝经学在发展中推陈出新,但南朝经学在儒释道三家交融中,或引老庄释儒而消解儒家刚健之体,或以经学谈玄而走向空虚清淡。因而在三教流派杂乱之环境下,未能出现统领全部思想文化新的儒家思想理论体系,此则是其之不足。北朝经学以北魏最盛,但仅以徐遵明之经著闻名。南朝经学以魏晋经学为重,因而朝着义理玄妙之方向发展,而北朝则披中原敦厚之旨,特承汉风而以儒家学识与德行之传统为重。南北朝之经学研治各异及其原因早已被学者研究:"唐李延寿撰《北史》,对南北经学之差异做了更为清晰的表述:'南人约简,得其英华;北学深芜,穷其枝叶。'即南朝采用魏晋以来义理释经的新注多,说经不拘家法,兼采众说,见解新颖,并能提纲挈领,显得'清通'、'约简';北朝遵守汉代经师的旧注多,而汉代旧注说经限于讲明章句,拘谨保守繁琐,所以显是'深芜'、'细致'、'广博'。"②此不赘言。

综上所述,魏晋南北朝或因持久大一统政权之缺失,或因南北治经差异,或因三教磨合等因素,其经学虽有一定程度之发展,但显得杂芜。经无一统,杂派纷流,又随着政权跌宕而起伏不定。各家因战火而对学术心力不足,时代呼唤国家一统与经学一统之音声愈发明显迫切,经学一统时代正在来临。"南北朝经学莫不是汉学的变异形态。由于经学同源,随着南北经学的交往,也就逐渐地消除差异,趋向同一,最终迎来了隋唐经学统一的新时代。"③

隋朝承陈而来,政权趋于一统,经学重建亦一早开始。然而隋朝飨国太短,经学一统尚未完成便被大唐取代。唐初经学统一,至宋尤备。

---

① 皮锡瑞:《经学历史》,中华书局2004年版,第130页。
② 李金河:《魏晋南北朝经学述论》,《山东大学学报》1997年第1期,第55页。
③ 许道勋、徐洪兴:《中国经学史》,上海人民出版社2006年版,第159页。

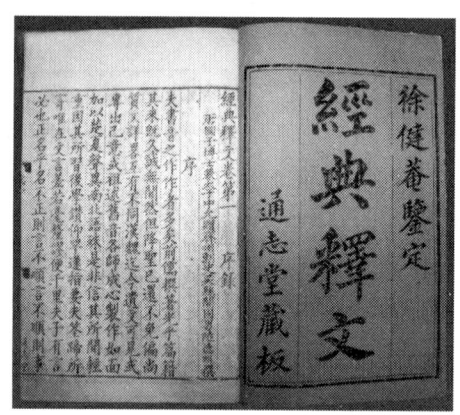

(隋)陆德明《经典释文》

唐宋间经学允定最久。皮锡瑞说:"唐至宋初数百年,士子皆谨守官书,莫敢异议矣。故论经学,为统一最久时代。"①但必须注意的是,唐代经学一统之势在隋朝已初露端倪。隋炀帝之秘书学士陆德明,实际以《经典释文》开经学一统之先声。《经典释文》之书名,已然透露"经"之涵义在隋唐之际发生了转变。"经"由天道转为文本可由"经"、"典"独立二字变成"经典"一词看出。"经"不再是天人之道,而是圣人衍天道而成之"文",是圣人留下的典籍。

陆德明作此书之意在于对诸种经典采植音切,兼释训诂,考本异同。而之所以说陆德明之《经典释文》乃开隋唐经学一统之先声,首先在于陆氏此书所录之经书典籍包含甚广:《周易》一卷,《毛诗》三卷,《尚书》两卷,《周礼》两卷,《仪礼》一卷,《礼记》一卷,《春秋左传》六卷,《公羊》一卷,《谷梁》一卷,《孝经》一卷,《论语》一卷,《老子》一卷,《庄子》三卷,《尔雅》两卷,另有一卷《序录》。以上加起来一共三十卷。且不言陆氏此书之博杂,单看此书将《老子》、《庄子》视为经,已是罕事。这种将《老》、《庄》视为经典之事,在魏晋之前,唐宋之后,

---

① 皮锡瑞:《经学历史》,中华书局2004年版,第146页。

绝无仅有。但是在隋唐人看来，儒家经典之五经竟然可以跟《老子》、《庄子》结合而且毫无违和之感。陆氏此书在上呈唐太宗阅后，太宗对此甚为满意，还恩赐他束帛二百段以作嘉奖。这在前文已经提及。此处记载明确表明太宗亦不以为陆氏纳《老》、《庄》入经有不妥之处。由此可以看出唐代三教并存共荣之局势非虚。由此亦能看出处于由汉学训诂考释向宋学义理思辨之转折期间的隋唐经学，在承接汉魏经学基础上做到了融通百家而另取新途之努力。陆德明《经典释文》之一统先声不仅表现在融《老》、《庄》入经，还表现在对此十四经之"会理合时"之训诂植音。陆氏首章有《序录》一篇，当中言道："文字音训，今古不同，前儒作音，多不依注，注者自读，亦未兼通。今之所撰，微加斟酌，若典籍常用，会理合时，便即遵承，标之于首。其音堪互用，义可并行，或字存多音，众家别读，苟有所取，靡不毕书，各题氏姓，以相甄识。义乖于经，亦不悉记。"①由此可见，陆德明已经有了明确的统定经典的意识，他运用音切之法，训诂考释诸经，以作定本，这种做法给予后来唐之孔颖达以极大借鉴意义。

如果说陆德明只是有意识地对经典加以统定考释，那么真正从政治制度以及对抗佛道之角度出发，对经学做出全面统一的当属唐太宗时期。之所以经学虽然早在隋朝便有统一呼声而迟至唐太宗时期才得以真正开始，是由诸多原因造成的。除却政治上并未形成大一统且持久稳固之政权外，科举由建立到完善需要一个过程也是一大因素。可以说，唐初经学一统的出发点主要是两个，一是政治制度与意识形态之建设，二是科举考试之需要。当然，后者可以看作是前者一个方面，但科举对于经学一统之重要不得不单独提出。太宗即位之前，有鉴南北朝与隋朝儒教意识形态建设之薄弱，君臣尚奢好武而不居仁德。佛教普法避税，朝廷钱粮亏损，道教方术误国误民，因此即位之初便正式确定要重振

---

① （梁）陆德明撰，张一弓点校：《经典释文》，上海古籍出版社2012年版，第2页。

"尧舜之道"。所谓尧舜之道，其实就是周孔之道，儒家教旨。唐太宗之所以明文标举重视周孔之道，是因为他明了儒家刚健致用之道，大益于治国。国家一统，则各项制度需要才德之士建立实施。自汉后能担起"经营"之通经致用之理念的只有儒家。汉后之儒皆以经世济民、学优则仕为立身之本。国家重立儒教，因而天下士人借以经书为重，那么经学兴盛自然来临。太宗以儒家为重，也并非薄待释道二家。李唐王朝乃是借由太上老君之谶纬之言起义建立，因而道家在唐朝有着特殊待遇。佛教在魏晋几百年的中国化过程中，于则天时期达到鼎盛，衍生出禅宗这样本土化的佛教。唐代统治者实行三教共荣之政策。然即使释道大兴，真正统治国家意识形态的还是儒家。这跟汉武帝独尊儒术，思想定于一尊大同小异。而释道二家也只是唐朝帝王政治统治之工具。"唐代社会之所以没有在多元意识形态的背景下陷入南北朝式的混乱局面，就是因为儒家的思想牢牢控制了教育和官吏系统。在此之外的信仰领域，佛道两教可以尽情地折腾，但管理国家的政治官员，必须有儒家的理念。自此之后，中国的文官制度便与儒家思想有了更为直接更为密切的联系。其影响所及是至为深远的。"①可以说，之所以唐朝即使实行三教共荣之政策，却从未发生因宗教误国或政权紊乱之局势，其根本还是因为儒家牢牢掌控着意识形态与官吏选拔。所以，从这个角度而言，政治制度与官员选拔也促进了初唐经学的统一。

唐初经学一统，一则因政治制度，二则因科举选拔。科举制度自隋朝创立，在唐朝才得到真正发展。但唐人面对六朝以来经家杂乱之势，于经则无从定本，南北各殊。皇帝召选博士论经，南北博士各各质疑，互不依从。既然国家意识形态以儒教为宗，那么官吏选拔自然以通经为重。而通经为重之前提则是经学典籍之文本必须统一，这就直接促发太宗要求更定"五经"之意。孔颖达和颜师古等奉命编撰的《五经正义》及

---

① 陈炎、李红春：《儒释道背景下的唐代诗歌》，昆仑出版社2003年版，第46页。

其时代价值将在下节详细谈及。这里需要指出的是，李唐王朝从政治制度之考虑出发，试图从以科举选拔为重心之多层面巩固政权的统定经典之做法，其根本目的并非真正弘扬周孔之道，而是努力营构极具事功性的儒学的复兴。李唐科举制度发展过程多有所变，从唐初科举之变便可看出唐人宗儒之独特作风就是"同现实社会政治密切相关联，或者叫作注重事功。"①唐人宗儒不若汉儒的琐屑，也罕似宋儒之空疏，此乃唐人宗儒之风范特色。这种"事功性"在后人评价中褒贬不一。其实，真正分析研究起来，唐人之事功并非积极构建儒家仁政意识体系，也并非极力实践通经致用之儒家规旨，而是动乱之后的力求保身的一种本能意识。李唐是在自汉后动荡几百年，又经隋之暴政而来之王朝。国家一统之时，儒家经学并非能马上建立一个完善的认知体系，动荡之后的身心更多需要的是恢复。因而《资治通鉴》卷一九二所载："唐初，士大夫以离乱之后，不乐仕进，官员不充。"②唐初士人对于仕途任官并不太积极，而且他们对重构儒道思想兴趣也不大。那种后人认为的事功性只在太宗主政后期才渐渐凸显。那个时候太宗基本建立了李唐文治政治体系。国家经济、政治、文化渐渐复苏。太宗又以广纳贤才之气度器重读书之人，因而世人仕途之心才逐渐萌生，其积极性才大为增强，也就随之出现了史书中所谓"事功"一说。唐初高祖及太宗初期之经家忙于整理自汉以来诸家各学，因而很少将儒家精神视为安身立命之根本而身体力行。这也就导致他们"事功性"之特性相对周孔时期"仁德为本"明显了很多。唐人这种更注重经术致用、重视事功进取其实是士庶阶层对汉魏以来贵族政治道德精神一统的一种反扑。可以说他们的此种事功性客观上促进了唐代文治政治之演进，而唐代政治活力之根本正植于此。

初唐经学受到李唐政权之重视，可以从官学之振的角度详细论述。之所以不厌其烦还要谈及唐代官学之兴，是因为官学兴盛与科举完善乃

---

① 陈伯海：《唐诗学引论》，东方出版中心1988年版，第46页。
② （宋）司马光编：《资治通鉴》，中华书局2007年版，第2327页。

是直接刺激唐代经学不断统一完整的重要因素。官学，乃是相对私学而言。自春秋战国时期开始，官学与私学就有了分野，官学因教化僵化而逐渐衰微，私学则因家族传承和适应现实需求变得逐渐兴盛。直到汉代"独尊儒术"，传五经者先后有十四家被立为官学，官学才重新繁盛。东汉后，学校教育开始属于太常寺，一直到隋文帝开皇十三年才改为国子学。隋炀帝又将国子学改为国子监。唐代直接承袭隋代，以国子监作为官学体系首领。国子监中有"六学"：国子学、太学、四门学属于经学教育，书学、律学、算学属于专门技艺，有别于前"三学"。与经学有关的"三学"所招录之学生皆是贵胄之后，① 这充分保证了唐代统治阶级当中对于经学营养的吸收。除了国子监，李唐还设置有弘文馆和崇文馆。② 除了国子监和二馆这种中央官学体系，李唐还重视地方官学之建设。自李渊开始，就有了地方官学的建设。《新唐书》记载，李渊兵定关中开始就"下令置生员，自京师至于州县皆有数"。③ 武德七年又直接颁布诏令："州县及乡里，并令置学。"④玄宗朝又做了更加详细的规定，当然已经不属于初唐范围。可以说，唐代极为重视地方官学的建设。《旧唐书》有这样一组数据可以证明⑤：京兆、河南、太原府、大都督府、中都督府、上州置经学博士一人，助教二人，其余中州、下州、京县⑥、畿县⑦、诸州上县、中县、下县各置博士一人，助教一人，学生员数依次递减。《新唐书》同样也有数据说明：文学一人，从八品上。掌以《五经》教授诸生。县则州补，州则授于吏部。武德初，

---

① 国子学招收文武官三品以上及国公子孙、从二品以上曾孙。太学招收文武官五品以上及郡县公子孙、从三品曾孙。四门学招收文武官七品以上及候、伯、子、男之子为生，也包括庶人当中的俊士生。可见，经学教育主要面对贵胄之后，且分类详细，目的就是为了适应隋代开始的科举制度。
② 这也可以理解为李唐对"文"之重视。
③ 欧阳修：《新唐书》卷四四，中华书局1975年版，第1163页。
④ 宋敏求：《唐大诏令集》卷一〇五，商务印书馆1999年版，第537页。
⑤ 参看刘昫：《旧唐书》，中华书局1975年版，第1915~1921页。
⑥ 京县包括长安、万年、河南、洛阳、太原、晋阳。
⑦ 畿县包括京兆、河南、太原所管辖诸县。

置经学博士、助教、学生。① 可见，初唐经学教育是有组织有层级地逐步推行的。

如果说层级上不能完全体现李唐朝廷对初唐经学教育之重视的话，那么从经学学习之人数上，也可以侧面窥探出初唐官学对经学教育之重视。关于这个问题，吴夏平先生做了详细的统计：

> 唐代"七学"、"二馆"以及州府县学的学生人数到底有多少呢？《通典》卷二七"国子监"条载"六学"学生人数分别为：国子学三百人，太学五百人，四门学一千三百人，书学五十人，律学三十人，算学三十人，通计二千二百一十人。广文馆学生人数，《新唐书·百官志》记为："有学生六十人，东都十人。"弘文馆学生三十人，崇文馆二十人，已具上述。这是唐初中央官学常规性的招收名额，总计二千三百三十人。地方官学生徒员数，《唐六典》所载各级政府的配额：三府（即京兆、河南、太原）各八十人，大都督府六十人，中都督府六十"人，下都督府五十人，上州六十人，中州五十人，下州四十人，京县（即万年、长安、河南、洛阳、奉先、太原、晋阳）各五十人，畿县（即京兆、河南、太原三府所辖之各县）各学生四十人，诸州上县各学生四十人，诸州中县各学生二十五人，诸州下县各学生二十人。若将《唐六典》所载州县学生配额乘以当时州县数，可得地方官学生徒总数为六万五千一百八十人。这个数字与《通典》所载"州县学生六万七百一十员"及《文献通考》所载"诸馆及州县学六万三千七十人"约略相当。由此可见初盛唐时期官学发展的规模。②

---

① 欧阳修：《新唐书》，中华书局1975年版，第1314页。
② 吴夏平：《"官学大振"与初唐诗歌演进》，《文学遗产》2013年第2期，第29页。

这是初唐时期官学人数的粗略统计,跟后来德宗宪宗所谓"中兴之主"时期相比①,属于盛况了。无怪后人描述初唐官学之盛时直接感慨乃是前所未有:"(贞观二年)又于国学增筑学舍一千二百间……,其玄武门屯营飞骑,亦给博士,授以经业;有能通经者,听之贡举。是时四方儒士,多抱负典籍,云会京师。俄而高丽及百济、新罗、高昌、吐蕃等诸国酋长,亦遣子弟请人于国学之内。鼓箧而升讲筵者,八千余人。济济洋洋焉,儒学之盛,古昔未之有也。"②正是这样坚实的官学基础,为李唐统定经学文本营造了十分难得的文化氛围。所以太宗在位,为了真正实现经学一统,以利于科举的逐步稳定,对以往经学文本的校注论疏就提上日程,《五经正义》之出现既是迫在眉睫,也是应运而生。

第二节 "经"定典范:孔颖达与《五经正义》③

唐初"经"定的典范是孔颖达等奉诏编撰的《五经正义》。《五经正义》的完成标志着唐代经学文本的基本统一,因而具有重要的意义。本节主要阐明《五经正义》的编撰缘起、《五经正义》的思想观念、《五经正义》的经学史意义以及《五经正义》的诗学史意义。

---

① 据《文献通考》卷四一"学校考":"宪宗元和二年,置东都监生一百员。自天宝后,学校益废,生徒流散,永泰中虽置西监生,而馆无定员,于是始定生员,西京:国子馆生八十人,太学七十人,四门学三百人,广文六十人,律馆二十人,书、算各十人。东都:国子馆十人,太学十五人,四门五十人,广文十人,律馆十人,书馆三人,算馆二人而已。"元和二年国子监"七学"学生定额总数为六百五十人,不到初盛唐时期的三分之一。招生数量反映了初唐官学教育的兴盛,此外师资方面亦较强大,各学馆延请的学官皆为当时硕学大儒,如孔颖达、陆德明、张后胤、赵弘智、贾公彦、马嘉运、谷那律、盖文达、盖文懿、王德韶、祝钦明、褚无量、尹知章、侯行果等。以此造成极大影响,周边国家纷纷派遣留学生至长安求学。

② 刘昫:《旧唐书》,中华书局1975年版,第4942页。

③ 本节原载于《哈尔滨工业大学学报》2017年7月第4期,文字有删改。

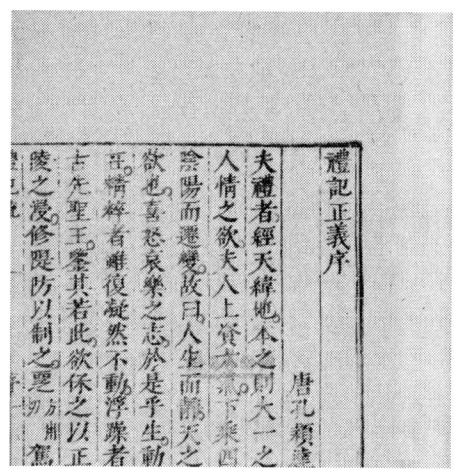

孔颖达《五经正义》

一、《五经正义》的编撰缘起

孔颖达《五经正义》之编撰缘起,在《旧唐书·儒学传》中有明确记载:

> 太宗又以经籍去圣久远,文字多讹谬,诏前中书侍郎颜师古考定五经,颁行天下,命学者习焉。又以儒学多门,章句繁杂,诏国子祭酒孔颖达与诸儒撰定五经义疏,凡一百七十卷,名曰五经正义,令天下习焉。①

凡研究孔颖达及《五经正义》之学者必引此段。然而绝大多数学者引用此段只是以此说明太宗重视儒学文教,却绝少有人仔细分析此段之深沉含义。

---

① (后晋)刘昫编撰:《旧唐书·儒学传》,中华书局2002年版,第494页。

首先，这段文字当然是节选自《儒学传》，需要注意的是，此一小段稽首句均用了一个"又"字。此处一言"又以经籍去圣久远"，二言"又以儒学多门"，两个"又"字常常被学者忽略，实际上两个"又"字不仅反映出太宗崇重儒学文教并非一时之举，乃是经多方研究审定，继而极力推广制定的。

其次，此段明确表明《五经正义》之编撰勘定有一个较长的过程。太宗先让颜师古考定五经，在颁行天下后，才进一步命孔颖达进行义疏，可见唐初经学重建并非一蹴而就，而是几经辛苦。根据现有的史书记载，《五经正义》之编撰过程，前前后后历经27年之久。《五经正义》于太宗贞观十六年（642年）编撰成功，高宗永徽四年（公元653年）颁行，当中还经马嘉运、长孙无忌、于志宁等校对增补，可见其中艰辛。

再次，《五经正义》编撰经由颜师古考定"五经"，继而再由孔颖达撰定五经义疏，皆有其缘由。"考定五经"，其缘由是"经籍去圣久远，文字多讹谬"；"撰定五经义疏"，其缘由是"儒学多门，章句繁杂"。这两个表述简明扼要，却如"春秋笔法"一般，含义颇丰。"五经"自汉便定为一尊，但汉代便有古今文经学之争，经籍文字讹谬就已显端倪，更何况由汉至唐，中间历经魏晋南北朝几百年之动荡，经籍距离周孔之世自然更加久远，那么相对的其文字之讹谬更为严重。

因而，《旧唐书》用"考定五经"，考者，训核也，其一"考"字显示出《旧唐书》表述之准确。紧接着"孔颖达与诸儒撰定五经义疏"，其缘由则是"儒学多门，章句繁杂"。如果说去圣久远、文多讹谬，其论述重心乃在汉魏之前，那么"儒学门多，章句繁杂"之论述重心则主要在魏晋南北朝，也就是离唐代最为接近的一段时间。

正如前文提到，魏晋南北朝之经学特点正是经家博杂，训诂不一，释注类繁，因而唐初诏选博士论经，才会各各自疑，不能一统。由此，《旧唐书》用"撰定"二字，表示"五经"考定完毕尔后，义疏才采汉魏百家而取其合宜之论，撰而定之。我们发现，不论是"五经"之考辨还是其义疏之修撰：《旧唐书》皆用了一个"定"字："考定"、"撰定"。由此说明，定，乃是唐宋人皆认可的唐初经学一统之表现。

最后，太宗统定"五经"，分别由颜师古和孔颖达率领儒者相继完成，《旧唐书》之记载详细，还将二人之官职带出，前贤对此多有忽略，而此处官职之标出却意义十分重大。颜师古，是"前中书侍郎"，说明颜师古是隋朝遗臣，而"中书侍郎"则是掌管全国政务之核心人员，是专承君主意旨，发布诏令的官职。可见颜师古学问在隋代便得到极大认可，更何况他乃名儒颜之推之孙。太宗以此等名儒修定"五经"，证明他认可北朝经学传统，认为颜师古学问渊厚，自然能够胜任。因而，"五经"考定完毕，乃命"学者习焉"。这个"学者"亦被前任忽视。既然是由前中书侍郎，也就是皇帝最高秘书考定的"五经"，当然秉承的乃是君主意志，因而首先命儒者广为学习，其意其实就是统一国家意识形态，并以此为宗。此为其一。

其二，孔颖达，是"国子祭酒"，也就是国子监。国子监乃是中国古代国立最高学府和官府名，专门传授儒家思想和掌教诸生。因此孔颖达等撰定完毕后，太宗乃命"天下习焉"。这个"天下"实际上正是天下儒生，为进士科考的学生人员，因而换句话说，就是孔颖达把按照太宗意思编著的考试教材修编好了，让天下读书人学习考试。前文已经提到，三教并存的大唐之所以没有出现魏晋动乱，根本乃在儒家掌握着官吏选拔与意识形态建设。此处太宗命孔颖达等编修科考教材，正是儒家控制官吏选拔权力之体现。《旧唐书》以精确表达，将颜师古与孔颖达等编撰《五经正义》之过程以几行文字说论清晰，应当重视。

《五经正义》先名《五经义赞》。"赞"则大抵是孔颖达等对先人经义之礼敬。太宗阅后，诏而改之为"正义"。"正义"经唐弘扬，又发展成一种文体样式，它是在义疏基础上发展起来的一种注释体例。正义跟义疏之不同在于，义疏能够对旧注做出质疑，而且注解者能够发挥本人对经义之理解。但唐人之正义，则主要在经义旧注之间做出甄别遴选，且必须依照旧注解释而不可违逆，因而他基本上遵守"注宜从经、疏不破注"的传统做法，是一种带有明显集注性质的体例样式。

《五经正义》对前人五经注本之选择颇有讲究。"《周易正义》采用的乃是王弼注和韩康伯注，对子夏传、京房章句、郑玄和王肃的注以及南朝张讥《周易讲疏》、北朝卢景裕《周易注》等南北各家，也间有称引或评论。《尚书正义》采用梅赜所献孔安国传，参考刘焯、刘炫、巢琦、顾彪等南北诸家义疏。《毛诗正义》采郑玄的笺注，参照刘焯、刘炫的述议而作疏文。《礼记正义》也用郑玄注，采皇侃、熊安生两家作义疏。《春秋左传正义》采取杜预《集解》为注文，疏文则取刘炫。"①很明显，《五经》正义之注疏选取的是近世诸儒之作，以南北朝儒者经注为多，但也承接汉代经学研究而来，虽然博取诸家却能融入一炉，显示出唐人精于鉴择之力，也同时表明唐初经学建设的确能够一统南北，其经学之"定"，其功甚伟，无怪今人赞曰："《五经正义》注文虽然以南学为主，北学次之，而义疏却是南北之学兼收并蓄，取长避短。其注文保存了汉儒的基本成就，其疏文兼宗南北学问，确实是对此前经学成就的总结性成果。经学史上常称汉注唐疏，肯定了其训诂学上的巨大学术价值。"②

《五经正义》有其自身之思想观念。

首先是崇圣观念。崇圣观念自先秦便有，《五经正义》作为对儒家经典之义疏，自然有对儒家圣人尊崇之义。然而，因受唐代三教融通之大环境影响，《五经正义》所尊崇之圣非止儒家，还有道家。《周易·系辞上》："一阴一阳之谓道。……显诸仁，藏诸用，鼓万物而不与圣人同忧盛德大业至矣哉。"③韩康伯在此注曰："万物由之以化，故曰鼓万物也。圣人虽体道以为用，未能全。无以为体。故顺通天下则有经营之

---

① 姜光辉等编：《中国经学史》（第二册），中国社会科学出版社2003年版，第1553页。
② 张国刚：《略论唐代学术史的时代特征》，《史学月刊》2003年第6期，第76页。
③ （唐）孔颖达编，韩康伯注：《周易正义》卷七，北京图书馆出版社2003年版，第12页。

迹也。①（卷七）"《五经正义》疏之曰："'圣人体道以为用'者，言圣人不能无忧之事也。道则无心无迹，圣人则无心有迹。圣人能体付于道，其迹以有为用。云'未能全无以为体'者，道则心迹具无，是其全无以为体。圣人则无心有迹，是迹有而心无，是不能全无以为体。"②（卷七）

《五经正义》之疏语词之间，道家观念颇为明显。《五经正义》之所以存在尊崇道家之明显迹象，一则顺应李唐皇室重道之思想，二则因为正义所用经家乃承魏晋南北朝重玄风、崇《老》、《庄》之风气而来，故而《五经正义》中能够明显感受道家身影。除了明显地提到圣人，《五经正义》还在前人经典所载之嫌于圣人形象有妨处，多加疏通，以便其形象清正。这亦是《五经正义》崇圣观念之表现。《尚书·大禹谟》有"苗民逆命"之载，谓舜未先文诰而以兵威悍之，故而苗民逆之不从。而五经正义为了维护圣人之形象，则详细释之曰："大舜足达用兵之道"③（卷四），还说此举乃"大舜之远谋。"④（卷四）此等顺托之词圆滑之辨，固是为装营圣人形象而生，也正是崇圣观念之表现。

其次是天及鬼神观念。《五经正义》认为天及鬼神之道难测，唯有圣人能和以度之。这种观念自然是承接孔子"未能事人，焉能事鬼"及"未知生、焉知死"之观念而来。《五经正义》在很多地方很明显表露出对天及鬼神不可知的观念，"神到无形者也"⑤（卷三），"神道冥昧"⑥

---

① （唐）孔颖达编，韩康伯注：《周易正义》卷七，北京图书馆出版社2003年版，第12页。
② （唐）孔颖达编，韩康伯注：《周易正义》卷七，北京图书馆出版社2003年版，第13页。
③ （唐）孔颖达编，韩康伯注：《周易正义》卷四，北京图书馆出版社2003年版，第13页。
④ （唐）孔颖达编，韩康伯注：《周易正义》卷四，北京图书馆出版社2003年版，第14页。
⑤ （唐）孔颖达编，韩康伯注：《周易正义》卷三，北京图书馆出版社2003年版，第9页。
⑥ （唐）孔颖达编，韩康伯注：《周易正义》卷十六，北京图书馆出版社2003年版，第25页。

(卷十六),这些都表明汉代天人合一观念在唐代已然不相适用,也表明唐人训诂不作清玄之论,因而显得较为务实。

最后是对释道二家之态度。三教共荣之态势必然引发儒者对释道二家之评价问题。《五经正义》也无法回避。对于佛教教义,《五经正义》是明显的排斥。《周易正义·序》中便有明确表示:"其江南义疏十有余家,皆辞尚虚玄,义多浮诞。原夫易理难穷,虽复玄之又玄,至于垂范作则,便是有而教有。若论住内住外之空,就能就所之说,斯乃义涉于释氏,非为教于孔门也。……今即奉敕删定,考察其事,必以仲尼为宗;义理可诠,先以辅嗣为本。"①(页一)这里明显的排斥佛教义理之态度,标明《五经正义》正是要维护儒家之道。至于道家,《正义》则包容得多,《正义》里面引用老庄之义说的地方甚多,这跟引用之旧疏乃道家之说有关,还跟当时的学术风尚有十分密切之联系。"可以说,初盛唐时期儒道合流乃是其学术风气,这跟隋末唐初陆德明能将《老》、《庄》列入经典之中之原因是一样的。"②

《五经正义》颁行不久便遭到学者的抨击。甚至参加修撰的人也表示出不满:"颖达所撰《正义》颇多繁杂,每掎摭之,诸儒亦称为允当。"③(卷七十三,《马嘉运传》)《唐会要》中《论经义》一篇记录了当时之人对《五经正义》表示的怀疑:

> 四门博士王玄感,表上《尚书纠谬》十卷,《春秋振滞》二十卷,《礼记绳衍》三十卷。弘文馆学士祝钦明,崇文馆学士李宪、赵元亨。成均博士郭山辉,皆专守先儒章句,深讥玄感掎摭旧义。玄感

---

① (唐)孔颖达编,韩康伯注:《周易正义》卷一,北京图书馆出版社2003年版,第1页。
② 杨向奎:《唐宋时代的经学思想——经典释文、十三经正义等书所表现的思想体系》,《文史哲》,1958年第5期,第77页。
③ (后晋)刘昫编撰:《旧唐书》卷七十三,《马嘉运传》,中华书局2002年版,第1758页。

随方应答,竟之不屈。唯凤阁舍人魏知古,司封郎中徐坚,左史刘知幾,右司张思敬,雅好异闻,每为玄感申理其义。由是擢拜太子司议郎。①

王氏如此直接明了对《五经正义》进行批驳,还意图自创新意,标明《五经正义》之一尊地位有了动摇。而此段中的魏知古、徐坚、刘知幾、张思敬等人为王玄感申理,《唐会要》称他们是"雅好异闻"。如果《唐会要》不是站在《五经正义》之官方正统思想的立场上对之进行讽刺的话,那么这个"雅好异闻"就已经显示出唐代经学在经过一统之后,新的经学思想已经显出端倪。上述四人中之刘知幾,是唐代著名的史学家。他善于贯穿古今、洞悉利病,于经学、史学皆有独特见解,甚至对上述《论语》、《春秋》等经学典籍做了大胆的批驳。他之思想行为在封建社会中十分罕见。而他之所以能在大唐兼领史职三十年,一则表明唐代社会风气之开放,思想的相对自由,二则表明对汉魏以来经学注疏与研究之方法已经走向转型点了。这在后来的中唐时期,表现得更为明显,只是迟至宋代经学才真正完成了转型的任务。

在这里需要注意的是,唐初对经学所作之一统是顺应时代发展之举。站在唐初之社会经济文化角度而言,当时历经离乱持久之人,根本无心专研新的儒家思想体系。而对前人尤其是汉魏经学进行系统的整理,在为国家意识形态上做出统一,这些才是首要任务。因而即使上面谈及《五经正义》出现后很快受到当时人之抨击,也可以说,《五经正义》在经学史上是一个极具价值与意义之典籍。它是将汉末魏晋南北朝动荡几百年之经学思想归因于一、习作一统的杰作。范文澜先生曾经高度赞扬《五经正义》之时代意义:"唐太宗令孔颖达编撰《五经正义》,颜师古定五经定本,对儒学的影响,与汉武帝'罢黜百家、独尊儒术'有

---

① (宋)王溥撰:《唐会要》(中)卷七十七,中华书局1955年版,第1401页。

同样重大的意义。"①因而即使《五经正义》在经义注疏上有诸多不足之处，在诸家注疏上会显示出矛盾与繁杂之处，这都不妨碍他在经学史上之重要价值，在唐初经学一统上之重大意义。

首先，《五经正义》表露帝王态度，标明李唐乃以儒家为治国之道，这对统定思想，稳固政权有着极大效用。唐初李渊称帝，其后不久皇室内斗而有玄武门之变。太宗借此即位。太宗之高明处在于即位前大量收拢儒生文士，一则给自己即位出谋划策。二则在即位后则可以命令他们弘扬儒家教旨，提倡君臣之礼。这样太宗杀兄夺政之历史则变成顺继皇天以施仁政之历史。关于这些论述，史家之言比比皆是，此不赘言。儒家提倡的纲常伦理以及君臣之道，对于太宗政权的巩固以及思想的控制无疑有极大作用。海内不再有南北之分，文化不再有贞刚与绮柔之别。经学不分经家，注疏不论繁杂。这样一种局面让整个唐朝意识形态得到极大统一，比之大汉过之而无不及。文化之力是太宗早在秦王时期便已有明确意识的。尤其是在以《五经正义》做科考教材后，天下士人不无尊崇备至。以致太宗笑言天下英才尽入他彀。因此可以说，借《五经正义》表示尊崇儒道，也是经营天下之一种表现，是对自己政权巩固的良好途径。

其次，《五经正义》虽然在整体系统上表现出诸多矛盾与繁杂之处，但是相对汉末六朝经家驳杂之情况而言，《五经正义》至少统一了经学文本。《五经正义》在唐初成为一种官方意识形态的代表，不仅是唐人对前贤"五经"注本一种优胜劣汰的选择，还给后世经学文本确立了典范。可以说，孔颖达与颜师古精心挑选的"五经"版本，基本上是在汉代以及魏晋南北朝受到经家尊重的版本，是得到很多经家认可的本子。这就相当于孔子删定"六经"一样，淘汰掉不合时宜且讹谬疏漏的本子，留下精良的"五经"版本，这无疑是对经学文化的一种精修。宋代在朱熹注经之前，基本上还是沿用孔颖达、颜师古编撰的《五经正义》中选

---

① 范文澜：《中国通史》第四册，人民出版社1978年版，第243页。

取的经学文本。明代八股文兴盛,经学文本没有受到太大重视,但大致也沿用《五经正义》所选取的本子。清代学者对古代典籍进行大规模整理,阮元的"十三经",其中的"五经"几乎就是按照《五经正义》选取的本子。可见《五经正义》选择的经家注本经得起历史一千多年的考验。

再次,《五经正义》统定五经,经由太宗认可而代表国家意识形态,这对经学之外的礼仪文化制度建设有着极大影响。太宗朝重视礼的建设,贞观初年太宗便命弘文馆学士修撰《贞观礼》。贞观七年,《贞观礼》成,四年后又添《贞观新礼》。太宗喜不自胜,给予《贞观新礼》极高评价道:"广命贤才,旁求遗逸,探六经之奥旨,采三代之英华。古典之废于今者,咸择善而修复,新声之乱于雅者,并随违而矫正。"①(《册府元龟》卷五百六十四)很明显,太宗此语表明《贞观礼》之修订乃是选择前人礼之善者而修复,还要矫正前朝违背雅正之声的礼仪。太宗倚重儒家礼乐文化教旨之姿态显而易见。而倚重儒家教旨之首要前提乃是须先探采"六经"奥旨。这就对儒家经典有一个统定规范的问题,这也正是《五经正义》应运而生的目的之一。不仅礼乐,甚至律法也基本在《五经正义》囊括的儒家思想之内展开修订。太宗"律正人和"、"宽简立法"、"仁德为本"之律令其实基本上都是儒家思想之延伸。这和统定经学思想的《五经正义》有着极为紧密之联系。这些在史书、礼制上多有记载,不再赘言。

最后,《五经正义》乃是经"定"之极大表现。经学思想统一,标明儒家经学风雅门庭大开。此之经"定"不仅没有束缚诗家吟咏之思,反而让诗人重新拾起风雅正颂之诗学传统。因而重讽喻兴寄之诗风一扫六朝浮糜奢华之气,为初唐建立刚健硬朗、清丽雅正之诗风提供了强大的意识背景和良好的世风土壤。由于《五经正义》并非如汉代儒家独尊因而钳制了士人思想之自由,也未如宋人精于思理议论而影响诗歌审美,

---

① (宋)王钦若等编撰:《册府元龟》(影印本)第12册,台湾中华书局1996年版,第6772页。

只是对经学文本做了统一。《五经正义》对儒家刚健有为、通经致用、风骚淳雅之尚有着恢复和尊崇,并未对士人心灵做出过分压制,因而唐代士人即使饱读经书,也没有呆滞、古板的学术气氛。诗人心灵也无道统之压制而显得轻快自由、活泼昂扬。这正是唐代经学与诗学交汇而不冲突,共融而不牵制之特色所在。尔后盛唐诗歌高潮的来临,跟《五经正义》带来的这一经学特色有着极大关系。

《五经正义》毫无疑问能够成为唐代经学思想统一的标识。然而,他也是汉代经学系统终结的标志。"以'疏不驳注'为特色的《五经正义》是一个自我封闭的系统,因此,它虽然实现了对经学的统一,但同时也就标志着汉代经学系统的终结。"①无论如何,《五经正义》给予经学史乃至文学文论史发展有着极大意义。同样的,《五经正义》在统一的另一面便是"经学思想上学术专制的开始"以及"知识分子在学术思想上的平庸"②,这一点也必须有着清醒的认识。

孔颖达《五经正义》不止是在经学史存留巨大意义,其对唐代诗学史之意义同样存在。首先,孔颖达在《五经正义》中提出了"抒愤说"。很显然,"抒愤说"承接汉代司马迁之"发愤说"而来,对后来韩愈提出的"不平则鸣"影响极大。但绝大多数文学史只看到了司马迁之"发愤说"对韩愈"不平则鸣"理论之影响,却根本忽略了孔颖达之"抒愤说"对韩愈之"不平则鸣"的重要影响。针对这个学术漏洞,澳门学者邓国光先生为之做了填补:"对'发愤说'进行理论的构建、实践批评并存举为诗心根本,孔颖达实为诗论史上的第一人。'发愤说'绝不是对立于儒家诗说,实际上是儒家诗学的重要组成部分。虽然屈原和司马迁曾以'发愤'一词自托,但称不上理论的建树。论者如果认为韩愈'不平则鸣'应上溯于屈原和司马迁,则这样明白存举'抒愤'的孔颖达,更不容抹杀。孔颖达绾合了情、志、气三者的关系而建立了抒愤说的理据和系

---

① 吴雁南等:《中国经学史》,福建人民出版社2001年版,第247页。
② 杨乃乔:《唐代经学阐释学与两种文学观念的悖立——兼论《五经正义》的阐释学方法与原则》,《学术月刊》2009年第4期第41卷,第92页。

统，单凭这项贡献，已足以在文论史上占重要的地位。"①孔颖达"抒愤"和"救世"乃是其主要的诗学理论，对于唐代诗心论以及具有"功利"性质的文学观念极有影响。

其次，孔颖达之诗论不再像汉代之政教诗学观一味强调诗歌之政务性，而是开始兼采诗人之个性与价值。这一点被学者乔东义指出："孔颖达对儒家诗学的阐释和发挥，既有对建构社会政治和伦理的一般性要求，又有对个体情性和审美价值的肯定。这就从本体性角度将诗歌的政治教化功能与审美抒情特性统一了起来，较之汉儒的政教诗学观，有了更为丰富而辩证的美学内涵。与这种诗学和美学思想相共鸣，唐代诗人如陈子昂、李白、杜甫、李贺、李商隐等，或用直抒胸臆或用比兴象征等艺术手段，创作了大量'经邦济世'与'发愤抒情'相结合的诗歌作品，以其鲜明强烈的主体性色彩共同演奏了盛唐气象下的最强音。"②乔先生此论尤确。

再次，孔颖达的兴象理论直接促进了唐代诗歌兴象玲珑的美学底蕴之生成。孔颖达的兴象乃是"兴"主观之"审美意象"，而且"这种审美意象偏重于指主体比较隐蔽的客观形象。然而它又可以极大地感发人的性灵，产生浓厚的审美兴趣，启发人们的丰富想象。'兴象'也可以说是'可以兴'的审美形象。这种审美形象所具有的'兴'的特点，不是传统儒家所说的'美刺比兴'的兴"。③ 这种"兴"乃是一种审美形象的感发，是主观的、个人的，带有情感色彩。黄贞权先生在研究《毛诗正义》之诗学观时特别指出："孔颖达提出的'兴象'的审美范畴，道出了诗歌创作的规律和原理，通过主观化了的物象来表现人事、情和理，用诗歌语

---

① 邓国光：《唐代诗学抉原：孔颖达诗学》，《唐代文学研究》1998年第1期，第851页。
② 乔东义：《论孔颖达对儒家诗学的演绎》，《安徽师范大学学报》2010年第5期，第541页。
③ 张少康、刘三富：《中国文学理论批评发展史》上册，北京大学出版社1995年版，第318页。

言来表现主观情感的张力，恰恰说明了创作主体正是通过审美意象来表达主观的情感。……因此唐代诗歌出现的形象玲珑、意境鲜明的整体美学风貌，与孔氏提出的'兴象'理论不无关系。"①

最后，《五经正义》中的《周易正义》，"对于天道人事结合的强调与史学对于历史事件和历史人物命运的关注，增强了唐代诗歌中的时空意识、人生担当以及永恒与流逝之间难以消解的紧张感。"②唐代史学强调人事之重于天道的观念在《周易正义》中得到极大体现，而孔颖达借此观念又将其发挥到诗歌层面，进而强调诗人面对历史与自然之流变时候抒发自我的震惊、希望与迷茫。"唐初的诗歌正是在这一点上重新接轨汉魏之风，因此，唐初的诗坛革新是诗人与汉魏诗人一样重新将自己置身于大与小、恒与变、古与今的直接照面之中，自诗人心灵所发出的自然而然的主题回归。在这一回归过程中，《周易正义》的出现无疑起到了推波助澜的作用。"③

葛晓音先生也关注到这个问题："初唐易学与史学的沟通及其政治化、简易化的倾向，促使初唐文人对'天人之际'的思考，很少着眼于探索天象自身的奥秘，而是处处落实于历史和人生的变化规律上。'四杰'诗里往往充盈着盈虚有数、盛年不再的感触，也与这种思维惯性有关。"④现在看来，唐式天人思考并非一种独立的存在，而是一种普遍性的开悟与焦虑。这种焦虑是伴随唐代由兴而盛、又盛而衰之始终。这从后来的历史境遇中得到了完整的体现。不得不说，文人文学与文思都带有一种敏感的前瞻性，尤其是在唐代这种能融哲学文学宗教于一体的特殊时代。

---

① 黄贞权：《〈毛诗正义〉与唐代诗学》，《船山学刊》2010年第2期，第146页。

② 刘顺：《〈周易正义〉对唐诗的影响》，《江淮论坛》2007年第5期，第175页。

③ 刘顺：《〈周易正义〉对唐诗的影响》，《江淮论坛》2007年第5期，第175页。

④ 葛晓音：《诗国高潮与盛唐文化》，北京大学出版社1998年版，第268页。

钱锺书先生一早就发现了孔颖达诗学理论之独到，他认为孔氏融儒家刚健之用与"诗"之文学之艺于一体，对《关雎》做出了独具匠心的阐发，乃至"仅据正义此节，中国美学史即当留片席地与孔颖达。不能纤芥费遗，岂得为邱山是弃之借口哉！"①因此，学界应该投以孔颖达诗学及其价值更多的关注目光，以更为深刻的眼光研究他之思想理论价值。

第三节 "文"炳昭彰："四杰"之诗学革新

经学在汉末表现出官学衰而私学盛的情形，继而六朝私学又呈现出繁杂之特色。至唐初《五经正义》的颁布，经学才变为统一之势。唐初经学的统一给诗学带来很大的影响。不过，经学之影响固然是唐代诗学转变的一个重要因素，诗学本身之变转与革新也是促进唐代诗学不断发展之重要缘由。所以，从经学影响与诗学本身两个方面考察将会更加全面地勾勒出初唐诗学之概貌。总体而言，初唐诗学变革的出发点是革新六朝浮靡的文风，唐初文论家普遍提倡以风雅讽谏为宗的诗学新旨。

孔子曾有文质之论："质胜文则野，文胜质则史"②（《论语·雍也》），此言就"文"、"质"两种人格而论。然而文学是人学，有着人的性情品格，因而可以说，文学也有文质之论。这一点已经得到绝大多数文艺理论家的赞同。那么所谓"文"，应该可以理解为词彩华茂、情感丰腴（前文提到"文"字之本义及发展义的确有此涵义）。而所谓"质"则文辞敦厚、朴素简洁。"文"与"质"可以是两种文学风貌，或者叫做"体"。这种"体"广泛存在整个中国文学史之中，甚至有的时候会随着朝代更替而更替。从两汉到魏晋再到隋唐，正好演绎了"文"与"质"的这种演变。

---

① 钱锺书：《管锥编》第一册，中华书局1986年版，第62页。
② 杨伯峻：《论语译注》，中华书局2009年版，第60页。

汉初国力不足，朝野盛行黄老休息之道，诗歌质朴淳淡。至武帝时，国力渐盛而大赋兴起，歌功颂德而文辞溢美。乐府诗则采自民间，轻快馨雅，但有道德浸润之迹。此时武帝辞赋则崇"文"，而乐府则尚"质"。这一时期汉代政权还算稳固，但汉末文人五言诗之流行则透出一股哀伤之气，《古诗十九首》虽得《诗品》称赞极高，但哀婉之情太浓。汉末动乱，让道德之墙随之崩塌。整个魏晋南北朝经学发展缓慢，儒道衰迷，文章诗歌充满着藻绘与重奢之风。如果说汉代文风整体尚"质"的话，那么魏晋南北朝时期则尚"文"。曹魏时期尚有建安风骨，但只有三曹之风挺立一时。两晋玄风极盛，影响到文学诗歌表现出重玄理之特征。玄言诗"理过其辞，淡乎寡味"①(钟嵘《诗品》)，表现出明显的"质"胜其"文"之特点。这种特点导致"诗"味的极大淡化而遭到摒弃。继之而来的山水诗初露端倪则以练字洗句而颇重雅丽。一时间南北朝诗歌以及骈文都极重辞藻修饰。文学辞藻虚华浮靡，整个社会潜藏着浮华奢靡之败相。被玄风冲淡的儒学《诗》旨已经渐行渐远，"文"胜其"质"又显而易见。这自然是世人对无望社会深沉的反击与控诉，反映到文学上则崇尚华丽辞藻满足内心空虚，因而无论骈文还是诗歌，都盛行一种"俪采百字之偶，争价一句之奇"②的比美心态。

这种腐化世人心灵之文学早已被清醒的儒家风雅继承者察觉，因而早在南北朝时，便有很多诗人提出扫除骈俪淫风、恢复风雅传统的口号。钟嵘《诗品》极为推崇曹植之诗，谓其"骨气奇高，词彩华茂，情兼雅怨，体披文质"③(钟嵘《诗品》)，此语尚带有明显的重视辞藻与私人情感之六朝印迹。论者不可能避开时代风气而绝然独立，因此可以理解。刘勰在《文心雕龙》中则批评华而不实之诗风，提倡执正御奇，复兴风雅。此"正"自然是儒家端正敦厚之诗旨，当然他也不排斥骈文"御奇"之个性。这些呼唤儒家刚健敦厚诗风的前贤随着六朝流水逝去，但

---

① 曹旭：《诗品译注》，人民文学出版社2008年版，第53页。
② 范文澜：《文心雕龙注》，人民文学出版社1959年版，第211页。
③ 曹旭：《诗品译注》，人民文学出版社2008年版，第26页。

却给唐初诗风恢复与重建提供了诸多有益借鉴。

李唐建国，高祖虽重儒教，但对风雅之事不甚关注。太宗即位，除了在统定经学文本上用力颇深，还在文学诗教上颇为留心。太宗在秦王时就能清晰认识到南朝浮靡之风，因而在筹建秦府文学馆之时，就注重摒弃南朝奢华风气，而尤重讽谏之风。太宗在位不久，对文学教化作用极为重视。贞观初，太宗对当时负责监修国史的房玄龄说："比见前后汉史载录扬雄《甘泉》、《羽猎》、司马相如《子虚》、《上林》、班固《两都》等赋，此即文体浮华，无益劝诫，何假书之史策？其有上书论事，词理切直，可裨于政理者，朕从与不从，皆须备载。"①太宗以汉史为鉴，认为汉大赋辞藻华靡，多加夸饰而于社稷无功。因此反对浮华之文体。因而太宗所作《帝京篇十首》、《入潼关》、《饮马长城窟行》等，气势磅礴，博丽宏大，清人毛先舒评之曰："乃鸿硕壮阔，振六朝靡靡。"虞世南一变婉约柔美之体而作《从军行》道："剑寒花不落，弓晓月逾明。凛凛严霜节，冰壮黄河绝。蔽日卷征蓬，浮天散飞雪"之句。连不善作诗的魏徵，都有被沈德潜夸为"气骨高古，变从前纤靡之习"的《述怀》。②太宗还在《金镜》中直接表示他所认同的文学发展方针："立身之道，在乎折衷，不在乎偏射。"③"折衷"之文学观早在刘勰《文心雕龙》中就有说明，太宗此处重提，表明齐梁时代呼唤的文质兼美的文学观在唐初得到进一步的发展。太宗"折衷"之文学观对唐代文学发展无疑有着指导与制约作用。一方面，"折衷"之文学观直接摒弃放纵情感、崇虚不实之文学风气，另一方面，则提倡文质兼备、繁约得当之文风。

太宗"折衷观"表示不久，史家令狐德棻便在《周书·王褒庾信传论》中勾勒他们认为的理想的文学作品："其调也尚远，其旨也在深，

---

① （清）吴兢编撰：《贞观真要集校》，中华书局2003年版，第387页。
② （清）沈德潜编：《唐诗别裁集》，中华书局1975年版，第7页。
③ 吴云等编：《唐太宗集》，《金镜》，陕西人民出版社1986年版，第165页。

其理也贵当，其辞也欲巧，然后莹金璧，播芝兰，文质因其宜，繁约适其变，权衡轻重，斟酌古今，和而能壮，丽而能典，焕乎若五色之成章，纷乎犹八音之繁会。"①此种文学作品当然偏于理想化，但至少作为文学发展之方针，表明唐初重视文质兼美之文学，而反对六朝浮靡文体，这给后来诗人指明了方向。叶嘉莹先生分析唐初这种文质兼重的美学风尚时，直接将唐初诗貌延伸至整个唐代，她感慨到："至于唐朝，则是我国诗歌的集大成时代，它一方面继承了汉魏以来的古诗乐府使之更得到扩展而有以革新，一方面则完成了南北朝以来一些新兴的格式使之更臻于精美而得以确立，……诗歌之体式演进至此，真可谓遍极途穷。"②贞观君臣明确意识到六朝浮华之体无益政权。太宗以国家政权为重，常令史官文臣不作华靡空虚之文。名臣魏徵也提出融合南北诗风之文化主张，倡导"各去其短，合其两长"。③

然而从后来的历史发展来看，太宗虽文教颇重风雅，提诗风讽谏，务去虚靡歌诗，自己却作了很多类似六朝齐梁之诗。如《秋日学庾信体》："岭衔宵月桂，珠穿晓露丛。蝉啼觉树冷，萤火不温风。花生圆菊蕊，荷尽戏鱼通。晨浦鸣飞雁，夕渚集栖鸿。飒飒高天吹，氛澄下炽空。"④此诗若置之齐梁文集，断不能辨为初唐诗笔。魏徵虽以敢谏为名，但其诗亦多齐梁风味。如"兰径香风满，梅果暖日斜"⑤（《咏花烛》）之句，全然虚浮之词。甚至高宗之时，太宗所谓摒弃虚华文风不仅没有全然实现，而有愈演愈烈之势："尝以龙朔初载，文场变体，争构纤微，竞为雕刻。糅之金玉龙凤，乱之朱紫青黄，影带以徇其功，假对以称其美，骨气都尽，刚健不闻。"⑥尤其是上官仪之诗，"其词绮错

---

① （唐）令狐德棻编撰：《周书》，中华书局 2002 年版，第 495 页。
② 叶嘉莹：《迦陵论诗丛稿》，中华书局 1984 年版，第 5 页。
③ 魏徵等编《隋书》卷七十六《文学传序》，中华书局 2002 年版，第 1163 页。
④ （清）彭定求编：《全唐诗》卷一，中华书局 1960 年版，第 10 页。
⑤ （清）彭定求编：《全唐诗》卷三十一，中华书局 1960 年版，第 446 页。
⑥ （唐）王勃著，杨晓彩解评：《王勃集》，三晋出版社 2008 年版，第 5 页。

婉媚",专擅对仗声律。当时还因"上官体"风靡,出现了很多专门研究属对与声律之类书。一时间仿佛六朝风气重回。"如果说贞观诗人尚存振作之意,创作了一些犹具贞刚之气的作品,高宗龙朔年间的诗坛则完全为'江左余风'所笼罩。"①

之所以会出现这样的"反弹",一则因为经学统定注重文本注疏,对儒学义理及意识形态没有太多控制。因而世风虽然跟六朝相比有所好转,但尚在逐步重建中,余风回返在所难免。二则太宗晚年远离讽谏贤臣而颇好道术,且奢华之风渐起,置贞观初文史倡讽谏、务折衷之思于一旁,雅爱齐梁诗风,这让贞观初才形成的刚健诗风迅速降温,反而给予齐梁风气以助长之温床。因而太宗晚年直到高宗年间,重辞藻声对、丽偶婉媚之文风重新抬头。三则北方词义贞刚与南方贵于清绮之分,时间格局较长,要把偏重南方文化的唐初诗风建成融和南北、文质兼善的有机统一体,是需要一些时间和过程的。四则唐初太宗虽然对文学发展做出很多有益引导,他之重讽谏之出发点乃为政权巩固,"折衷"之论只是涉及创作路径。唐初显然没有提出一个核心的文学价值观。因而拯救唐初文风重回齐梁气势成为高宗、则天时期有识之士的主要任务。高宗时期,"上官体"妩媚婉约之风盛极一时,齐梁余风笼罩文坛。但这一时期,经学建设已日趋完善,《五经正义》发挥着科举致仕之教科书的作用,士人雅好儒教,通书知礼。因而有识之士对齐梁诗风重回大唐表示不满。王、杨、卢、骆"四杰"正是此一时期呼唤贞观初刚健诗风、抨击"上官体"虚华婉媚之先驱。

王、杨、卢、骆四人皆通"五经"。王勃祖父王通,隋朝大儒。叔祖王绩,唐初著名诗人。王勃十岁便通"五经",十六岁应科举而授朝散郎,足见其儒学修养极高。杨炯二十六岁及第,曾有"耻居王后,愧于卢前"之典故。卢照邻,史载其幼学小学经史,博学能文。邓王李裕称之为"此吾之相如也"。足见他当时文采之名。骆宾王于四杰中诗作

---

① 乔维德、尚永亮:《唐代诗学》,湖南人民出版社2000年版,第29页。

王勃像

最多,经历颇为传奇,曾任长安主簿,亦是神童闻名。

  王勃批评上官体等齐梁余风,说"作者而有逆于时,周公、孔氏之教,存之而不行于代"。①(《全唐文》卷一八零,《上吏部裴侍郎启》)杨炯说上官体等齐梁之文:"或苟求虫篆,未尽力于丘坟;或独徇波澜,不寻源于礼乐。"②"四杰"之所以在高宗时期"上官体"风靡天下之时加以强烈抨击且提倡"风骨"、"兴寄"有其历史缘由。

  首先是政治因素。上官仪代表的乃是旧贵族势力,也即所谓士族阶层。上官仪诗多歌功颂德,且题材止在宫廷苑囿,不以民生为本。他与"四杰"所代表的庶族阶层有着天然之矛盾。加上上官仪是以宰相身份作诗,时人对其吹捧在所难免,一时文风相向,空虚浮华。而"四杰"多出身贫寒,他们广泛接触社会各个阶层。他们身之所处、目之所及皆与宫廷两异。他们有着比士族更加清醒冷静的视野,能清晰看到"上官体"的空虚无用,无益政理,因而对上官体表示强烈不满是理所当然

---

① (清)董诰等编:《全唐文》第二册,中华书局1983年版,第1829页。
② (唐)王勃撰:《王子安集》,上海古籍出版社1992年版,第3页。

的。何方形论述唐诗美学时曾言道:"唐代开始,庶族阶层日渐壮大,逐渐登上历史舞台。庶族阶层既具有一种强烈的进取精神,对风俗民情、社会现实有着真切的了解,又有着一种强烈的务实态度。这种由进取精神与务实态度构成的社会心理,既是时代精神之核心体现,也是士庶文化转型的最显著标志。"①可见随着士庶阶层转型带来的新型世风会对诗风产生极大影响乃是应有之事。

其次是经学思想之差异。可以说,贞观乃至永徽之际的士族阶层虽也读《诗》习《礼》,但他们多将此作为仕途进身的资本,日常之中少有真正致用儒学之事,大多急功近利而且谄媚柔弱。而庶族阶层因为出身并非南朝门阀,因而没有在"衣冠礼乐"的氛围中长大,反而多以北方儒学作为立身之本,因而他们以恢复王道为本,显得更加经世致用。"初唐四杰所接受的儒家思想并不是南朝门阀士族所推尊的'衣冠礼乐'之儒,而是以经世致用、恢复王道为特征的北方儒学。"②王勃自己对世风也有清醒认识:"今之游太学者多矣,咸一切欲速,百端进取。故夫肤受末学者,因利乘便;经明行修者,华存实爽。至于振骨鲠之风标,服贤圣之言,怀远大之举,盖有之矣,未之见也。"③王勃认为世人多滥于齐梁纤秾而缺乏骨鲠圣贤之气,所以一旦看到上官体因宰相之位而风靡海内,他们自然会对此表示猛烈的抨击。

最后,之所以"四杰"会对上官体表示不满,还因为他们自身独特的精神面貌。"初唐四杰既体现了北方儒学'以道自任'、经世致用的人生精神,又保持着雄盱一切、高视阔步的人生姿态,还具有道家思想所强调的矫厉不群、耿介独立的人格操守。这就使他们的文化心态不同于南北朝时期的门阀士族、宫廷文人,又迥异于高宗时期崛起的、汲汲于功名仕进而无人格可言的龙朔士人。"④可以说,在三教共融大环境下成

---

① 何方形:《唐诗审美艺术论》,浙江大学出版社2007年版,第18页。
② 杜晓勤:《初盛唐诗歌的文化阐释》,东方出版社1997年版,第214页。
③ (唐)王勃撰:《王子安集》,上海古籍出版社1992年版,第49页。
④ 杜晓勤:《初盛唐诗歌的文化阐释》,东方出版社1997年版,第221页。

长的以"四杰"为代表的庶族阶层,有着比士族更加开阔的视野,他们往往有着极大的活力,能够将经学"经营"之道与通经致用之思想运用到现实人生之中。因此"四杰"面对风靡海内之"上官体",必然会加以批评。

"四杰"不满"上官体",因其"绮错妩媚",空虚浮华。那么"四杰"又以何种文学观念抵抗"文场变体"呢?早在贞观初,太宗君臣提出融合南北诗风,务以"折衷"之手法调和南北方文化之不同。但是很明显,贞观初不仅太宗自己雅爱南朝文化,且所收拢学士多为江左东南文士,这样一来,表面上提倡的融合南北文化诗风之主张实际上偏执一隅而成为了以南方清丽婉媚之诗风为主。这也是导致高宗时期齐梁余风挥之不去的缘由之一。

既然南方文化容易引发齐梁余风的恢复,那么四杰自然将目光转向了北方。北方儒学与北方文学有着与南方极不相同之特点。北方儒学重致用,以王道为本,轻义理论辨而重考释训诂,因而显得沉稳踏实。文学上较南方而刚健敦厚,不尚辞藻而多质朴。要以北方贞刚之风抵抗南方齐梁余气,不能再重复贞观时期倡南风而奢靡渐的局面,而应该提出一个以北方诗风为本,又不失南方清丽文辞的核心理论来推广。

纵观"四杰"文辞,王勃曾经提出"以兹伟鉴,取其雄伯,壮而不虚,刚而能润,雕而不碎,按而弥坚"之文学主张。① 这显然跟唐初文臣提出的"调远旨深、理当辞巧","和而能壮,丽而能典"②(《周书·王褒庾信传论》)的文学思想史大致相同。王勃所谓"雕而不碎",可见他并不反对雕琢,也就是辞藻的清丽。四杰认为"雕而能碎"的文风产生的根源,实际上是"骨气都尽,刚健不闻"。(《王勃集序》)既然一方面是不失藻丽,一方面是缺失气骨,那么既有内在刚健之骨又有外在清丽之肌的文学主张则成为他们共同之文学追求,而这种文学追求早在

---

① (唐)王勃著,杨晓彩解评:《王勃集》,三晋出版社2008年版,第7页。
② (唐)令狐德棻编撰:《周书》,中华书局2002年版,第497页。

齐梁时代的刘勰就已经提出，刘勰名之曰"风骨"。

齐梁时期诗风崇尚虚縻。诗句雕琢妩媚，骈文"俪采百字之偶，争价一句之奇"。然而历史总是将问题的出现与解决问题的办法一同产生。刘勰眼见齐梁诗风虚华，因以援六朝人物品评之词"风骨"济文学诗风之衰迷。刘勰"风骨"之含义大致为情采与骨气兼备之风格。刘勰《文心雕龙》中未直接解释"风骨"，但他从多个比喻中明显表达出他所要描述的"风骨"的内涵。四杰所处"上官体"风靡之时期，正是刘勰所谓"为文之淫丽而烦滥"（《文心雕龙·情采》）的时代，也是"采滥忽真，远弃风雅，近师辞赋，故体情之制日疏，逐文之篇愈盛"（《文心雕龙·情采》）的时期。所谓"逐文愈盛"，此之"文"正是情采妩媚淫丽之文，是缺乏骨气端翔的虚华之文，因此"四杰"选择不从南方文化诗风之建设开始，而是从北方贞刚之气中，重构一个"风骨"的概念，来拯救此一时期"逐文愈盛"的虚縻诗风。

然而，从后来文学史的发展史实来看，"风骨"概念的提出与文坛对"风骨"理论的呼应相去较远。甚至"四杰"本身，也未能很好地实践自己"风骨"诗风的口号。"四杰"本身的诗作实际离"风骨"有一定距离，他们虽然摒弃了齐梁时期绮错妩媚的诗风，一定程度上将北方贞刚雄强之气引入文坛，但很多时候，他们的贞刚之气也被局限在哀愁离情之苑囿中，甚至有些时候还带着怨愤的情怀。王勃《秋日游莲池序》："悲夫秋者愁也。酌浊酒以荡幽襟，志之所之；用清文而消积恨，我之怀矣；能无情乎？"①王勃用"清文而消积恨"，显示其情有恨而非儒教之雅正醇情。而杨炯则"登山临水，无非宋玉之词；高阁连云，有似安仁之兴"。②（《登秘书省阁诗序》）要知道，在"四杰"抨击"上官体"之齐梁余风时，乃是矫枉过正地把包括屈宋、司马等在内的众多辞赋名家一一否定的。而此处略举的王杨二人之诗情，即已显示他们并不排斥屈

---

① （清）董诰等编：《全唐文》卷一八一，中华书局1983年版，第1829页。
② （唐）卢照邻、杨炯著，徐明霞点校：《卢照邻集杨炯集》，中华书局1980年版，第41页。

宋之辞藻真情。

　　从"四杰"留下的诗文进行整体考量时发现,"四杰"之作,真正"风骨"之文较少,反而多有身世感怀、离愁别恨之辞,甚至王勃有着明显的"积恨"之句。因而当时吏部侍郎甚至直接批评王勃道:"士之致远,先器识而后文艺。勃等虽有文才,而浮躁浅露,岂享爵禄之器耶!"①尔后今人之研究甚至认为王勃等人之诗非真正风骨讽谏之诗,而是借由讽谏赢得仕途之径而已。

　　其实并非四杰故意以此进阶仕途,只是现实与理想之间的鸿沟,造成了四杰们恃才傲物而轻视经学"经营"之道的个性,以至于他们有种"竹林七贤"之味道。王勃曾明言道:"放旷寥廓之心,非江山不能宣其气;负郁怏不平之思,非琴酒不能泄其情。"②(《春日孙学士宅宴序》)王勃这种宣泄情感不同于"竹林七贤"之借酒言愁,毕竟"四杰"生长之环境已经不是阮籍等之境遇。

　　"四杰"即使有着"明言风骨、暗写悲愁"的不足之处,但不得不提出的是,"四杰"的悲愁,远远超过了"上官体"堆砌辞藻、书写虚华的无用之文之价值。他们至少在真挚地表露自己的情感,发挥诗歌悦情道志之功用。他们落霞齐飞、秋水一色之壮美已是初露"风骨"端倪,甚至很多地方表现出了一种昂扬向上的冲击力,可以被称之为一种悲壮的美。它因使长期在上官体浸渍下的萎靡之气有了活力而被闻一多称为"生龙活虎般腾踔的节奏。"③(《宫体诗的自赎》)这种生龙活虎的节奏虽然不太等同儒家"温柔敦厚"的诗旨,但他的生命活力正是"四杰"提倡维护之"风骨"的精神实质所在,也正是唐人诗情气象即将萌发的土壤。因而许学夷称赞道:"四子才力既大,风气复还。故虽律体未成,绮靡

---

①　(后晋)刘昫编撰:《旧唐书》卷一九〇,《王勃传》,中华书局2002年版,第3404页。
②　(唐)王勃撰:《王子安集》,上海古籍出版社1992年版,第42页。
③　孙党伯等编:《闻一多全集》第6册(唐诗编上),湖北人民出版社1993年版,第18页。

未革,而中多雄伟之语,唐人之气象风格始见。"①虽然"四杰"时代,唐诗没有发展到律体高峰,也还存在绮错婉媚之体,但以"四杰"为代表的庶族阶层之气象,很快就要登上历史的舞台,吟唱出他们最为壮美之声音。初唐承接"四杰"、继往开来,继续举起风骨大旗,横扫齐梁余风的重任落到陈子昂身上来了。

第四节　兴寄呼来:陈子昂诗学观的超越及其意义

孔颖达等编撰的《五经正义》乃是唐初"经"定的典范。与之相呼应,陈子昂继"四杰"之后提出的"风骨"、"兴寄"之文论主张则是唐初"文"炳之楷模。陈子昂的"风骨说"与"兴寄说",与唐初经学思想有极大渊源,不仅是对"四杰"诗学理论的超越,更在唐初文论史上具有重要的意义和价值。

王勃与杨炯出生九年后,陈子昂降生。陈子昂(659—700年),字伯玉,梓州射洪(今四川省遂宁市射洪县)人,因曾任右拾遗,后世称陈拾遗。王勃溺水而亡在公元676年,比陈子昂去世早了24年,杨炯也比陈子昂仙逝早了8年。从大致时间上来说,陈子昂与王、杨几乎还是同一时期之人。因而"四杰"大力提倡"风骨"之说的时候,陈子昂一定也濡沐其中。文学史习惯将陈子昂放在"四杰"后面,并且认为他是继"四杰"之后,更为伟大的初唐诗学革新家。事实大抵如此。粗略比较"四杰"与子昂之诗学理论,其实子昂并未提出新的理论。子昂乃是集唐初文臣南北融合与四杰"风骨"之说而大力宣扬之人。他的《与东方左史虬修竹篇序》直接言道:"汉魏风骨,晋宋莫传。"②他直接将风骨作为文风和诗学发展一个必备的核心加以强调。这有着比"四杰"更加

---

① (明)许学夷著,杜维沫校点:《诗源辨体》卷十二,人民文学出版社1987年版,第131页。

② (唐)陈子昂撰,徐鹏校点:《陈子昂集》,上海古籍出版社2013年版,第17页。

自觉的意识。同时,子昂认为的理想的文学作品,应该是如《序》中所言的"骨气端翔,音情顿挫,光英朗练,有金石声"。① 这跟王勃认为的"壮而不虚,刚而能润,雕而不碎,按而弥坚"②,还有与唐初文臣所谓"调远旨深,理当辞巧,合而能壮,丽而能典"③其实内涵是极为相似的。因而可以说,大略而言,子昂是继承"四杰"主张"风骨"之旗的又一舵主。

子昂登台歌图

如果仔细比较"四杰"与子昂之诗学理论,那么会发现实际上子昂比"四杰"更有卓绝之处。具体而论,表现在三个方面。

首先,子昂并非如"四杰"过多宣泄个人积恨,而是秉承儒家诗教、亲爱风雅,援《诗》以立文。"四杰"抨击上官体等齐梁余风之同时,矫枉过正而对屈宋以来几乎所有诗文藻饰的诗家加以否定,甚至连他们身上带有的儒家风雅教化之旨亦有所忽略。

虽然"四杰"十分矛盾地又在很多文辞中表露出他们还是欣赏曹植、谢灵运等诗家之文,但更多的乃是看重他们诗中之情。因而他们觉得曹、谢之文也都跟自己一般,能够以诗述情,以文泄恨。所以在"同抽

---

① (唐)陈子昂撰,徐鹏校点:《陈子昂集》,上海古籍出版社2013年版,第18页。
② (唐)王勃著,杨晓彩解评:《王勃集》,三晋出版社2008年版,第7页。
③ (唐)令狐德棻编撰:《周书》,中华书局2002年版,第495页。

藻思，共写离怀"①这一点上他们达到了"情"的共鸣。所以"四杰"很多时候，个人化地直接将所思所感毫不造作地倾泻出来，这跟儒家敦厚温和之风与以诗述志之旨极不相符。所以陈子昂看到"四杰"此处之不当，不再偏执以发泄感情为目的去扫除齐梁萎靡风气，他进一步发挥北方儒学贞刚雄健之力，直接从《诗》旨中找寻作诗之根本，从而恢复以诗述志之传统。所以在《序》中他才会因"风雅不作"而耿耿于怀。于是他更为重视的不是以四杰那种"情"去感伤哀离，即使颇有生机活力，却于志不达，无有"经营"致用之道。所以陈子昂的《感遇》组诗敢于揭露朝廷弊政、官场丑恶，敢于把《诗经》以来劝谏讽刺的精神继承下来，这种援《诗》立文的创举不仅衔接了周孔之道，也将"四杰"开创的活力诗风进一步接引到更为雅正的道路。

其次，"四杰"对"风骨"只做了初步的倡导，而子昂不仅深入发展了"风骨"理论，还援《诗》风雅，提出"兴寄"之主张。这在"四杰"时代，是没有的。陈子昂的"风骨"比"四杰"的"风骨"更为具体，他以汉魏为重，尤其是以建安风骨作为继承。刘勰《文心雕龙·时序》说建安文学乃是"梗概而多气。"如果以梗概之气治疗逶迤颓靡之无气之文，那么便"可使建安作者相视而笑。"②而这梗概之气，乃是"志深笔长"（《文心雕龙·时序》）之缘故。所谓"志深笔长"，其实就是将自己之志托述于文辞之间，也就是陈子昂复《诗》古风，领悟诗旨乃托物言志后提出的"兴寄"之主张。陈子昂之"兴寄"，乃是赋予"风骨"之新的内涵，是超越四杰"风骨"而更具革新意义的诗学概念。因为他的"兴寄"，"是真实深沉的感慨而不仅是'托物于事'的手法。"③陈子昂的"兴寄"主要就是因兴寄志，而他的"志"不仅是政教伦理，还有离歌抒情。正如"杨朱

---

① （唐）王勃撰：《王子安集》，上海古籍出版社1992年版，第48页。
② （唐）陈子昂撰，徐鹏校点：《陈子昂集》，上海古籍出版社2013年版，第18页。
③ 王运熙、杨明：《隋唐五代文学批评史》，上海古籍出版社1994年版，第118页。

所以泣歧路，苏武所以悲绝国，古之来矣，盍各言志，以叙离歌"。①陈子昂跟"四杰"一样也是言志含情的。

最后，子昂之"风骨"超越了"四杰"之"风骨"偏重个人情感宣泄的狭小苑囿，而有着宏大的社会政治气魄。陈子昂在敢于用诗歌描写朝政昏败之同时，也跟"四杰"一样，有着对理想与现实差距而产生的愤懑不平之情。但陈子昂他"比四杰高明之处，就在于他不仅感悟人生，体认哲理，而且在这些思想后面，隐藏着强烈的入世愿望，表现出对朝政执著的关心"。②正是因为他有着比"四杰"更为入世的心态，因而他也在极力发挥他通经致用的"经营"理念。他的"风骨"与"兴寄"比之"四杰"，则突破了个人之限制，有了广阔的社会内容和沉雄博大的气势，也比"四杰"有了更为高尚与坚硬的骨气，这正是他将"兴寄"注入"风骨"后产生的博大之力，也是提出"骨气端翔，音情顿挫，光英朗练，有金石声"后进一步将唐诗引上了风骨声律兼备的正确道路。所以高棅盛赞："子昂，……继往开来，中流砥柱，上遏贞观之微波，下决开元之正派。"③所以元好问作诗："沈宋横驰翰墨场，风流初不废齐梁。论功若准平吴例，合著黄金铸子昂。"④

陈子昂之"风骨"、"兴寄"说，为开盛唐诗坛光英朗练之气魄做功不小。王运熙盛赞道："陈子昂的《修竹篇序》从诗歌创作的思想艺术两方面，提出了风雅兴寄和汉魏风骨两个标准，为唐诗的健康发展指明了方向。"⑤而回到子昂个人身上而言，历史之所以赋予他如此崇高之使命，还是因为他骨子里昂扬不灭的儒家"经营"致用之旨。史载他深专经史，不几年便学涉百家，尤见他乃是以经学儒教立身之人。他之"风

---

① （唐）陈子昂撰，徐鹏校点：《陈子昂集》，上海古籍出版社2013年版，第182页。
② 罗宗强：《隋唐五代文学思想史》，中华书局2003年版，第68页。
③ （明）高棅编撰：《唐诗品汇》，上海古籍出版社2012年版，第46页。
④ 李壮鹰编：《中国古代文论作品选注》，高等教育出版社2008年版，第377页。
⑤ 王运熙：《中古文论要义十讲》，复旦大学出版社2004年版，第164页。

骨"、"兴寄"不同于四杰在唐初庶族刚刚觉醒之微弱光芒。他之"风骨"、"兴寄"有着明确的致用刚健之旨。他由"四杰"带有个人色彩的初熟的致用之思转变为成熟的经营理念，表明经学影响下的唐代诗歌已经渐渐在三教融合的时代大背景下，找到了自己健康成长的历史路径。初唐诗学新变在陈子昂手中基本达到成熟，齐梁余风在陈子昂倡导的"风骨"、"兴寄"诗学主张下，渐渐退出历史舞台。黄门侍郎卢藏用对陈子昂挽救道丧之功表示极大肯定，还对陈氏一生的历史功绩做了中肯的说明："道丧五百岁，而得陈君。君讳子昂，字伯玉，蜀人也。崛起江汉，虎视函夏。卓立千古，横制颓波，天下翕然，质文一变。非夫岷、峨之精，巫、庐之灵，则何以生此？故其谏诤之辞，则为政之先也；昭夷之碣，则议论之当也；国殇之文，则大雅之怨也；徐君之议，则刑礼之中也。至于感激顿挫，微显阐幽，庶几见变化之朕，以接乎天人之际者，则《感遇》之篇存焉。观其逸足骎骎，方将抟扶摇而陵泰清，蹑遗风而薄嵩、岱，吾见其进，未见其止。……"①陈子昂之历史价值卓然伟大，他继承经学经营之旨而着力实践，嫁接起了初唐到盛唐诗坛的一座最为重要的桥梁，因而，他之诗学价值与诗史意义同样巨大。有学者这样总结了陈子昂在唐初诗论史上之意义，言辞中肯，特兹录如下：

  陈子昂的贡献是多方面的，他的感遇诗雄浑沉郁，对杜甫倡导的"风雅"的诗风产生了直接的影响；他的写景诗遒劲爽朗，对李白注重"风骨"的诗风形成了重要的启示；他的边塞诗刚健朴实，对高适倾心"寄兴"的诗风开辟了崭新的途径；他甚至还写过几首清新隽永、颇具禅味的山水诗。很难说没有对后来追求"平淡"的王维产生过影响……或许，陈子昂本人并没有留下第一流的艺术文本，但盛唐诗歌中的所有萌芽似乎都在他这里滋生着、孕育着。因

---

① （唐）陈子昂撰，徐鹏校点：《陈子昂集》，上海古籍出版社2013年版，第5页。

此，评诗的方回将其称为"唐诗之祖"。(《瀛奎律髓》) 因此，著文的韩愈对其赞曰："国朝盛文章，子昂始高蹈。"(《荐士》) 因此，杜甫写下了《陈拾遗故宅》："有才继骚雅，哲匠不比肩。公生扬马后，名与日月悬。"因此，元好问写下了《论诗三十首》："沈宋横驰翰墨场，风流初不废齐梁。论功若准平吴例，合著黄金铸子昂。"①

此段对子昂诗歌之意义价值推崇备至，虽语多夸漫，但也合乎事实。然而，基于陈子昂个人性格之原因，他之承袭儒家敢于诤谏勇于抨击时政的勇气，在大唐政权专职一统与儒者地位悄然改变的情势下断送了自己的前途，以至于陈子昂四十一岁便因冤狱早逝。因而《唐才子传》言之曰："象以有齿，卒焚其身，信哉，子昂之谓欤！"②正是有才之人而得天妒英才，尤如象有禄齿而遭人杀烧一样，可悲可叹。

---

① 陈炎、李红春：《儒释道背景下的唐代诗歌》，昆仑出版社 2003 年，第 60 页。

② (元)辛文房撰，周本淳校正：《唐才子传校正》，江苏古籍出版社 1987 年版，第 16 页。

第四章　清奇雅健：盛唐"经"融"文"丽

　　盛唐若以历史时限界定，则自高宗永徽年间便已经开启帷幕。若以诗歌发展为界，则启自玄宗开元年间。初盛中晚作为后人对唐代历史的分期，只是大致上的判定，而非精确的划分。因而本书并不着力做分期考定，而是在前人已有的研究上认为盛唐自高宗即位已然拉开帷幕，这一时期也可以称为盛唐初期。则天朝则是盛唐中期。玄宗朝乃盛唐后期。此种划分与诗歌在高宗萌兴、则天渐盛、玄宗全盛的历史发展也是吻合的。初唐"经"、"文"关系之特征为"经"定"文"炳，盛唐则是"经"融"文"丽。融者，通合也。丽者，绮绚也。盛唐经学与文论之关系是经学的融通带来的文论的昌繁。盛唐经学的融通特性乃是基于唐代三教政策而来。盛唐文论讲求情志汇通是对六朝诗论的超越。盛唐经学发展客观上促生了文论的造境之功。与盛唐经学关系紧密的科举试诗，也跟盛唐诗歌与诗论发展颇有关联。

唐人出猎图

盛唐经学的融通特性对诗学文论之斐兴有极大影响。三教在盛唐得到极大发展。文化上的三教鼎立之势给予诗学极大影响。盛唐诗学既受儒家讽喻刚健之风的影响，亦受道家自然逍遥之旨的熏沐，同时佛家空净澄明之境也深深影响了盛唐诗学文论。前人在讨论盛唐诗学文论的发展境遇时，只是简单梳理"四杰"到子昂这一条诗风发展脉络，认为太宗至高宗政权直接给予了诗歌发展的良好土壤。这自然是唐代由初唐到盛唐发展的必备因素。但正如前文所言，盛唐三教发展带来的经义融通，实际给予盛唐诗学文论发展以极大营养。作为文化空气的儒释道三教发展，是唐代初盛两个时期发展的必需因素。这一点在现有的研究看来，还应做更加深入的挖掘。盛唐"经"之融通对"文"之昌繁之影响表现在这样几个方面。

首先，盛唐"经"义的三教融通，内在促发了诗学领域"盛唐气象"的生成。"盛唐气象"是盛唐诗学发展到一定境界的标志，亦是唐代诗人气魄恢弘、写物精妙、意境深远的气象总括。"盛唐气象"的形成，受到盛唐"经"义融通之极大影响。盛唐时期的文化格局是三教鼎立。国家强盛给予儒学外在事功以强大助力，内在修为又得释道二家法门滋养。盛唐士人在此种环境下，内外均以一种均和宏放的心理行文处世。因而盛唐诗人认同的诗学标准，是既能囊括汉之质朴贞刚，又能柔和魏晋之明丽洗练。由此，盛唐之诗，既能文质兼备，又能情采双美。既能气象沈鸿，又能意境深远。既有光英朗练之体，又有兴象玲珑之风。这正是"盛唐气象"的精髓所在。

其次，盛唐"经"义的三教融通，促生盛唐时期文学体裁与题材的多样发展。盛唐时期文学体裁与题材之发展，颇受"经"义融通之影响。盛唐时期经学以儒家为宗，释道二家之经义亦熏染士人。由佛经转译发现的四声之别，对唐人绝句之写法影响极大。此后，诗学对韵律极为重视。唐传奇之叙述结构，亦受佛经故事之影响。而唐传奇衍说世事，宣扬人性道德，亦是儒家伦理仁爱思想之功。道家仙踪与经义故事亦对盛唐诗歌题材的多样贡献颇多。李白娴熟运用道家典故乃是其中代表。由上可见,盛唐"经"义对盛唐时期文学文论之影响极大。

再次,盛唐"经"义的三教融通,造就了盛唐时期文论风格的多样。盛唐时期三教鼎立的文化格局,影响了盛唐时期文论风格的多样。盛唐时期,儒家经义秉持经世致用、仁爱为民之传统。道家则旨在自然逍遥,佛家意在澄明空净。盛唐时期文论风格受此影响极大。一批文学成就极高,诗歌水平极佳的诗人正是儒释道三教经义的化身。诗圣杜甫,秉持儒家致用仁爱之心,多写民声,反映疾苦。诗仙李白,携道家自然逍遥之气,文辞奔放,风格杳渺独绝。诗佛王维,沉浸于空净佛旨之中,文字清灵澄澈,佛音盈盈。李白、杜甫与王维这三位诗歌大家全部出现于盛唐时期绝非偶然。其"圣"、"仙"、"佛"之称谓与典型的诗歌风格,实际是深受盛唐时期儒道释三教"经"义之浸染而来。

最后,盛唐"经"义的三教融通,影响了诗学文论的意境开拓。诗学理论中意境理论,大抵以盛唐独绝。究其缘由,乃因盛唐时期三教"经"义的融通造就。"境"者,本为佛家语。佛教三世理论客观上影响了境外之境的理论形成。盛唐意境理论的生成与开拓的原因,内在而言是汉语独特的造象功能,很容易在"象"之组合中促生出意境的生成。外在而言,则是儒家诗学思维颇重"象"。《易》中便有"象天法地"之论。加之儒家经义极具兼容特性,最能融通他者而升华自身。由此,儒家之经营理念便兼容释家之意境之论,运用于诗学中则是对诗歌意境的讲求。"意境"理论的提出,提升了盛唐诗歌的诗学境界,开拓了诗歌的美学表达,丰富了盛唐时期的诗学理论,促进了诗歌盛唐气象的形成。

第一节 善归一揆:盛唐经学的三教旨归

儒释道三教发展由汉至唐已历千年。汉代与唐代有着诸多相似之处,但两朝对于三教发展之政策却不尽相同。大体而言,汉代儒家经学取得独尊之地位,释道二家居于边缘,而唐代则是三教鼎立,各有发展。三教文化对文论发展有一定影响。唐代三教文化交融碰撞亦对文论发展有一定影响。历来研究中国社会历史发展的学者总对汉代与唐代有着极大兴趣。比如鲁迅先生曾极其喜爱并颂扬"汉唐精神"。这并非仅仅因为汉代与唐代都是中国封建社会极为强大隆盛的朝代,还因为汉唐经学与文化在各异情势下取得了同样强盛局面之缘故。其中最为引人关注者,正是三教发展在汉唐的不同境遇。汉唐不同的政治文化政策与"经营"模式,直接引导汉唐政治文化走上不同的发展道路。汉代三教发展模式基本是道——儒——释。汉初高祖及窦太后相继推行黄老之术,注重恢复生产,与民休息。武帝即位,便罢黜百家独尊儒术,实际施行外儒内法。儒家这一时期得到极大发展。东汉佛教传入,在努力融合中国儒道二家文化基质上渐渐生根,为魏晋南北朝时期之发展奠定了基础。纵观汉代文化场域,儒家作为统治阶级意识形态得到极大推崇。武帝经天纬地,重用儒家,也是出于政权之需求。儒家变换体貌,取迎合之态更得武帝欢心。道家重方术而不重理论建设,在汉代儒家极大发展之态势下,难望其项背。至于新兴升起的佛家,处于与中原文化交流融合之初,其力尚不能与儒家争夺文化意识主导权,也难与儒家平起平坐。这样看来,在封建时代第一个持久的封建大一统王朝里,儒家无疑处于独尊地位。儒家地位的独尊,给予经学发展极为良好的环境。所以汉代两帝参会、几度修经,都给经学发展提供了充足的动力。汉代儒学变为经学成为事实,而经学经由儒家嫁接于封建政权之上,成为中国文化的核心之格局也是在此一时期基本奠定。也就是说,汉代文化场域里处于独尊地位的儒家发挥着重大作用,同时给予文学文论发展亦有极大影响。汉大赋恢宏气势下,隐藏着一根警告讽谏之针,这种"绵里藏针"的婉转方式正是儒家温柔敦厚教旨下提倡的"劝百讽一"之思想的体现。经学思想融入文化,因而自武帝后,汉代文化呈现以《经》为经的特色,乐府诗言志抒情,都显得辞达而已,质朴简约。尤其是汉末《古诗十九首》,直写世人情志,哀而不伤,诗调处在儒家诗旨之内,既无《诗经》民歌粗糙之体,也无齐梁妩媚之态。其哀伤悲愁之情,未至离情别恨之境，更无直淌奔泄之力，而是显得婉约克制、悲而不怨。这种情思与《诗》乐而不淫、哀而不伤之教极为吻合，可谓正得经学思想之要旨。

浴马图

汉代是礼与情温和重建的时代，周礼在春秋战乱的丧失赋予黎民对汉代礼乐的重构以无限的期待。以儒家经营之旨为主要特征的大汉文化乃是继承周礼之后的一种发展。汉代儒家的独尊，乃是周后历史选择的一种必然。如果说汉代是儒家独尊的时代，那么唐代则是三教共荣的时代。三教共"荣"正是三教共"融"的结果。融者，通而和也。汉代政治场域需要礼崩乐坏后扶起儒家重新作为政治统治与意识形态构建的武器，因此儒家即使表面成为礼乐制度重构的代言也足以使得《诗》旨有重新焕发新生的力量。两汉之间的佛教处于跟中原文化激烈交融当中，况且作为宗教在汉代政治场域亦无法成为文化主导者。然而汉末动乱与魏晋经学衰微，以及战争带来的生死存亡以及贫富轮转，让魏晋南北朝时代意识崩塌，这恰好给了佛教极好的发展机遇。佛教在长久与中原文化融合中积蓄的力量趁此机会迅速发展，以至于几度成为统治阶级亲身重爱的意识主力。因而"南朝四百八十寺"不再成为虚妄。正是魏晋南北朝佛教的极大发展，让整个华夏民族文化争霸中多了一位强者。汉前本土的儒家、道家在魏晋南北朝均无法与佛教抗衡，所以唐代三教并立成为一种历史现实。李唐王朝面对这个历史现实，并没有采取极力打压佛教这种境外传来的宗教之政策，一则因为佛教自身强大的理论系统散发出了独特魅力，以至于儒道都需要相互学习。二则因为儒家强大的兼容性，能够跟佛教磨合中互取其长。三则因为李唐王朝作为鲜卑后裔，并没有极为强烈的儒家本位思想，因而对各种文化都采取一种包容的态度。四则因为封建社会发展到唐代，天人感应的虚伪以及利用宗教与谶纬取得政权合法性已经被人看穿，统治阶级自然明智地意识到宗教在巩固政权方面的极大作用。唐初的尊奉老子为玄元皇帝，以及后来武后利用佛教夺权都说明了这一点。还有一点被人忽视的就是，李唐王朝建国之初，主要重视的乃是南朝文化，而众所周知的南朝文化最为崇尚佛教，因此，李唐王朝对佛教有着一种天然亲近与好感也是在所难免。

唐代大一统政权在太宗时期已然完善。太宗偃武修文，光耀四方，被周边少数民族政权尊称为"天可汗"，唐朝隆盛局面实际已经奠定。太宗晚年因迷信道教神仙方术，疏远贤良名臣，导致朝廷上下骄奢之风渐盛，甚至文学风气一改贞观初年昂求刚健、调和南北的发展趋势而呈现出齐梁余韵的倒退趋势。但正如上章所言，儒家"经营"致用之理念不会因为短暂的历史倒车而衰迷枯萎。大一统政权建构的儒家思想体系正在逐渐强大并发挥效用。李唐王朝治国之本还是以有为致用的儒家为本。正如前文所言，唐代是儒释道三教鼎立的时期，盛唐时代尤其如此。李唐治国之根本在儒，而释道实为其辅。李唐王朝重视道教，为的是显示天命所授。重视儒教，乃是深知治国之术，唯在尧舜之道。不打击排斥佛教，乃是对其之好感与其劝善之功。

三教在唐代融通，从唐初便开始显露。贞观年太宗虽明确表示重视尧舜之道与讽谏之说，但实际上很多地方还是运用的道家学说作为统治策略。这跟汉初高祖用黄老之术极为相似，但汉代毕竟是直接的、明显的，而李唐则是委曲的、婉转的。六朝时期佛教取得极大发展，僧尼数量猛增，给国家统治带来不利影响。唐初统治者已然察觉其不利，因而贞观初并未对佛教过多宽容。太宗命玄奘取经，只做文化交流与国际邦交之用，却客观上给佛教中国化提供了动力。佛经的大量翻译让文士从中找到汉语音韵的巧妙，韵切此时得到重视，由此促进了诗歌韵律的极大发展。随着唐初各项政策的落实,唐代在政权一统基础上走向逐渐繁盛的道途中也加剧了贫富分化,而佛教因果报应之说恰好又弥补了儒家体系的诸多不足,它给予生命生活不同的解释,因而赢得极大的信仰空间。这种封建时代政治不可解决的矛盾在佛教那里得到了一种新型理论的解释,因而赢得统治者、文士乃至普通老百姓的信赖。汉代政权一统之后,才出现了儒家兴盛的局面,而唐代则是三教共融才出现的大唐盛世。之所以这么说,乃是因为在三教共存的唐代,其文化影响远远大于政治与经济影响。如果说汉人的自信中带着尚武的一面,那么唐人的自信中则带着从容尚文的一面。如果说汉代文化质朴大气中带着一种沉稳庄重,那么唐代文化主要是恢弘明丽与玲珑潇洒。实际上这种朝代特性的差别正是文化差别而来,而文化差别则主要就是对待儒释道三家文化态度之差别。唐人的从容与自信,明丽与潇洒,唐诗的玲珑清丽,骨气贞刚,恬静淳雅其实全然来自三教共融大环境之滋润,这在盛唐时代尤其如此。

盛唐时代之"经",不再是简单的儒家之"经"。道教也在模仿佛教构建自己的理论。道教在盛唐时期出现了很多经典,但翻开这些经典便很明显地感觉到抄袭佛教的痕迹,有些经典甚至直接改动个别词语而"据为己有"。当然这不是论述的重点。重点是,这一时期经典的筹建显然不是个别事件。从隋末陆德明《经典释文》开始,三教经典融通之局势似乎已经解开帷幕。盛唐时期,"经"借助三教文化共融有了更为广阔的内涵。盛唐儒家之"经",自然是承袭前代"通经致用"与"经邦治国"之"经"而来,此为"经世"。道教学重无为,术重长生,涵养天人而与化为一,其经主要是"经身"。佛教清静无为,劝善入空,澄怀净化,其经乃是"经心"。三教在盛唐时期达到和谐融通的局面,因而给予士人世——身——心三方面的引导。"经"作为儒家致用的思想,实际已经在道家经典与佛家经典中都发挥作用。此一时期之"经营"并非简单经营人世,而是经营天地人生,身心内外,因而这种全方面的调和状态直接引领李唐王朝从容自信走向封建时代的顶峰。从这个角度上来说,三教之"经",其"经"虽异,其旨乃一,我们称之为"道心唯一,经营天人"。正是盛唐时期这种三教调和的大环境,让士人世、身、心三者得到全方面的养护,所以盛唐诗坛才会出现兴象玲珑、光英朗健的局面。因而颇有儒家志向的李白在诗中能够凌云健笔,缥缈空灵,有道家逍遥之旨,赢得诗仙美誉。因而王维身心亦官亦隐,闹市之中空灵取净,亦能做"涧户寂无人,纷纷开且落"之空灵蕴藉之句。这正是"经"之引导下的"文"的发展大格局。

唐初"四杰"、子昂相继承接贞观贞刚之风,标举"兴寄"大旗,力扫齐梁余韵而勇推"风骨"之诗。高宗朝诗风得到极大扭转。至玄宗更加注重兴文教学,乃至封孔子为"文宣王"。中国历史上封孔子为王之首端者,自玄宗始。可以说,儒家地位在盛唐时期处于显赫位置。盛唐时期政权稳定,经济繁荣,文化昌盛,"经"之经营理念发挥了极大效用。此一时期的文论也取得了长足进步。不得不说,盛唐"经"之发展对"文"之发展有着重要影响。换句话说,盛唐"经"义的三教融通之特性,实际促成"文"之场域兴象玲珑之局面生成。

第二节　情志合一:盛唐诗学之文质双美

六朝是文学自觉的时代。六朝文论对"情"的重视虽与儒家诗教"乐而不淫"的宗旨不尽相符,但客观上促成了文论讲求真情实感的批评标准。这一"情"真理念被唐人继承,因而唐诗总能以情动人。唐代大一统的时代环境,唐初重振经学旗帜,重视诗学讽喻、刚健之旨,这些因素促进唐代诗学自觉地舒展《诗》之言志的功能。唐初诗学主张情志汇通、文质合一。这种文论主张既受经学思想影响,也是文论发展之必然,对盛唐诗歌发展有积极意义。

前人称谓盛唐无经家,更无经学。梁启超甚至直言盛唐乃是被佛教包裹的时代。经学因为佛教的盛行加上李唐道家的尊崇因而变成了极为微弱的"异质体"。三教并立是封建时代少有的盛况,也是唐前甚至唐后都几乎不可能再现的局面，释道二家的崛起，相对而言，突破了儒家经学一统天下的态势。因此史学家文学家甚至社会学家习惯认为盛唐经学发展不足。

实际上，在三教并立的盛唐时期，儒家经学发展并非不足。三教在融通当中，占据主流意识形态的依旧是儒学。释道二家需要借助儒家经学的文化平台。高宗虽然没有玄宗时代偃武修文之气概，但高宗雅爱儒旨，前期亦能接纳讽刺劝谏，依旧兴办儒学，支持前朝弘文馆事业之发展。则天朝对深谙孔孟之道的士人礼遇有加，朝廷依旧以孔孟尧舜之道取仕。玄宗甚至亲注《孝经》，雅爱诗文。从这些都可以看出帝王的儒家治国理念从未动摇。儒家经学依旧以其体国经野之磅礴气势照耀神州。盛唐之"经"直接影响了盛唐之"文"。经学的独特局面造就了盛唐文学的伟岸。文学对经学的反哺，则是文士之心继续承接前人通经致用的传统而对帝王做出讽谏。唐人开放的社会风气使得统治者对文士讽谏敞开大门。一般而言，盛唐诗人敢于批评帝王的不足。这也可以看作是对经学的一种回应。可以说，盛唐"经"与"文"乃是一种互动的关系。经学引导文学向着"情志合一"的方向发展。"经"与"文"处于相对和谐的状态。

盛唐三教皆以"经营"为旨，力求经纬天地，羽化众生。只是经学以其宏大的兼容性，不断吸纳释道二家有益的养分，因而显得跟汉代经学面貌不同。但这些都不代表儒家经学在盛唐时期处于下风位置。正是自魏晋六朝发展到初盛唐的经学并非不足，因而其对文学诗学之影响依旧巨大。六朝因政权纷乱，国家没有统一的意识形态。六朝玄风与佛云的吹拂，促使文学跳出思想禁锢的圈子。人对世界与内心有了新的认知，文学对情感有了新的体验。因而诗论上突破了儒家温柔敦厚、辞达而已、诗以言志的传统观念，有着向真挚的"情"的一面迈进的发展趋势。

盛唐三教皆重视一种"自然"之旨。儒家经典在盛唐依旧沿用《五经正义》。《五经正义》于文学诗风依旧强调温柔敦厚，不须夸饰，接近自

明月松间照

然之旨。道家则向来推崇自然，不喜浓墨重彩而提倡清淡自然。佛教禅宗在以"空"的思想为基底之上，融合儒家语言而尤重空净自然。这种"自然"之态，不是前人说的生存状态，而是一种诗性精神状态。也就是文人在"文"的苑囿里表现出的"自然"之态。盛唐在"文"上达到了儒家贞雅、道家潇雅、佛家净雅的境界，因而杜甫、李白、王维在盛唐可以说正好代表了三种风格。但不得不提的是，这种自然境界在盛唐还只是少数个别，三教融通影响文化需要时间的积淀。宋人这种"自然"心态就比唐人更加成熟。到了宋代，文人大多数都显得从容自然，尤其是融合儒释道三家于一体的苏轼，更是表现这种"自然之旨"的杰出代表。

六朝诗论开启重视缘情之风，其根本原因正是《诗》言志旨的相对衰颓。六朝相对而言没有提供较为良好的统治基底，因此经学《诗》教自然没有周之醇厚与汉之纯朴。六朝礼的缺失，正是《诗》旨不足的最好证明。阮籍嵇康之辈一改往昔儒者姿态，沉郁洒脱而颇有玄风。诗歌上失却了汉代五言诗或者乐府诗的淳素，而显得清愁。玄言诗则味同嚼蜡，如道德宣讲。这种勉强的、委屈的道德清谈，实际上正是经学大厦倾颓、"民无措手足"的表现，这也是那个时代普遍的文人压抑与焦虑的表现。

一个时代的文体与话语形式，向来是这个时代的政治文化表征。人们说的文学是人学、文音是人心，周代采风知民之类，其实都是这个原因。那么反观六朝，诗歌"志"的衰迷与"情"的崛起几乎同步。在汉代言志传统被打破的景象下，六朝人逐渐基于时代原因与情感认知而接受了"情"的表达。陆机无疑是六朝言论诗缘情之杰出代表。《文赋》直接唱出"诗缘情而绮靡"。但不得不说，这种缘情说实际上还是根植于儒家。

儒家经学思想并非严酷地控制人的情感。在《诗》里，有很多鲜活明快的情感吟唱。儒家只是反对迷乱之情。因而在"志"与"情"之间，厚待"志"而轻视"情"，为的是防止情迷意乱而身陷囹圄。儒家这种防微杜渐的思想相对而言是在上风化下的大势下掩盖了"情"的真挚。然而六朝没有风化的氛围。六朝"情"的极大突出一时间掩盖了"志"的面孔。因而辞藻华丽、风流妩媚之态大盛。所以到了唐初，南北诗风融合之时，李唐王朝乃是沐浴南朝文风而来。但有识能臣提出融合南北，防止南朝奢靡风气入侵李唐而重蹈杨隋覆辙。继之的"四杰"、子昂之士，努力扫除齐梁余风而提倡风骨贞刚之气。

可以说，唐初齐梁诗风与子昂风骨之气这两股势力是在不断交锋中，互相认知与了解的。而随着三教融合的态势逐渐深入，社会政治的持续开明，经学虽然没有显示出汉代那样独尊的地位，但是作为兼容性极强的中华文化之核心，他囊括的思想给予诗风极大之力量。可以说，正是齐梁诗歌语言的绮丽加上唐初提倡的兴寄风骨，这种外柔内刚，文质同兴的风气直接开启了盛唐诗歌宏丽伟岸的臻美佳境。"盛唐既传承'风人之旨'之言情特质，又变诗三百之比兴之粗放与简略为精纯与丰富；既吸收了东晋以还山水诗细腻之体认与入神表达，又唾弃其'模山范水'之片面性，以及情思与物象打成二截之僵硬性，作为先秦与六朝之合题，盛唐兴象浑融之美学风貌，体现了中国抒情诗内在性格之高度成熟。"①

盛唐虽然没有经学思想的严酷禁锢，但盛唐杰出诗人无一不是尊崇尧舜孔孟之道的。李白以才取仕，不做蓬蒿人，试图走儒家刚健致用之途。杜甫明言"致君尧舜上，再使风俗淳"，儒家"经营"之旨显而易见。王维即使笃信佛门，他青年时期也因深得经学滋养而颇有建功之愿。盛唐经家虽然不及汉代，但儒家经学思想已经渗透到每一个文士内心。而盛唐之魅力在于，他乃是三教并立的文化格局。儒家思想影响了文士之人格，释道二家亦对文士影响颇大。放在文艺美学角度而言，道家的逍遥之旨，佛家的空净之论，都对文学诗风产生了极大影响。道教神仙鬼怪的构建影响了唐传奇的发展，佛家禅宗的建立进一步让佛教中国化成为事实。盛唐时期，由六朝而来的"缘情"之论，不再简单的是诗歌适逢感兴而抒发情志，而是内在有了贞刚之骨，外在有了绮丽柔情。不再是绮错婉媚而玄风虚浮，而是上有虚浮缥缈之道家冲淡，下有澄怀明净之佛家空灵。因而，吸纳了儒家经学兼容并包特性的盛唐诗人，在盛唐大一统政权中"放肆"地展露了自身的才华。儒道兼通的李白，外儒内佛的杜甫，儒佛兼通的王维，儒风道骨的孟浩然，外刚内柔的王昌龄，刚正狂放的贺知章等著名诗人，组成了盛唐诗坛最为华丽的天幕。

盛唐是言说不尽的。一方面他是中国封建社会国力强盛、文化昌隆的时代。另一方面他是文学史上诗歌取得极大发展的时代。盛唐没有汉代那么多著名的注经大家，却在经学上完成了统一。盛唐没有陆机钟嵘与刘勰，却在诗歌散文方面取得了极为杰出的成就。一个社会一个时代，其文学发展离不开政治经济文化多方面的支持。跟汉代比较而言，唐代文化的最大特色便是三教并立。这种不独尊儒、不斥释道的开放文化观念，不仅仅让三教得到并立，也还让三教之"经"得到融通。更让以此为基、汲取营养的学士之"文"取得前无古人后无来者的斐兴成就。

————————————

① 胡晓明：《中国诗学之精神》，江西人民出版社 2001 年版，第 49 页。

儒释道三家之"经",同样都在发挥"经营"之旨。"经"在唐已经成了"经典",也就是包含儒家思想的文本。而佛教经典自玄奘取回翻译后,也成一种"经",也是一种包含思想的文本,这跟儒家经典在性质上来说是一样的。佛家经典在翻译过程中自然受到儒家思想的影响。更何况在文体上,禅宗说偈盛行的盛唐时代已经清晰表明,佛教中国化或者说佛教儒教化之过程实际已经完成。道家冲淡空灵的人格早就深深影响着华夏文化。三教在盛唐时期实际已经达到互通有无的阶段。士人在此等文化场域里感受的三种思想,对他们的文学创作必然产生影响。他们对待包括儒家经典在内的"经"不是一味崇拜,更不是一味排斥,而是有所选择的吸收、容纳、出新。盛唐士人对经典的态度与中唐尤其是元和时代的人对经典的态度完全不一样。盛唐人将儒释道经典纳入了自己的人格之中。可以说,三教并立,三教融通,乃是盛唐之文取得辉煌成就的极为重要的原因。而文音乃人心,从文化影响人格便可看出。研究唐代文学的学者提出唐人急功近利之心十分明显。实际上,唐人有此急功近利之心,并非坏事。因为,"急功近利"之心昭示着时代之发展与仕途之有望。唐人有此,说明唐人能够在大环境下发挥通经致用的经学传统。盛唐时期,一大批优秀的诗人继承了陈子昂的诗学观念而高举风骨大旗。山水田园诗、边塞诗、咏史诗、咏物诗大量出现,且具有极高的艺术成就,与六朝诗作"情必极貌以写物,辞必穷力而近新"多有不同。从盛唐人的诗歌中可以感受到,唐人虽然积极进取,但刚中有柔,刚柔并济。诗人心灵内外达到一种平和的境界。不得不说,释道二家在心灵层面的影响相对而言超过盛唐时期的儒家。这从后来佛家心性理论直接影响了宋代理学心学便可以看出端倪。

第三节 灵祇致飨:《河岳英灵集》之融承三教经学

殷璠,丹阳人,进士出身,先仕后隐,以至于有关他的详细记录埋没于历史。然而所幸的是殷璠编撰的《河岳英灵集》流传至今,成为今天考察唐人选唐诗的最重要之诗集。殷璠本人虽然没有详细的生平记录，但是从他先仕后隐的人生态度，可以说殷璠思想当中释道二家对其的影响是比较明显的。殷璠生活的年代大致是开元时期，这一时期正是唐王朝走向极盛的重要时段。文人学者面对诗学发展和诗歌风貌没有了初唐时候"四杰"与陈子昂相对过激的矫枉行为，尤其是在儒释道三教思想不断深入交融的环境下，诗人普遍既满怀着积极乐观的儒雅情怀，又在自我的内心世界当中完善了释道给予的精神寄托。随着诗歌作品数量上的不断递增，加之六朝时期一直在讨论的有关风骨声律的问题没有得到唐人自我的解读，如何甄别佳作和建构唐人自己的诗学观成为了盛唐诗论家普遍考虑的问题。所以，这一时期出现了大量的选集，这样一个唐代人自己选择自己诗歌的行为，被后世学者称之为"唐人选唐诗"。"唐人选唐诗"是唐人自己对所处时代的优秀作品的一种淘择，一方面既是选家自我诗学主张的一种隐性表达，另一方面也对当时诗歌风貌的介绍、流变乃至范式的确定都有着十分重要的影响。当然，这当中还涉及一个更深层次的问题，那就是殷璠的选本原则和诗学观念当中体现的周游于三教的盛唐文化精神又是如何体现的？

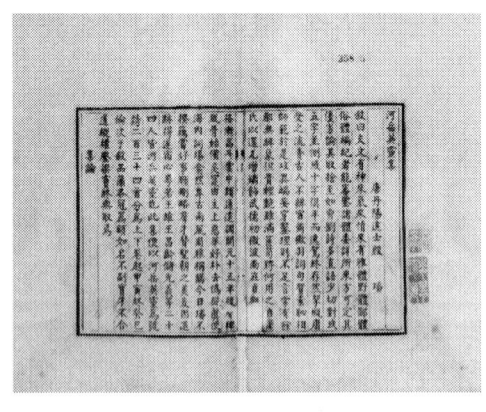

《河岳英灵集》

殷璠的《河岳英灵集》展现出盛唐诗多姿多彩之风貌，有高蹈虚杳之诗,有澄怀净澈之诗,有纵横飘逸之诗,有吟雅韵闲之诗,凡此种种却不离儒释道三教之道。在《河岳英灵集》之《叙曰》中,有一段十分重要的话语,体现出了殷璠诗论主张儒道兼宗的思想:

> 至如曹、刘诗多直语,少切对,或五字并侧,或十字俱平,而逸驾终存。然挈瓶庸受之流,责古人不辨宫商徵羽,词句质素,耻相师范。于是攻异端,妄穿凿,理则不足,言常有馀,都无兴象,但贵轻艳。虽满箧笥,将何用之?自萧氏以还,尤增矫饰。武德初,微波尚在。贞观末,标格渐高。景云中,颇通远调。开元十五年后,声律风骨始备矣。实由主上恶华好朴,去伪从真,使海内词场,翕然尊古,南风周雅,称阐今日。璠不揆,窃尝好事,愿删略群才,赞圣朝之美,爰因退迹,得遂宿心。粤若王维、昌龄、储光羲等二十四人,皆河岳英灵也,此集便以《河岳英灵集》为号。①

《河岳英灵集》的选诗原则乃是郑重考虑了统治者的喜好的,那就是"恶华好朴,去伪从真"。这当中蕴涵的道家追求朴素尚真的思想乃是十分明显的。那么,联系前文中从萧氏以还到武德微波再到贞观标格,诗学一步步褪去轻艳之色彩的原因,正是因为主上的尚朴重真。这也可以理解为道家清静自然、求真尚质的思想逐渐冲淡了六朝以来绮靡的艳丽诗风。主上除了求真尚朴之外,还在文学场域当中不断推崇尊古与重《诗》之风气,这又跟儒家"风以化之"、"雅以教之"的思想观念联系上了。尊古实际上是儒道两家都十分重视的思想。儒家主张尊古一方面是农业社会忠孝思想之表现,另一方面也是从制度稳定上柔杀创新变化之手段。而道家认为上古社会乃是一种大同之象,无利益之纷争,无阶级

---

① 李珍华、傅璇琮:《河岳英灵集研究》,中华书局1992年版,第117页。本文所引均出自该书,故后文提及的《河岳英灵集》之内容只列出引用页码,特说明。

之对立，淳厚简单，乃是一种理想的社会形态。但道家不重视"雅"。"南风周雅"乃是一种明显的尊崇儒家风雅教化的思想。当然，在这篇叙里，殷璠之诗学意图乃是融通儒道的。这不仅是盛唐时期文化的一个重要特点，也是当时诗学发展的必然方向。那么殷璠是不是不重视佛教对诗学的影响呢？

殷璠没有直接将佛教对诗学之影响直接表述出来，而是用了一种十分委婉但又很有说服力的作法来表现他对盛唐诗学汲取佛教思想之认同。那就是将王维作为在陈述当中第一个提及的诗人："璠不揆，窃尝好事，愿删略群才，赞圣朝之美，爰因退迹，得遂宿心。粤若王维、昌龄、储光羲等二十四人，皆河岳英灵也，此集便以《河岳英灵集》为号。"若说殷璠无心之语，首将王维之名脱口而出，其实更能证明王维之诗的一种纯正的盛唐范式在殷璠心中的重要地位。若说殷璠乃是故意将王维之盛名冠于最先（其实在集中常建乃是排于第一的诗人，但此处却无常建之名），则乃是明显透露一种盛唐诗歌风貌之范式之意图。无论如何，殷璠是重视王维的，在当时的诗坛中，王维也是备受瞩目和重视的。王维所代表的一种少年雅健与中年禅境成为了殷璠最为认可的盛唐诗学典范。那么，综合以上所言，殷璠浸润于盛唐三教文化而兼融之，以此立意诗学宗旨成为了一个可以圆说的事实。当然，因几句短短的叙语而阐释殷璠融三教而立诗学乃是远远不够的。在《河岳英灵集》中，殷璠对二十四位诗人之评论用语多有佛道之辞。从常建开始，论其诗之旨乃谓"方归大道"：

> 建诗似初发通庄，却寻野径，百里之外，方归大道。所以其旨远，其兴僻，佳句辄来，唯论意表。①

何为"大道"？儒家称治世太平之术为大道："孔子曰：'大道之行也，

---

① 《河岳英灵集研究》，第132页。

与三代之英，丘未之逮也，而有志焉。'"(《礼记·礼运》)又"大道之行也，天下为公，选贤与能，讲信修睦。"(《礼记·礼运》)等等，这里的"大道"乃是天地人世的一种运转，目的是达到国泰民安，这是典型的儒家理想。然而，"大道"不止于儒家之思想，在道教(家)里也常常有"大道"之表述。如《庄子·天下》："天能覆之而不能载之，地能载之而不能覆之，大道能包之而不能辩之，知万物皆有所可，有所不可。"①这里的"大道"有天地自然之终极法则的意思。唐代韦渠牟的《步虚词》诗之十："大道何年学，真符比日催。"这里的"大道"指的是修仙之道，典型的道教思想。"大道"还不止于儒道，在佛教当中，"大道"也多有使用，如清袁枚创作的志怪小说《新齐谐·镜山寺僧》："(钱塘王孝廉)语其戚曰：'予前世镜山寺僧某也，修持数十年几成大道。"②这里通过佛教转世观念，描述佛教高僧修成正果称之为"大道"，也就是通过佛教修行领悟天地世间与生死伦常之终极道理。这也是很典型的佛教思想。那么，殷璠评常建此处的"方归大道"究竟指的何意？

首先，常建在这里没有描述所谓儒家建功立业之诗意，显然与儒家思想有差距。其次，从"初发通庄，却寻野径"中之"野径"可以看出，常建诗带有一种诗人隐逸的意味，因为"野径"往往是隐士的象征。从后面殷璠的举例可以看出，这里的老庄意味是很浓的："松际露微月，清光犹为君"。"微月"，发而不显，明而不亮；"清光"，幽而不郁，淡且不盈，这些都是十分典型的道家清静无为、隐逸杳渺之特征。最后，殷璠论述常建之警策所在，还有一句著名的"山光悦鸟性，潭影空人心"。一个"空"字，将作者内心之思巧妙转化为一段轻音消散于潭水之中，禅意之深厚纯粹表现得淋漓尽致，无怪历代评此诗者，多以禅意述之：

---

① 王先谦：《庄子集解》，中华书局1987年版，第231页。
② 袁枚：《新齐谐》，清乾隆五十七年随园刻本，卷十三。

胡元瑞曰：中二联，五言律之入禅者。(明·凌宏宪《唐诗广选》)

陆钿曰：读此诗，何必发禅家大藏，可当了心片偈，更妙在镜花水月。(明·周珽《唐诗选脉会通评林》)

五六写一时佳景，澄潭莹净，万象森罗。"影"字下得妙，形容心体妙明，无如此语。(明·程元初《唐诗绪笺》)

空之境本就是佛教"空"观的一种表现。在常建的诗作当中，表现出这样一种空灵澄澈之境界的诗句被殷璠收录入集中的不在少数。如《梦太白西峰》中"春风有摇棹，潭岛花纷纷"表现出的一种春风落花的禅意，《宿王昌龄隐处》中的"松际露微月，清光犹为君"，《江上琴兴》中的"江上调玉琴，一弦清一心"，《晦日马镫曲稍次中流作》"初日在川上，便澄游子心"，《仙谷遇毛女意知是秦时宫人》"黉缘斋人目，路尽心弥通"等，无不透露出一种高蹈虚杳的禅境踪迹。

除了常建，殷璠评论李白诗风乃是"率皆纵逸"，评论王维诗乃"皆出常境"，评论王季友诗"远出常情之外"，陶翰诗兼"兴象风骨"，李颀诗"调清辞秀，玄理最长"，孟浩然"半尊雅调，全削凡体"，储光羲"格高调逸，趣远情深，削尽常言"，凡此种种，都透露出殷璠诗学追求的一种不落俗情，力斩六朝低迷媚艳诗风的高致情怀。殷璠《河岳英灵集》中对诗人之评论及举出的代表性诗作当然不能展露作者的全部情思，但是在整个诗集当中，不独以儒家仁心讽咏为上而是兼采释道二家之思想的痕迹是很显而易见的。诗人本来都是浸润于盛唐时期儒释道三教交融之染缸当中，其作诗与诗人本身都是兼采三教的。作为评论者的殷璠从不同的侧重点评论诗人诗作，有时不必全然介绍其诗歌的三教之旨乃是十分正常之事，毕竟点评性诗作乃是单刀直入，有的放矢，而不是面面俱到，万无一失，这是需要说明的。

殷璠《河岳英灵集》不仅从对诗人诗作的内容点评上透露出周游三教之痕迹，在殷璠自己提出的诗学主张上同样汲取了三教之思。在《河岳英灵集》中，殷璠提出了三个最为重要的诗学命题：风骨声律、兴象、神来气来情来。这三个诗学命题跟盛唐三教的发展都有紧密的联系。

首先看风骨声律。"风骨"原指个人神貌，刘勰《文心雕龙》将之运用于文学评论当中作为一种诗学标准。唐代"初唐四杰"与陈子昂都提出过"风骨"，盛唐时期的"风骨"进一步承接"四杰"、子昂而融入了三教思想，演化出气韵高雅、庄禅并融的诗学内涵。这些前文皆已说明，固不赘言。至于声律，同样是受到三教文化之影响。声律在殷璠看来，更多的跟诗歌之调有关系。诗歌讲求声调和韵律，"文变染乎世情，兴废系乎时序"，时代不同因而声调有别。汉之诗调从盛世之富丽到汉末之朴悲，六朝诗调或高古或悲艳，唐初诗调尚且残留六朝余韵，至盛唐方逐渐融通汉魏六朝而达到文质兼美、音韵铿锵的境地，殷璠在总结初唐到盛唐诗调时直接认为："自萧氏以还，尤增矫饰。武德初，微波尚在。贞观末，标格渐高。景云中，颇诵远调。开元十五年后，声律风骨始备矣。"①从声调与韵律可以看出时代的变迁，这一点《乐记》早就有过论述："治世之音安以乐，其政和；乱世之音怨以怒，其政乖；亡国之音哀以思，其民困。声音之道，与政通矣。"盛唐时期科举的逐渐完善，士人追求自我理想的多样化，唐初融合南北之风的成效开始显现，经济的发展，教化的深入，佛教佛音的影响，道家无为隐逸之风的调和，凡此种种，都对盛唐诗调声律产生了重要的影响。所以在二十四位诗人当中，殷璠多次提到诗人之诗的调与韵之高下，这显然是对声律中之调与韵的重视：论李白诗乃是言其"调体"是骚人后之鲜有，论王维则是"词秀调雅"②，论李颀"发调既清，修辞亦秀"，孟浩然"文采丰

---

① 《河岳英灵集研究》，第117页。
② "雅"本来就是王维诗歌的一个典型特征。基于进士出身的阶层关系，追求六朝以来的"雅"乃是当时文坛的一种高端范式。王维的诗在当时正是"雅调"的最高实践。

茸，经纬绵密，半遵雅调，全削凡体"①，储光羲"格高调远，趣远情深"，祖咏"气虽不高，调颇凌俗"。可见，"调"乃是一种时代之音，而且是时代的超越之音。这种超越之音击退了六朝的虚靡，开启了陈子昂当时追求和祈盼的"光英朗练，有金石声"的盛唐之音。

其次看兴象。"兴"与"象"本来都是单独的诗学命题。"兴"较早见于《周礼·春官》，汉儒将"兴"作为诗之"三义"之一。魏晋以来，"兴"融合诗人之情与志之外在表达，成为一种诗歌创作的冲动表现。所以，要而言之，"兴"既是诗歌情志表达的方式之一，也是《诗》之"三义"之一种。唐代之"兴"大抵不出这两种内涵。"象"也非一个年轻命题，自《易》开始，就有了象，且有了"圣人立象以尽意"的抽象诗学反映观。"象"由"卦象"变成"物象"再变成"意象"，正是诗人不断丰富"象"这个诗学命题之过程。在"意象"这里，诗人将自我的主观情愫与外物在沟通交融之后达到一种融情于景的新的审美空间，这一寄托诗人之"意"的"象"大致就是意象。这两个本身单独的诗学命题，在殷璠这里第一次"组装"成为一个全新的盛唐人独创的诗学命题——兴象。兴象在《河岳英灵集》中没有直接的说明，且只出现了两次。一次是评论陶翰：

> 历代词人，诗笔双美者鲜矣。今陶生实谓兼之，既多兴象，复备风骨，三百年以前，方可论其体裁也。②

另一处是评论孟浩然：

> 余尝谓祢衡不遇，赵壹无禄，其过在人也。及观襄阳孟浩然磬

---

① 时人论孟浩然诗乃有乡土气，一是因其出身低微，二是多写山水田园与农家桑事。但其诗也有高致之处，故此处大概因此而称"半遵雅调"。
② 《河岳英灵集研究》，第167页。

折谦退,才名日高,天下籍甚,竟沦落明代,终于布衣,悲夫!浩然诗、文彩丰茸,经纬绵密,半遵雅调,全削凡体。至如"众山遥对酒,孤屿共题诗",无论兴象,兼复故实。又"气蒸云梦泽,波动岳阳楼",亦为高唱。《建德江宿》云:"移舟泊烟渚,日暮客愁新。野旷天低树,江清月近人。"①

结合这两处与"兴象"有关的论述,"兴象"及不同于"风骨",这是其一。如果按照殷璠所说,"兴象"与"风骨"兼采的风格乃是"三百年前出现的。"三百年前"如果是实数,大致应该指的是两晋时期,陶渊明生活的时代。这是其二。结合这两点,"兴象"有一些特征可以这样把握:第一,兴象更注重一定的文采修饰之表达,因为要与风骨区别开来;第二,兴象要借助意象表达自我主观的感情色彩,且要真挚率性。② 从这两点来考察陶翰诗是说得过去的。陶翰之诗多写边塞,古意苍茫而情感

---

① 《河岳英灵集研究》,第 206 页。
② 关于兴象之内涵,陆双祖也给出了相似的观点:通过与之相对的"轻拖"之文来获知"轻艳"之文的鲜明特征为言有余而理不足,以重声律、贵辞藻、增矫饰的齐梁宫体诗为代表可见,有"兴象"之文应为感情充沛、语言素朴、意象丰富、兴味无穷之作。而"兴象"则是诗人有感于外界的物事情理而产生意绪情感,在艺术作品中为了表现这些意绪、情感所塑造的具体生动的艺术形象。这些艺术形象意蕴丰富,具有极强的承载力。殷璠特别激赏诗人独辟蹊径、有意营造的那种超凡脱俗、纯美空灵、韵味隽永的艺术境界,也特别激赏诗人所塑造的新颖别致、透彻玲珑、悚心骇目的"兴象"。比如他赞扬常建诗"其旨远,其兴僻,佳句辄来,唯论意表",刘虚"情幽兴远",贺兰进明"《行路难》五首,并多新兴"。由此可见,殷璠的"兴象"说,虽然继承了陈子昂的"兴寄"说,但他却侧重于对文学本体的关照,批评的重心已经发生了变化,从之前极具社会政治伦理色彩的批评,即对齐梁形式主义文风的反思,转向了以文学为本位的艺术审美观照,强调诗人的主体性、强调意象的感发性、强调诗歌的形象性和审美性,同时强调诗语的新奇凝练性,强调诗意的隽永深远性等。殷璠发展了陈子昂的"兴寄"说"创造了"兴象'这样一个诗论的基本概念,遂开我国诗歌意境理论之先河。"因此"兴象"赋予了"文质彬彬"具体的内涵,将其从概念性的表述升华为一个文质统一的审美范式,这无疑是一种巨大的进步,是唐代诗歌发展的必然结果,也是唐代诗学成熟的表征。参见《从殷璠〈河岳英灵集〉诗学旨趣论盛唐诗学之文质观》,《兰州学刊》2015 年第 7 期。

真挚。关于陶翰诗,不得不提的是,在描写苍茫劲力之同时还多用稍微新艳的典故或者字眼来衬托全诗的意境,表现出战争在男女世间的一种离愁别绪。比如著名的《燕歌行》:

> 请君留楚调,听我吟燕歌。家在辽水头,边风意气多。
> 出身为汉将,正值戎未和。雪中凌天山,冰上渡交河。
> 大小百余战,封侯竟蹉跎。归来灞陵下,故旧无相过。
> 雄剑委尘匣,空门垂雀罗。玉簪还赵女,宝瑟付齐娥。
> 昔日不为乐,时哉今奈何。①

殷璠所谓"诗笔双美"大致就是陶翰诗纵横的情感下还有一些情长别绪的诗意表达。诗中抓住的不是平凡百姓的离别,而是拥有玉簪的赵女和宝瑟的齐娥,以这种悲情而诗意的画面衬托整个战场的灰暗悲壮,的确达到了"悲美"的艺术效果。那么孟浩然的诗歌特征,殷璠举出的"众山遥对酒,孤屿共题诗"乃是"无论兴象,兼复故实",意思是运用的意象描写并没有太多的辞藻的修饰和情感的喷薄,乃是一种白描手法的平静抒情。这一点正好抓住了作为盛唐山水诗之代表的孟浩然诗作之重要特征。孟浩然乃是典型的用"淡"与"隐"的笔墨,表达出盛唐时候对闲逸山水的喜爱与向往。当然,有些时候,对山水的喜爱与向往乃是因为仕途的失落与不遇。然而即使这样,诗人心中最为赏激的还是山水,而不是遥遥无期的宦海。所以,即使是失意时候一旦有好友相逢,满眼看到和感到安慰的不是其他,而是"众山遥对酒,孤屿共题诗"(《《永嘉上浦馆逢张八子容》》)的直抒胸臆。所以,殷璠眼中孟浩然的诗歌之"兴象"大致是以白描手法借助意象,将感情融入诗中,达到有景境而不艳丽,有情感而不浓郁的诗歌风貌。

需要极为注意的是,"兴象"乃是极为重视从刘勰一直以来强调的

---

① (清)彭定求等:《全唐诗》卷一四六,中华书局1983年版。

外物与内心契合的诗心状态。无论是陶翰还是孟浩然,有着用"兴象"的手笔来创作诗歌,其前提条件正是外景与诗心的吻合。这一点尤其被盛唐山水诗所重视。而且,这种心物交融的理论本身之成熟,释道二家之影响不可谓不深。对于山水诗而言,本身就有一种旷达闲逸的情怀,虽然陶翰写作的多是边塞之苦,但是陶翰也有对于山水摹写的一种天然态度。

比如《宿天竺寺》:"松柏乱岩口,山西微径通。天开一峰见,宫阙生虚空。正殿倚霞壁,千楼标石丛。夜来猿鸟静,钟梵响云中。岑翠映湖月,泉声乱溪风。心超诸境外,了与悬解同。明发唯改视,朝日长崖东。湖色浓荡漾,海光渐瞳朦。葛仙迹尚在,许氏道犹崇。独往古来事,幽怀期二公。"①此诗第四句"夜来猿鸟静,钟梵响云中"用静写动,心物了然,颇有禅意。而第六句直接提出了释道二家的"悬解"之义,表达了对隐逸求仙之境的向往,这就回到了释道影响的苑囿了。所以,殷璠的"兴象"在很大程度上乃是有意针对山水挚情之抒发的角度而言的。陶翰和孟浩然都写过山水,他们笔下的山水借用"兴象"而突显自我主观情感,或悲逸或率性,是盛唐众多诗风之一种,但并不是只针对陶孟二家。也就是说,"兴象"之内涵有一定的普适性,需要情与景之交融,注重诗人主体的勃发与外在景物的契合,同时也要达到妙味灵心的境界。所以,在唐代僧人兼评论家遍照金刚的《文镜秘府论》中,这样对山水诗之写作做出了要求和描述:"凡诗,物色兼意下为好。若有物色,无意兴,虽巧亦无处用之。……诗贵销题目中意尽。然看所见景物与意惬者当相兼道。若一向言意,诗中不妙及无味。景语若多,与意相兼不紧,虽理通亦无味。"②可见,物与心之一种契合,乃是笔下之景与心中之境契合的一个重要的条件。这一点,对于用"兴象"手法描写山水之盛唐诗人而言乃是一种极高的艺术要求。所以张海明这样说盛唐

---

① (清)彭定求等:《全唐诗》卷一九,中华书局1983年版。
② [日]遍照金刚:《文镜秘府论》,人民文学出版社1975年版,第133页。

人的"兴象":"'兴象'主要是就唐代,特别是盛唐山水诗经验的理论概括。中国古代山水诗发展到盛唐,早就超过了早期的模山范水的阶段,达到了物象与情思的完美结合,同时在理论上也开始强调这种结合,以之为好诗的标准。"①这是极为高明的论断。

如果说东汉以前的山水诗往往注入了一种"德"与"志"的因素,侧重景物之自然属性与抒情之主体的道德关联的话,那么盛唐开始的山水诗之于"兴象"的运用上,则明显受到释道二家的影响了。盛唐山水诗显然受先秦道家和后来佛学思想影响,更加侧重于从外物之自然形态与宇宙人生之抽象意蕴的某种关联展开,借用"兴象"来表达超脱天人的一种诗美境界。这一点,可以说是盛唐山水诗的一种超越与独绝之处。殷璠在《河岳英灵集》中常常随手举出众多的山水田园诗句,实际上都已经明显带有了庄禅的一种艺术境界了。这正是盛唐"兴象"之手法的一种展露。比如评刘眘虚诗:

> 眘虚诗情幽兴远,思苦语奇,忽有所得,便惊众听。顷东南高唱者数人,然声律宛态,无出其右,唯气骨不逮诸公。自永明以还,可杰立江表。至如"松色空照水,经声时有人";又"沧溟千万里,日夜一孤舟";又"归梦如春水,悠悠绕故乡";又"驻马渡江处,望乡待归舟";又"道由白云尽,春与清溪长……";并方外之言也。②

评常建诗:

> 建诗似初发通庄,却寻幽径,百里之外,方归大道。所以其旨远,其兴僻,佳句辄来,唯论意表。至如"松际露微月,清光犹为

---

① 张海明:《〈河岳英灵集〉诗学思想述略》,《中国文化研究·2003年夏之卷》,第44页。
② 《河岳英灵集研究》,第155页。

君";又"山光悦鸟性,潭影空人心";此例十数句并可称警策。①

评王维诗:

维诗词秀调雅,意新理惬,在泉为珠,着壁成绘,一句一字,皆出常境。②

这些带有明显庄禅意味的盛唐山水诗作,殷璠将之与"兴象"联系起来,大致是一种本朝理论的概括。这大概也是为什么在殷璠之前没有"兴象"这一诗学命题提出之原因。盛唐人基于周游三教的文化氛围和思想认知,在世俗与山水之间,超越汉魏六朝而有了自我的心得与体会。所以,在山水之外,往往是融情于景之中还有表现出天人合一与庄禅兼融的一种人生境界。这正是盛唐山水诗区别于汉魏和宋元的最大特点。

第三,来谈一谈"三来":神来,气来,情来。在周游三教之视阈下,神来、气来与情来还紧密联系了儒释道三教之旨。这一点,是前人未有阐发的。首先,"神来"乃是盛唐释教禅意之悟的极大突显。殷璠"神来"本身的"境高"、"悟绝"与"调远"实际已经深刻影响了后世论"神"之意。一是宋代严羽《沧浪诗话》追求的"诗之极致有一:曰入神,诗而入神,至矣尽矣,蔑以加矣",与殷璠之"神"已十分相通。严沧浪本身就是以禅喻诗,其"神"深染禅机顿悟便不足为奇。二是王士禛之"神韵"也来自于殷璠之"神"。这在同时代的翁方纲之《石洲诗话》卷二当中有着明确记载。无独有偶,王士禛自己在《蚕尾续文》卷一《昼溪西堂诗序》中以"松际露微月,清光犹为君"(常建诗)与"时有落花至,远随流水香"(刘眘虚诗)为例说明自我神韵诗旨之内涵时,认为这两句诗

---

① 《河岳英灵集研究》,第132页。
② 《河岳英灵集研究》,第149页。

乃是"妙谛微言，与世尊拈花，迦叶微笑，等无差别。"①这样的阐述与说明正是侧面反映出了殷璠论诗与举例当中包含的深刻的禅家意味。所以，李珍华才会发出这样的感慨："常建的《题破山寺后禅院》也似有这种'神来'的意味，他写了禅院的清幽之景后，结为'万籁此都寂，但余钟磬音'，这万籁寂然的钟磬声，更加加深了人的清幽之感与出世之想。难怪深入禅机的宋人会激赏常建的这首诗了。"②文学是万世皆通的。古人之思能够打动今人，一个很重要的原因就是古今之人的情思相似，情感的触动与语言的审美都有着相似性。用西方文论当中艺术灵感与艺术直觉的思维来说，禅正是一种直觉力与艺术韵味结合起来的诗之顿悟。殷璠之"神"是禅机之极大突显，这跟他重在表达山水田园诗作之痕迹是吻合的，因为其中带有常建禅机之神的"松际露微月"与山水禅意之大家的王摩诘之"明月松间照"之艺术境界是如此的相似，以至于都可以令人禅机触动，叹为观止。文学正是这样发乎人之情而通乎诗之意。禅也是这样老树发花而春色亦鲜。从这样的历史当中可以感叹，殷丹阳、严沧浪与王渔洋可谓共通禅机之"神"而能相望一笑了。

其次，"气来"是六朝隋唐以来儒家刚健之体在盛唐的强势复位。"气"本身是中国诗学的核心范畴之一。"气"有着从"元气"—"体气"—"文气"的演变过程。"元气"是天地之气，哲学之气；"体气"是人文之气，性格之体；"文气"是诗学之气，是风格之冠。从诗学之角度而言，孟子就曾提及"浩然之气"这个命题，其内涵就是一种雄强刚健之美。这说明，作为一种诗学风格，"气"乃有是刚柔之分的。刘勰《文心雕龙》之《体性》篇说"才有庸俊，气有刚柔，学有浅深，习有雅郑。并性

---

① 王士禛：《带经堂诗话》卷三，人民文学出版社1963年版，第80页。原文是：严沧浪以禅喻诗，余深契其说，而五言尤为近之。如王裴辋川绝句，字字入禅。他如'雨中山果落，灯下草虫鸣'、'明月松间照，清泉石上流'以及太白'却下水精帘，玲珑望秋月'，常建'松际露微月，清光犹为君'，浩然'樵子暗相失，草虫寒不闻'，刘眘虚'时有落花至，远随流水香'，妙谛微言，与世尊拈花，迦叶微笑，等无差别。通其解者，可语上乘。

② 《河岳英灵集研究》，第49页。

情所烁，陶染所凝，是以笔区云谲，文苑波诡有矣。"①正是不同的人携带着不同之"气"，所以文苑才会出现万紫千红的盛况。这个"气"在不同时期其内涵还有所差别。如果说汉大赋之显著特征乃是具有一种壮美之气，那么古诗十九首则大多乃是秉持一种纤弱之气。如果说建安文学乃是一种悲壮之气，那么齐梁时期则是浮华之气。"气"其实就是那一时代之文学风格的一个总貌。不过，在大一统时代（或者期盼大一统时代），文学更加呼唤的乃是雄强雅健之气，而不是虚华浮靡之气。正如殷璠《河岳英灵集》诗学面临的"前语境"而言，六朝后期的齐梁余韵正是一种被白居易认为是"嘲讽月，弄花草"的浮华虚靡之气。这种"气"在初唐就被"四杰"与陈子昂强烈批评过。随着盛唐诗坛对汉魏不同风格的融合以及经学思想的不断完善，尤其是儒释道三教思想的一种交融，盛唐呼唤的"气"其内涵更加丰富，盛唐之"气"可以任情逍遥而不失体格，可以安虚求静而不失灵动，可以悲悯众生而不失风骨，可以闲逸平俗而不失乐章。凡此种种，与汉魏之气有着极大区别。其最大的特征就是与齐梁"气骨顿衰"之体截然不同，无论何时何地都代表着一种生命的动力（为苍生或自我）和自我情感的本真（言志或者言情）。这大概是殷璠强烈呼唤的"气来"之最主要因素。那么，殷璠是在呼唤这种"气"吗？

在《河岳英灵集》中，殷璠一共提到 11 处气。一是以乐律融合自我之气而言诗之体格："是以气因律而生，节假律而明，才得律而清焉"；二是标榜二十四位诗人应循之气的标准乃是"言气骨则建安为传"；三是呼唤诗歌风貌有三来，其中就有气来。四是言刘眘虚之诗"唯气骨不逮诸公"；五是言高适诗歌"情"、"气"兼备："然适诗多胸臆语，兼有气骨"；六是言薛据文如其人之气："据为人骨鲠，有气魄，其文亦尔"；七是孟浩然之诗句"气蒸云梦泽，波动岳阳楼"表达的阔达雄奇之气象；八是言储光羲"格高调逸，趣远情深，削尽常言，挟风雅之道，

---

① 范文澜：《文心雕龙注》，人民文学出版社1958年版，第505页。

得浩然之气";九是对比王昌龄和储光羲两"气"之别:"两贤气同体别,而王稍声峻";十是言祖咏诗"剪刻省静,用思尤苦,气虽不高,调颇凌俗";十一是言李嶷之诗乃有一种"翩翩然佚气在目也"①。纵观这十一处"气",殷璠整体上想要表达和追求的"气来"实际上乃是一种儒家为核心的"风骚之气"。为什么这么讲呢?"风"乃是以《诗经》为代表的"国风",乐而不淫,哀而不伤,壮而不靡,悲而不沉,内在有一种气骨,即使是深受挫折和悲情却已然凛如青松,这不正是孔子的人格追求吗?而儒家主"经世","文章合为时而作,歌诗合为事而作",有一种孟子所谓之"浩然正气"存于内,如建安诸君,如边塞诸雄,内在可以是"骨鲠有力",外在可以是"佚气在目",即使"气格稍弱",却也是"调不凌俗"。这不正是受屈于患楚而谗佞于小人的屈夫子吗?即使流放于汨罗,流连花草而心志不俗,身放远地而心守故国,内在有无限的悲情,外在之辞却如王逸所谓"自终没以来,名儒博达之士,着造词赋,莫不拟则其仪表,祖式其模范,取其要妙,窃其华藻,所谓金相玉质,百世无匹,名垂罔极,永不刊灭者矣。"(《离骚经序》)孔儒尊定的"风"与屈子创设的"骚"都追求一种"气格",自汉魏而来影响了数千年。至于盛唐兼采汉魏文质,因此对"风骚"之强烈呼唤乃是顺应时代之举。盛唐诗歌具有的"盛唐气象"自始至终离不开"风骚"两"气",或"风"或"骚",都是《河岳英灵集》赞美与感叹之诗,都是儒家内在骨鲠与刚健之体的始终追求。这正印证了他编撰《河岳英灵集》的初衷之心:"璠今所集,颇异诸家,既闲新声,复晓古体,文质半取,风骚两挟,言气骨则建安为传,论宫商则太康不逮。将来秀士,无致深憾。"②

最后,"情来"是六朝隋唐以来道家法天贵真之思在盛唐的回潮。

---

① 此"佚气"乃指超脱世俗的气概、气度。《河岳英灵集》原文是:"嶷诗鲜净有规矩,其《少年行》三首,词虽不多,翩翩然佚气在目也。"可见,李嶷诗与其人一样鲜净规矩而超脱世俗。此十一处李珍华,傅璇琮:《河岳英灵集研究》,中华书局1992年版。

② 《河岳英灵集研究》,第119页。

"情"在古代诗歌当中是一个并非常言的概念。因为最开始《诗》之言志传统的影响,"情"成为了一个受到节制的诗学对象,即使是《诗》三百中有平民百姓之情,或者征夫思妇之情,那也都是被限制于"乐而不淫,哀而不伤"的。汉末动乱之后,《诗》的教化功能的衰退与道教法天贵真思想的宣扬等因素促使诗人寻找自我真挚情感的抒发途径。这一时期,对"情"的关注远超前代。无论是对酒当歌之豪情,还是临江远望之思情,或是伤春悲秋之哀情,诗人主体以外物为寄托,逐渐将自我真实的感情表露出来。这当中,道家思想对"真"之追求起了很大作用。比如庄子曾言:"古之治道者,以恬养知;知生而无以知为也,谓之以知养恬。知与恬交相养,而和理出其性。……及唐虞始为天下,兴治化之流,浇淳散朴,离道以善,险德以行,然后去性而从心;心与心识,知而不足以定天下,然后附之以文,益之以博;文灭质,博溺心,然后民始惑乱,无以反其性情而复其初。"①这段与人们认为的老庄道家否定仁义和教化之思想乃是截然不同的。老庄只是否定儒家仁义之繁琐,但老庄并不反对合乎人之本性的道德与礼乐,这一点是非常重要的。因为老庄对合乎本性的道德和礼乐并不反对,因此道家极为重视自我真实感情的抒发,因为这也是一种天道。而老庄道家思想要求的情感表达乃是精诚之至:"真者,精诚之至也。不精不诚,不能动人。故强哭者,虽悲不哀;强怒者,虽严不威;强亲者,虽笑不和。真悲,无声而哀;真怒,未发而威;真亲,未笑而和。真在内者,神动于外,是所以贵真也。……礼者,世俗之所为也;真者,所以受于天也,自然不可易也。故(原作"始",据别本改)圣人法天贵真,不拘于俗。愚者反此。"②这也符合老庄要求的"游心于淡,合气于漠,顺物自然而无容私焉,而天

---

① 王先谦:《庄子集解·卷四》,《诸子集成本》,上海书店1982年版,第97页。虽然此段有学者提出乃是儒家后人附会,但此处不作讨论,仍然当做庄子之思想解读。
② 王先谦:《庄子集解·卷八》,《诸子集成本》,上海书店1982年版,第208页。

下治矣"①之思想了。同样的，庄子"知鱼之乐"的寓言也是表达对于真挚情感之自然抒发的强调。汉魏以来，"三曹"、"七贤"之诗，"建安风骨"之象，大多是对自我真情的抒发，所以陆机在《文赋》当中也直言"文"之"情"乃是难以把握又必须把握的："每自属文，尤见其情，恒患意不称物，文不逮意，盖非知之难，能之难也。"钟嵘《诗品》也重诗之情感的表达："气之动物，物之感人，故摇荡性情，形诸舞咏。照烛三才，晖丽万有，灵祇待之以致飨，幽微藉之以昭告。动天地，感鬼神，莫近于诗。"刘勰《文心雕龙·情采》直言"情"乃"文之经"："夫铅黛所以饰容，而盼倩生于淑姿；文采所以饰言，而辩丽本于情性。故情者，文之经；辞者，理之纬。经正而后纬成，理定而后辞畅：此立文之本源也。"魏晋南北朝之大文论家大诗人，不约而同地强调文之"情"的重要绝非可以忽视之文学现象。而这一诗学要求从六朝延续于初唐，才有了太宗与群臣对诗学标准的一种讨论。文（情）与质（志）的融合，风与骨的兼采，成为初唐帝臣对诗学之要求。而这一要求正是给"盛唐气象"之形成奠定了坚实的基础。那么，这当中"情"之要求与开拓，从汉魏到盛唐，老庄道家之思想与贡献是不可磨灭的。在《河岳英灵集》里，"情来"之内涵所呼唤的正是道家"精诚"之情，贵真之情。具体而言，有这样几种类型：（1）幽妙之情，缓缓动人。比如说刘眘虚之情："（刘）眘虚诗，情幽兴远，思苦词奇，忽有所得，便惊众听。"若"不精不诚"，则刘诗何以动人之情？又如储光羲："储公诗，格高调逸，趣远情深，削尽常言，挟风雅之道，得浩然之气。"（2）超俗之情，截然物外。比如张谓"并在物情之外"乃是突破了世俗之情。又王季友："季友诗，爱奇务险，远出常情之外。"又綦毋潜："潜诗屹崒峭蒨足佳句，善写方外之情。"（3）抒怀之情，不避礼志。比如崔曙："曙诗言词款要，情兴悲凉，送别登楼，俱堪泪下。"（4）直言悲怨，远追屈骚。比如常

---

① 王先谦：《庄子集解·卷八》，《诸子集成本》，上海书店1982年版，第49页。

建:"属思既苦,词亦警绝。潘岳虽云能叙悲怨,未见如此章。"又如薛据:"据为人骨鲠,有气魄,其文亦尔。自伤不早达,……怨愤颇深。"又如王维诗作《息夫人怨》、《婕妤怨》,崔国辅《怨词》等。凡此种种,都是畅怀抒发,不避嫌俗。无怪四库馆臣将《河岳英灵集》中所采诗人称之为"淹蹇之士",而将殷璠编撰诗集之举称之为:"其序谓'爰因退迹,得遂宿心'。盖不得志而着书者,故所录多淹蹇之士,而序称名不副实,才不合道,虽权压梁窦,终无取焉,其宗旨可知也。"①所谓"所论多感慨之言",透露出四库馆臣对殷璠之体悟有一种言殷璠有所抱怨之意。这是值得深思的现象。不过,类乎钟嵘之《诗品》,殷璠却也在评论中不可避免地会加入自我所思所想与自我的评判标准,这是作者主体参与不可缺少又无法避免的因素。也正是因为有了殷璠自我对他所处时代之诗歌的一种感悟,我们才能站在研究"研究者之研究"的角度观照当时的诗坛,才能逐渐体会出道家这种"情真"的追求影响了殷璠之"情来",这给予盛唐诗歌更多的真挚情感和个性抒怀,更给后世留下了千古流传的名诗佳作。

---

① 文渊阁:《四库全书提要》,中华书局影印本。原文是乾隆四十二年八月恭校上总纂官纪昀、陆锡熊、孙士毅,总校官陆费墀。

第五章　山河澹远：中晚唐"经"主"文"辅

"安史之乱"后，大唐国力渐衰，步入中晚唐时期。这一时期的经学与文论已与初盛唐时期不同。盛唐时期三教鼎立的局势客观上削弱了儒家经学的控制力度。因而面对盛唐经学的相对不足，中晚唐士人的首要任务就是强化儒家经学的影响，重振儒家经学刚健讽喻、经营致用的理念。中晚唐经学复兴的途径乃是以文载道，希冀以文学复古达到经学复兴。"韩柳"倡"以文载道"以表其经学用心，"元白"则通过"诗求讽喻"以标其经学意旨。中晚唐时期的"经"、"文"关系始终是经学主导文学，因而概言之，中晚唐时期的"经"、"文"关系乃是"经"主"文"辅。受中晚唐经学重振这一主旋律的影响，这一时期的《春秋》学和子学都得到极大发展。

第一节　"兹翻百忧"：儒学渐衰与士子心愁

前文提到，中晚唐时期大唐国力渐衰。加之盛唐时期三教鼎立造成的儒学发展相对不足，客观上造成了中晚唐时期儒家经学的衰弱。面对"安史之乱"后的国力退减与儒学衰弱，一批有识之士在贞元时期大力倡导恢复儒家经学的重要地位。贞元中兴虽然没能挽回大唐山河日下的局面，但对中晚唐经学与文论发展有重要意义。

李唐王朝自高祖李渊起，便对尧舜之道颇有留意。太宗李世民作为历史上大有作为的皇帝，对于儒学文化整合与经学修书运动有着极大贡献。盛唐高宗虽不重儒术，但至少在承接太宗遗命上毫不马虎地继续支持儒家文教事业。这一时期科举制度取得极大发展,一大批新兴的士族和部分庶族开始登上历史舞台。则天一朝因其唯才是举,大力发展了庶族阶层的力量,一批带有真知灼见、极富诗赋才华的下层子弟开始进入国家权力中心,他们以经学致用为根底,以才华治用为外衣,豪情参与李唐王朝的各项建设,为玄宗开元盛世的到来做了诸多铺垫。玄宗本人便是精通音乐、雅爱诗文的皇帝。而其承接前朝科举试诗制度,为自己赢得了诸多贤良之才。

然而封建社会"盛极必衰"的历史规律始终无法在李唐王朝避免。即使太宗、则天皆是大有作为的皇帝,但封建时代阶级矛盾与政权一统以后造成的社会利益不均等一系列问题,还是在极盛时代滋生发展。盛唐不可避免地开始走向下坡路。太宗晚年就因骄奢而使齐梁之风有所抬头。则天时代,李唐皇室与武氏贵戚之间多有政治斗争,这一时期的李唐王朝衰败之相实际已经显现。只是李唐王朝在前期经济得到极大发展,文化空前繁荣,掩盖了其繁华背后的诸多阴暗之面。玄宗承接则天朝国力渐盛之势登基,前期因爱诗文讽谏而颇有太宗风度,但后期因沉迷后宫导致外戚专权,藩镇割据,终在天宝八年(749年)发生"安史之乱"。后人将此一时期划入唐朝中期。其实中唐时段与晚唐紧密相连,晚唐悲戚哀婉实际正是中唐时代政治文化进一步发展之后果。史家有将唐代分初盛中晚之说,只是为了叙述文学史之方便。但朝代乃无绝对划分之事,因此本章拟将中晚唐合二为一进行研究,称之为"中晚唐时期"。

昌黎问僧图

中晚唐时期的政治已经没有了贞观开元时期的开明自信。八年"安史之乱"带来的是无限的悲欢离合与忧愁跌宕。李唐上自皇亲贵族下自士庶百姓，都为这场风暴感到痛心疾首，仿佛美玉坠地，悲悔不已。因而士人心态普遍有如登高跌重一般沉闷。这一时期的经学发展坠入更加艰难的深渊。毕竟"安史之乱"后的李唐没有了太宗时代一统天下的雄霸气度，代之而来的则是宦官专政与藩镇割据的不利局面。中央与地方之间矛盾重重。上政不达、下权不放，造成的乃是地方之间权力的愈发膨胀。经学发展需要的持久稳定的政权再次陷入困境。

如果说，初唐盛唐时期，经学发展尚在前期整理之中获得新生，元气的恢复使得经学有统一的气势。初唐太宗及盛唐则天两朝密集的修书运动与文化整合，实际上还是相当程度上促进了经学的发展。盛唐即使在诗歌上获得了极大成功，"文"的因素大大超越了"经"的因素而成为文化的主导，但并不意味着"经"在盛唐处于衰败的境地。可是，历经"安史之乱"的中唐在经学上却的的确确处于极为不利的境地。中唐有识之士在历经动乱后，仿佛大梦初醒，他们看到国家政权的衰弱与黎明百姓的痛处，因而一批锐意改革的思想家政治家开始举起了大旗。中唐士人面对的社会环境已与开明朗健的盛唐时期大为不同。太宗以善听讽谏为名，高宗则天唯才是举，玄宗前期也励精图治。因而初盛唐时期的士人多积极向上而光英朗练，但中唐世人心态发生了极大改变。他们有着明显的从积极进取到沉郁顿挫的转变轨迹。杜甫早年抱着极大的志向生活在盛唐晚期，他性格乐观通达而希求"致君尧舜上，再使风俗淳"。①（杜甫《奉赠韦左丞丈二十二韵》）然而天宝十一载（公元752年），杜甫内心无法再表现出旷达的心态，而是自己言道："自非旷士怀，登兹翻百忧。"②（《同诸公》）这种乐观向上甚至敢为帝王师的豪情

---

① （唐）杜甫著，仇兆鳌注：《杜诗详注》卷一，中华书局1979年版，第74页。

② （唐）杜甫著，仇兆鳌注：《杜诗详注》卷一，中华书局1979年版，第85页。

壮志，在历经"安史之乱"以后变得沉闷惆怅的士人并非杜甫等少数，而是中唐士人的普遍心态。肖颖士、元德秀、元结这些中唐前期杰出的诗人、政治家，正是因为在天宝以后感受到了政治制度上的压迫与世风的衰颓而变得激愤愁怨，他们才开始了不平则鸣的性格转变。元结直接在文集中这样说起当时世风："自沈公及二三子，皆以正直而无禄位，皆以忠信而久贫贱，皆以仁让而至丧亡。"①这种不平之气，乃是因为社会现实让他们感到不平，经学"经营"致用的儒家宗旨没有可以畅通实践的渠道，因此需要通过诗文加以疏通。肖颖士、元结等人的不平之气直接影响了后来韩孟诗派的"不平则鸣"之理论的提出与对险怪诗风的追求。

其实，自中唐以后，整个社会各个阶层都有一股愤懑不平之气，这股气流在政治上是恐惧加无奈，在诗风上则是悲愤与不平。然而必须注意的是，从盛唐诗歌转变而来的中唐诗歌，失却了盛唐那种昂扬向上的精神面貌，但是没有失却盛唐士人带有的"通经致用"的内在灵魂。之所以这么说，是因为中唐士人虽然内心有股不平之气，但他们更愿意将此种不平之气发泄出来，去恢复盛唐时期那种从容自信的人生心态。因而他们悲愤中显得清醒，惆怅中考虑的乃是怎样进取，怎样恢复士人的积极心态，去重新构建自己理想的国度。这跟盛唐诗人之情感表达显然不同，可以说"中唐儒者的诗歌已失却初盛唐时昂扬乐观的情绪和剑拔弩张的气势，而代之以绵延不尽的忧虑与哀伤。需要指出的是，此种常无具体对象而起的情感绝少出于诗人一己之宠辱得失，更多的乃由苍生之痛、社稷之危而触发，因此中唐儒家文人诗歌里少有怀才不遇的愤懑、功业难就的牢骚，代之以具有普遍社会意义和崇高道德价值的情感"。②

---

① 傅璇琮：《唐人选唐诗新编》，陕西人民教育出版社1996年版，第299页。
② 陈炎、李红春：《儒释道背景下的唐代诗歌》，昆仑出版社2003年版，第113页。

第二节　肌理修复：改文换质与复古思潮

　　正是这种不以个人情感为情感的普世价值直接推动了中唐文士重新翻开儒家经典去找寻救治社会疾病的良方。虽然盛唐儒家没有获得独尊的地位，但科举带来的重视经学的影响始终将文士圈定在儒家经义之中。士人性格灵魂中的儒家宗旨始终没有泯灭。因而在经学衰弱与文风昌盛的大环境下，他们选择的道路乃是文学复古与以文载道，也就是通过文学新变换取古风回复。中唐世人面对的问题主要就是社会问题。社会问题中主要以道德意识重构为主。这是儒家赋予文人千古不变的命题。社会道德意识重构，需要的乃是"道"的恢复，这个"道"不再是盛唐时期三教并立的"天地之道"，而专指儒家之"道"。

　　中唐时期失却了盛唐时段三教协和发展的大环境，毕竟内忧外患的政权并不需要宗教的维系，而应该是儒家"经营"理念的重新复归。道家作为李唐王朝的祖本，在神仙道术上给帝王带来一定的祸患，早就被有识之士发现。太宗晚年服食丹药被劝谏无果。佛教发展到盛唐已经出现了人满为患的不利局面。社会僧尼太多，只会使国税骤减、生产滞缓，况且盛唐僧尼因开放世风而发生淫乱之事屡见不鲜，灭佛之事已经处于势在必行了。处于这样的政治文化环境下，但凡稍有见识的人皆会发现，儒家经世致用之道才是真正的立国安邦之学说。因而儒家之"道"必须要回归文化的主导才能"笼络"人心。这个儒家之"道"的回归，首先落在"复古"问题上。

　　所谓"复古"，乃是一种思想潮流。这种思想潮流认为"三代"（夏商周）乃是华夏民族政治清明民风淳朴的美好理想时代，应该是后世努力追求的典范。因而"复古"，复的乃是上古三代之古。实际上，早在开元天宝之际，就已经有人提出了复古的主张。之所以在开元、天宝之际就已经有了复古的主张，是因为太宗之后儒学一直处于十分缓慢的发展中。而社会风气随着大唐国力的渐盛逐渐呈现开明开放的态势。这一方面带来思想与诗心的灵动,另一方面带来的却是相对三代乃至秦汉而来的道德的急剧下滑。宗教信仰虽然让人行善拂恶,但在意识形态建设上无法达到强制的程度,况且宗教的"空"、"无"观念不利于意识形态的完善。

开元文儒中以张说为代表的复古派,当属盛唐晚期第一批提倡复古风的文儒。他们提倡三代之文,注重经学义理的研习,强调道德文章与经世致用。他们具有很明显的使命感,且对于初唐陈子昂等辈怀有极大的崇敬之心。张说在政治道德上提倡三代之旨的同时,在文学文体上提倡"重六经,重质实"的要求。但是,作为盛唐时代讲求诗歌兴象玲珑的异质声音,复古思潮没有受到关注。

更重要的是,张说等人的复古,出在盛世阶段,没有完全绝对的复古意识,他之复古的同时,尚且没有对当代的时尚做出摒弃。他之重视"六经"质实,却对辞彩声韵留有好感,因此张说等人的复古没有看到很大的成效。盛唐政治与文化依旧朝着之前的轨迹迈进。但不得不说,这种复古思维给予后来韩柳等人以前车之导。"开、天之际兴起的复古思潮,与其说是某种特定的思想主张,不如说是一种带有自省精神的文化态度。这种自省,从文学出发,最终指向士人伦理。肃、代、德三朝,复古思潮吸引了越来越多的精英人士,其中一部分,相继进入帝国权力中心。这就使他们有机会以自身之文化理想影响时代政治。把复古文士联系在一起的,并非某些特定的政治主张,而是强烈的淑世情怀和以'回向三代'为宗旨的带有理想主义色彩的政治态度。"①

开元、天宝年间萌发的复古思潮已经标明,盛唐时代开始呼唤经学的回归。真正将复古思潮推向高潮的乃是韩孟诗派。

韩愈、柳宗元以及李翱、刘禹、元稹、白居易等受过张说复古思想影响的新一批文儒在贞元年间相继登上政坛或者文坛,他们承接起复古

---

① 杨伯:《欲采蘋花不自由——复古思潮与中唐士人心态研究》,南开大学出版社2010年版,第67页。

听琴图

的大旗,乃是基于其在时代发展中面临的改革问题。一方面是安史之乱后的李唐王朝的动荡,一方面是科举考试逐渐兴隆,这种内在渴求建功而外在饱受挫折的世风,给予他们特殊的时代环境。加上道教的方术危害与佛教的僧尼添乱,整个社会需要儒学的重振与文学的复古。这跟开元、天宝年间尚处在盛世的环境已经大不相同。

这批生活在德宗贞元年间的士人有着更为强烈,更为自觉的儒家经学致用思维。韩愈力谏灭佛,主张"以文载道"。柳宗元提出"文以明道"。元白发起新乐府运动,提出"诗歌合为事而作"等主张。仿佛一夜之间,盛唐光英朗练的自由之声化作了隔夜飞去的云彩。中唐没有了自由灵动的欢唱,继之而起的是儒家经学要求的讽谏、规劝的庄肃之音,中唐需要的乃是对时事对政治有影响有作为的诗歌文章。这种"去文求质"的文学主张,是不是跟唐初南朝诗风的"去质求文"截然相反?

历史发展总是这样让人似曾相识。唐初南朝重"文"之风受到"四杰"、子昂的强烈批判,因而南北诗风走上文质结合的道路,终在盛唐诗坛大放异彩。盛唐经学因在三教并立的局势下处于缓慢发展,因而"文"的因素实际上占据了"经"的上风。"文"的通行带来的是"才"的闪耀。经学致用虽然没有被文儒遗忘,但显然整个社会的文化风气主要还是诗情画意的表达。"安史之乱"打破了这种诗情画意的美好,文儒转而走起"去文求质"的道路。复古思潮的核心正是"反文归质"。这种"反文归质"在中唐这种政治文化环境下,已经不再是简简单单的一个文学主张,而是道德、政治甚至社会意识形态等多方面的概念了。唐代玄宗朝进士苏源明曾对"反文归质"做出深入的阐释:

> 在昔哲王受明命,皆能变文质,顺阴阳,大矣哉,此帝王之能事也。
> 古者天生人而未树之以君,上下交杂,品位纷错,阴阳初分,文质未作。庖牺之王天下也,画八卦,法三才而一之,斯尚质之代也。自黄帝暨乎尧舜,垂衣裳而天下理,盖取诸干则尚文也,取诸坤则尚质也,通其变而使民不倦,神而化之使人宜之。是以自天佑之,吉无不利。后夏有连山,殷有归藏,周有周易,皆次不同而算术各异,斯文质之更变也。仲尼有言,其或继周者,虽百世可知也,斯则百王不易之道明矣。自娑以降,代历千禩,人非一性,穷奢极丽,妖欲厌心,不能正本澄源,反文归质,若河倾海覆,泛滥平陆,流荡无依,迄至今日而莫之变也。……且物极则反,理由固然,文质之体其将变矣。①

文质之变,早已被历史与文学家们关注。此处苏源明认为周代以后的历史基本上是以"文"为主,甚至是泛滥。"文"有其弊端之处,表现在对道德维护上力量不足。这种观点当然属于矫枉过正的说法,但从此可以看出,对"文"的嫌弃以及对"质"的呼唤已经十分明显。与苏源明相似,唐代李华也写有《质文论》一篇阐发"反文归质"之理:

> 天地之道易简,易则易知,简则易从。先王质文相变以济天

---

① 参看《元包经传》卷十,《元包说源》,文渊阁四库全书本,转引自杨伯《欲采蘋花不自由——复古思潮与中唐士人心态研究》,南开大学出版社2010年版,第99页。

下。易知易从，莫尚乎质，质弊则佐之以文，文弊则复之以质，不待其极而变之……。质则俭，俭则固，固则愚，其行也丰肥，天下愚极则无恩。文则奢，奢则不逊，不逊则诈，其行也痼疾，天下诈极则贼乱。故曰不待其极而变之。固而文之，无害于训人。不逊而质之，艰难于成俗。若不化而过，则愚之病浅于诈之病也。①

李华充分发挥了孔子有关文质观念的论述，其"文则奢，奢则不逊，不逊则诈，其行也痼疾，天下诈极则贼乱"一句，似有于天宝年间安禄山叛乱之讽。李华对文质观念研究颇有留心。代宗时做组诗《无疆颂八首》，以八字形容高祖自肃宗八位先帝，论玄宗则树以一个"文"字，可见他对玄宗之总体评价正是文学昌盛，文化繁荣。但联系前面"文则奢"一句以及他之《无疆颂》诗，很明显是在指责玄宗而来的"文"带来的奢华贼诈等诸多弊端。因而纠正盛唐政治与文化之偏颇大致乃是李华《质文论》用意之所在。

元和朝韩愈之《本政》也论"反文归质"："闻于师曰，古之君天下者，化之不示其化之之道；及其弊也，易之不示其所以易之之道。政以是得，民以是淳。其有作者知前教化之所繇废，抑诡怪而畅皇极，伏文貌而尚忠质，茫乎天运，摇而神化，道之行也，其庶几乎。"②韩愈所谓"伏文貌而尚忠质"之意正是反文归质之主旨所在。白居易也在《策林》中侃侃而谈"反文归质"："是以周之文弊，今有遗风；故人鲜朴而忠，俗尤利而巧。伏惟陛下：以继周为己任，以行夏为时宜，稍益质而损文，渐尚忠而救塞。"③白居易所谓"稍益质而损文"一句，即可看出他"反文归质"的政治文化主张，而一"稍"字又体现出他谨慎的语气，毕竟自己也是文学名家。除了以上诸人，明确提过反文归质的还有著名的

---

① （清）董诰等编：《全唐文》卷二八七，中华书局1983年版，第3212页。
② 韩愈撰，马其昶校注：《韩昌黎文集校注》，上海古籍出版社1998年版，第50页。
③ 白居易：《白居易集》，中华书局1999年版，第1302页。

《春秋》学大师啖助以及韩愈的学生李翱,限于篇幅,此不赘言。

从上面这些文人的观点可以看出,处在安史之乱以后的中唐时代,士人由高昂热情变为沉郁冷静,一反乐观向上而多思历史训鉴。政治文化改革的呼声在文坛中此起彼伏。他们所依靠的儒家经学在改革呼声中越发凸显出文化作用。这一批在文坛上极为活跃的士人,希冀通过"反文归质"的复古方式,达到思想上与认知上的返归三代,目的正是重建儒家经学认知体系,力扫因"文"盛而导致的诸多弊端。然而一个客观事实便是,他们的身份最主要的其实还是文人,而非政治家。韩愈白居易虽然都做过官,但其官位不显,且屡遭贬谪,这是众所周知的事情。因此,经学这一时期的呼声即使十分强烈,但文人作为政治权力相对边缘化的主体,其实还是只能通过文学话语表达自己的主张,用以达到救弥政治与经学的目的。中唐最为显著的文化主张乃是复古思潮与以文载道,这在前文已经有过论述,复古思潮之目的乃在重构道统认知,其方式和途径则是以文载道。因而从此逻辑出发,道统重构与经学重建则成为首要目的。这种以文载道的救弊方式,说明了以文复经的经营之道。

第三节　骨髓更植:道统重构与《春秋》学兴

盛世兴文,文盛则乱似乎成为一种历史规律。因而在面对世风愈下之情势时,儒学道统重构与"经营"之思则会应运而生。回顾中国历史,在宋明理学兴起之前,真正让儒家道统得以重构的只有两个时期。一是汉武帝"罢黜百家,独尊儒术",一是中唐的儒学复兴。武帝面对内外动乱,建立起重儒的政治制度,内治诸侯之乱,外击四方强敌,取得了大一统的政权。中唐政治局面与汉武帝时期何其相似!中唐士人重振经学,道统重构乃是其中的重要部分。道统重构的首要思想是大一统,其次是恢复君臣秩序。而这两者实际上跟《春秋》之主张颇有渊源,因此中唐时期经学重振的同时,《春秋》学得到重视便不足为奇。中唐以韩柳为代表的道统重构便是如此。韩柳等人承接开、天之际的复古思潮大力提倡道统重构绝非空穴来风。中唐面对的首要问题乃是藩镇割据。因而道统重构的首要思想问题正是大一统。

韩愈有极为强烈的大一统思想。他面对中唐现实，渴求看到的乃是天宝年间的大一统局面："全付所覆，四海九州，罔有内外，悉主悉臣。"①(韩愈《评淮西碑》)除了韩愈如此重视大一统，柳宗元一样认为，大一统乃是国家政权稳定的保障，因此柳宗元的《封建论》、《为裴中丞贺克东平赦表》、《平淮夷雅表》，乃至白居易的《策林》、《册立回鹘可汗文》等，都表现出强烈的大一统思想。汉武帝大一统乃是独尊儒术，因而韩柳等人也必须铲除思想上的异己势力。因而中唐时期的文儒没有了盛唐时期的极大包容性，"中唐人一反盛唐人那种开放宽容的气度，辨是非，求纯粹，除异端。"②韩愈等人为了维护道统，因而极力排斥佛老正是此种思想之表现，他所要求的做一个"醇儒"也是基于道统建设之考虑。经学元气的恢复似乎一改盛唐文化灵动自由的氛围而变得凝固沉稳。

道统重构的第二个方面乃是秩序。秩序之谓实际正是君君臣臣之纲领，藩镇割据，正是君非君、臣非臣，因而在儒学思想中讲求秩序便成为道统重构的重要环节。那么，秩序的讲求，直接要求的则是礼乐的建设。儒家经学乃是礼乐文化主导的思想体系。君臣父子之道在礼乐等级的规划中尤其显出其重要性。藩镇割据正是礼乐错乱的表现，因而秩序重构的首要则是礼乐。然而贞观年间修订的诸多经籍典律，虽然涉及礼乐制度的建构，但是在盛唐时期，礼乐建构的认知性实际上不够充分。高宗虽然表面以儒家思想治国，但内里更多的乃是道家无为之道。则天一朝虽然编撰了诸多典章，但很明显是为了皇权政治意图，其个人性特征太过明显，因此实际思想效用不大。因而在中唐时期来谈及礼乐建设，面对盛唐时期的礼乐缺失，则是儒家失语的一大表现。

---

① 马其昶校注，马茂元整理：《韩昌黎文集校注》卷七，上海古籍出版社1987年版，第476页。

② 吴相洲：《中唐诗文新变》，学苑出版社2007年版，第269页。

虽然是儒家失语，礼乐制度之重构实际上是复古思潮的一大重点，也是道统重构与秩序重建的必要环节。贞元年间的经学复兴之意识十分明显，承接代宗德宗两朝之礼学探讨论争而来的正是文人精英们对礼学建构的极大热情。这种普遍性的礼学重构意识标明中唐时期儒学表达自己话语权力的迫切。德宗申明礼仪乃是"务学之本，立身之端，居安之大猷，致治之要道。"①此种口吻，在唐代只有贞观时期的太宗才会说出。说明贞元确实在礼乐制度上亟待重构，皇权权力强化的意识十分明显，政治风化的力度正在着力加强，社会上下对礼乐的呼声甚至融入细节当中，贞元中兴之气象渐渐展露。

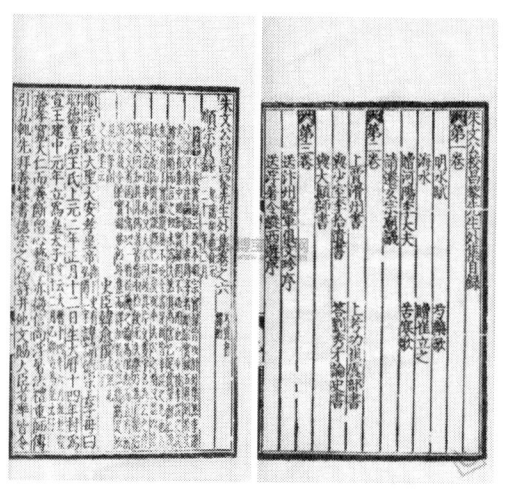

朱文公校韩昌黎先生外集十卷

《因话录》卷一有载："德宗暮秋猎于苑中。是日天已微寒，上谓近臣曰：'九月衣衫，二月衣袍，与时候不相称，欲递迁一月，何如？'翌日命翰林议之而后下。李相程初为学士，独不署名。别状奏曰：'臣谨

---

① （宋）王钦若撰：《册府元龟》卷六四零（影印本），中华书局1996年版，第7674页。

按月令，十月始裘，月令是明皇帝删定，不可改易。'上乃止。"①明皇帝，即唐明皇。李相力争不改之依据的重点正是先帝所制，对于先帝旨意之遵守实际也是君臣父子的儒家秩序问题之表现。贞元间《礼乐集》、《贞元新集开元后礼》、《礼阁新仪》、《元和曲台礼》、《大唐郊祀录》、《崇丰二陵集礼》等大量礼书的出现，内容涉及国家礼制与百姓生活，可见确实颇有影响。② 贞元尚礼无疑是复古思潮的表现之一。儒家经学的恢复自贞元始。而究其根本还是因为贞元时期政权趋稳、文士主政以及国家文化的需要，甚至导致后来集权倾向的产生。葛兆光先生就指出："在贞元间国家渐渐恢复元气，外患略略平定后，一批由礼官出身的文士渐渐替代了财政出身的官吏，朝廷中的议论话题也渐渐由理想的秩序重建取代了策略的现实管理，这种变化促使'折中定议，损益仪法'，即朝纲重整的想象越来越成为士人舆论，并影响到实际的政治操作，甚至引出当时士人中间的崇尚集权的取向。"③其实中唐"集权"正是盛唐"放权"的"回收"。这跟盛唐重"文"而中唐崇"质"之思路理念是一样的。

正是中唐时期政治文化环境的影响，尚质与集权等观念的复归，导致了中唐《春秋》学的颇受关注。可以说，经学在中唐的复兴正是以春秋学的关注为起点。如果说初盛唐时期之经学特点乃在整理的话，那么从中唐开始，其经学有了自身之内涵。应该说，在中国经学史上确乎有这么一个规律：盛世兴《诗》、《礼》，乱世重《春秋》。《春秋》作为孔子实际创作的一个经典文本，其所具有的意义正是震慑僭越之臣与谋乱之人。中唐时期的政治已经跟盛唐时期的政治大不相同，《春秋》学的兴盛代表了皇权的强化与统治意识的提升。尤其是在德宗即位不久便爆发

---

① （唐）赵璘撰，黎泽潮校笺：《因话录校笺》，合肥工业大学出版社2013年版，第11页。
② 参看吴丽娱：《唐礼撷遗》，商务印书馆2002年版，第47~49页。
③ 葛兆光：《七世纪至十九世纪中国的知识、思想与信仰》，复旦大学出版社2000年版，第202页。

的"建中之乱"更让唐王朝统治者意识到自身的危机。因而经学"通经致用"与"经营"务实之策略成为必须加以提倡的原则。大历年间诗坛的兴盛不久被经学与古文替代。科举考试中原本偏向浮华的诗赋科逐渐让位于经学明经诸科。一系列研究《春秋》的经家著作开始问世。

需要注意的是，中唐《春秋》经家并非出自官学，而是出自私学。之所以出现这样的情势，其原因有二。一是古人之所谓"礼失而求诸野"①之语。经过"安史之乱"后，经学衰败不堪，甚至经书都所藏无几。官学这种情况实在无法引导经学发展前进。《新唐书·儒学传》记载："禄山之祸，两京所藏，一为尘埃。官脿私楮丧脱几尽，章甫之徒劫为缦胡。于是嗣帝区区救乱未得。安暇语贞观、开元事哉"②此种情势下想求官学发展，实在艰难。因而"求诸野"成为一种不得不行之局势。二是自贞观便兴起的重诗赋词科而不重明经之科的科举风气导致了官学经学的无力。开元十六年，国子监杨玚就曾上疏言经学地位骤降之危害：

> 伏闻承前之例，监司每年应者，尝有千数。简试取其尤精，上者不过二三百人。省司重试，但经明行修，即与擢第，不限其数。自数年以来，省司定限，天下明经、进士及第，每年不过百人，两监惟得一二十人，若常以此数而取，臣恐三千学徒，虚废官廪，两监博士，滥縻天禄。臣窃见流外入仕，诸色出身，每岁尚二千余人，方于明经、进士，多十余倍，则是服勤道业之士，不及胥吏浮虚之徒，以其效官，岂识于先王之礼义？国家大启庠序，广置教道，厚之以政始，训之以士先，岂徒然哉？将有以也。陛下设学校，务以劝进之；有司为限约，务以黜退之：臣之微诚，实所未

---

① （汉）班固撰，颜师古注：《汉书》，中华书局2000年版，第1351页。《汉书·艺文志·诸子略序》："仲尼有言：'礼失而求诸野。'方今去圣久远，道术缺废，无所更索，彼九家者，不犹瘉於野乎？"
② （宋）欧阳修、宋祁撰：《新唐书》，中华书局2000年版，第4327页。

晓。臣伏见承前以来，制举遁迹邱园孝弟力田者，或试时务策一道，或通一经，粗明文义，即放出身，亦有与官者，此国家恐其遗才。至于明经、进士，服道日久，请益无倦，经策既广，文辞极难，监司课试，十已退其八九，考功及第，十又不收其一二。若长以为限，恐儒风渐坠，小道将兴。①

杨瑒所谓"小道将兴"似乎预见性地看到将来的一场因文盛而导致的流迷大祸。可见学人轻视明经之态度与科举不重有极大关系，因而学者所谓唐人功利之观念的确有些道理。面对这样的政治文化情势，早在萌芽于天宝年间的私学之兴成为可能。早在贞观、则天时期，以文化取胜的江南文士再一次发挥他们私学传统的功用。天宝年间文士儒者如李华、颜真卿、元结之类亦在江南这个相对安定的环境里，发展了经家私学。唐人梁肃在《陪独孤常州观讲〈论语〉序》中记录了中唐江南地区私学之兴盛：

晋陵守河南独孤公，以德行文学，为政一年，儒术大行，与洙泗同风。公以为使民悦以从教，莫先乎讲习；括五经英华，使夫子微言不绝，莫备乎《论语》。於是俾儒者陈生，以《鲁论》二十篇，於郡学之中，率先讲授。乃季冬月朔，公既视政，与二三宾客。躬往观焉。已而公遂言曰："昔文翁用儒变蜀，蜀至於鲁。当大历初元，新被兵馑之苦，今御史大夫赞皇李公为是邦，愍学道圮阙，开此庠序。自后孝秀并兴，与计偕者岁数十人。《子衿》之诗，起而复废；乡饮酒之礼，废而复兴。至於今，风俗遂敦。美矣哉！仁人之化也。抠衣之徒，承其波流，得不勉欤？"既诲而厉之，又悦以动之，朱轮迟迟，逮暮而归。士有获在左右，睹公之施教，退谓人曰："夫四时继气而成物，仁贤继功而成化。是学校也，非赞皇不

---

① （清）董诰等编：《全唐文》卷二九八，中华书局1983年版，第3563页。

启,非我公不大。鼓之以经书,润之以仁义。君子得之,以修词立诚;小人仰之,以迁善远罪。浃浃乎不知所以然,以致夫政和而人泰。旧史记前召后杜,而南阳移风,民到於今称之。翘赞皇植学之本,与我公道之以德,德则有成,而未播於叙述,后人谓之何哉?"鄙不佞,谨纪公之雅训,或传诸好事者云尔。①

此段文字中虽然明显有着溢美之嫌,但至少表明私学促进了经学在中唐的长足发展,经学复兴风气直接影响了《春秋》学的兴盛。正如查屏球说道:"地方之学的发展,使得两京官学已不再成为学术文化唯一的中心了。故中唐学术的变化,并不起自政治中心,而是先产生于两京之外的私学,再影响到京城学术中心。地方公私之学在发展中产生了一些新的学术流派,最终形成了一种新的学风,导致了中央官学变化。天宝末私家学术中的新思想就是这样走进了中央学府,从而带来一个新的学术时代。因此,安史之乱后官学与私学的关系实质上就是私学对官学的影响以及官学吸收私学的关系,这也正是《春秋》学派兴起的一个学术背景。"②

王朝欲建稳固之政权,必先统筹《春秋》之哲思。天宝末经家私学之兴盛正好顺应了时代潮流,以啖、陆、赵为代表的《春秋》学派则是其中的佼佼者。应该说,目前能够看到的中唐新儒学著作中,只有啖、陆、赵一派之著作保存下来,他们的影响可见一斑。《新唐书·儒学传》就对之做了记载和评价:

> 大历时,助、匡、质以《春秋》,施以《诗》,仲子陵、袁彝、韦彤以《礼》,蔡广成以《易》,强蒙以《论语》,皆自名其学。而

---

① (清)董诰等编:《全唐文》卷五一八,中华书局1983年版,第5259页。
② 查屏球:《唐学与唐诗——中晚唐诗风的一种文化考察》,商务印书馆2000年版,第15页。

施、仲最卓异。①

"皆以名其学"反映了私学以各家所长闻名。然而除了啖助等人之著作流传下来,其他皆佚。此则亦反映春秋学在当时社会受到重视的程度远远大于其他经家之研究。啖助是这一学派的开创者,而这一学派之真正形成则是以啖、赵、陆三人聚于丹阳为标志。此学派之所以能够在大历中迅速崛起,主要是战乱后国家文化中心的南移以及江南私学固有的良好风尚共同作用的结果。可以说,盛唐时期是不存在这样的学派的,而此一学派跟汉儒也稍有区别。"他们与珠英学士、大历十才子都不同,与汉儒师徒相授、建立门派的传经传统相近似,但又更具独立的学术流派色彩。这在唐前期文人群体中是比较少见的。"②这个学派需要明确认识的有三点。

首先,它之形成有一个从私学发展到官学的过程,这一过程的最主要用力者是陆质。陆质官位历经国子博士、献书、东宫侍读,因而他在《春秋》学派由私学走向官学中有着可以发挥的平台。私学走向官学不仅说明此种学说的影响的确很大,还说明官方意识形态的缺失以及对此等思想的认可与采纳。这又跟科举有着密切联系。权德舆贞元十八、十九、二十一这三年贡举的时候,因对《春秋》思想推崇备至而特将《春秋思想》引入科举考试,且将啖助之《春秋》学作为科考题目,这些都已经表明了《春秋》学派从私学走向了官学。

其次,伴随永贞政权相对清明而来的正是此学派最为活跃的时期,也是此学派影响最大的时期。陆质任东宫侍读,介绍了春秋新学,因而受到信任,《春秋》学派影响因而逐渐扩大。

再次,陆质后承接《春秋》学派之思想的则是吕温及柳宗元。吕、

---

① (宋)欧阳修、宋祁撰:《新唐书》卷一二五,中华书局2000年版,第3473页。

② 查屏球:《唐学与唐诗——中晚唐诗风的一种文化考察》,商务印书馆2000年版,第27页。

柳二人承接陆质思想而来，又在政治新变与文化求新上用力颇深，这正是《春秋》学的精粹所在，也是中唐时期极为渴求的变革精神之成长所需。柳宗元之政治与文学思想在后文会与韩愈一同探讨，元和时期是以《春秋》为学术中心，韩柳二人各展所学而极力促进复古革新之事，也是陆质《春秋》血脉之延伸，后文将会提到，此则不再赘言。

中唐时期除了复古思潮之兴盛外，子学的复兴也是一个重要的文化现象。我们说子学复兴，这个"复兴"暗含子学曾经衰落过。的确，子学在文学兴盛的时期，比如周代，比如汉大赋与盛唐诗兴盛之时确实被边缘化了。关于这一点，刘师培早就注意到了："中国文学，至周末而臻极盛。庄、列之深远，苏、张之纵横，韩非之排攡，荀、吕之平易，皆为后世文章之祖。而屈、宋楚辞，忧深思远，上承风雅之遗，下启词章之体，亦中国文章之祖也。惟文学臻于极盛，故周末诸子，卒以文词之美，得后世文士之保持，而流传勿失。（中国秦汉以下文学之士，不知诸子之精深，惟好其文词而已。故近人所选古文，多以诸子入选）则修词学乌可不讲哉？"①可见，子学与文学在秦汉以后出现了分工，尤其是魏晋文学地位上升之后。

六朝人善以诗文为盛，而于子学不甚留心。因为文的时代来临后，情感的表达代替了哲思的玄奥成为文化的主体。《南史》载曰："二汉求士，率先经术，近代取人，多由文史。"②可见审美的充分发展冲淡了哲思的兴趣。但六朝子学的衰微同样带来一些问题。"儒学的独尊、经学绝对权威的地位抑制了子学的发展。子学的衰微，不仅造成了理性思维的减弱，还造成了学术个性的退化。六朝文风极盛而精神不振，与此亦有关系。"③可见子学衰落同样影响了文学个性与文学风格。那么，由此

---

① 刘师培：《中国中古文学史·论文杂记》，人民文学出版社1959年版，第110页。
② （唐）李延寿撰：《南史》，中华书局2000年版，第1463页。
③ 查屏球：《唐学与唐诗——中晚唐诗风的一种文化考察》，商务印书馆2000年版，第180页。

推断，盛唐诗坛文盛臻极而子学微茫大抵就埋存了极大的祸患。

李唐王朝对子学不甚留意。据查屏球先生研究，唐人子书除《老》、《庄》一类之外其余远输于汉代。出现这种现象大致因为唐代是以文学审美为主的文化阶段，且科举之事不重诸子也严重影响了子学在唐代尤其是初盛唐的发展。然而，盛唐文学盛极而衰，这又"返道为动"般直接给予了中唐子学复兴的机遇。更何况中唐政治文化的发展与经学研究的构建的确需要子学的参与。因而子学复兴在中唐成为可能。"中唐文人在诸子的说理论述中感受并肯定了其中的审美价值，认为说理与审美可以融会贯通。韩愈、柳宗元发起的古文运动，正是以崇尚诸子之文为特征的文学革新运动。他们汲取了诸子之文中说理的长处，把理性的议论成分融入诗歌创作，形成与中唐以前以表情化、形象化为特色的诗歌的不同特点。"①

中唐士人有着学者与诗人不分的个性。韩愈、柳宗元、刘禹锡不仅以诗歌闻名，其子学研究同样取得了一定成就。韩愈自言："口不绝吟于六艺之文，手不停披于百家之编。"②(《进学解》)"遂得穷究于经传史记百家之说，沈潜乎训义，反复乎句读。"③(《上兵部李侍郎书》)可见韩愈对六经诸子颇为用心。而柳宗元虽没有韩愈广阔的接受面，他对《孟子》、《荀子》、《老子》、《庄子》则十分在心："参之孟荀以畅其支，参之庄、老以肆其端。"④(《答韦中立论师道书》)韩愈等人对诸子之言，做了跟初盛唐人相比而言更为深入的研究。不仅不再是陈子昂、李白那种引用诸子的典故那么简单了，而更是深入诸子文章中辨析正误、考论史证。比如韩柳二人都对《鹖冠子》做出过研究。

---

① 何晓园：《中唐文人的政治自觉与诗歌创作》，《深圳大学学报》2007 年第 5 期，第 104 页。
② (唐)韩愈著，马其昶校注，马茂元整理：《韩昌黎文集校注》，上海古籍出版社 2014 年版，第 50 页。
③ (唐)韩愈著，马其昶校注，马茂元整理：《韩昌黎文集校注》，上海古籍出版社 2014 年版，第 160 页。
④ (唐)柳宗元：《柳河东集》，上海古籍出版社 2008 年版，第 540 页。

如果说韩愈重在文辞校对与文意疏通的话，那么柳宗元则更加侧重对之进行真伪的史证。韩柳二人向来在诗歌风格与哲思侧重方面各有千秋，即使对同一作品，二人之视角与见解便不相同，因而在鉴别源流与重评是非上，二人显出不同的学术态势。如果说韩愈更加侧重从诸子考论中重构以纲纪仁义为核心的儒家道统，重在教化传承的话，那么柳宗元则善于从诸子经学理论中发掘儒家思想里强调现实秩序的一面。因而韩愈的论说都有一种历时性的乃至政教分途的意味在里面，而柳宗元则更加注重共时性的现世自我之重要意义。这从二人研究列子、庄子、荀子等研究中可以清晰看出。所以说"韩愈的目的，只是为道德化的天进行辩护，从而稳固儒教的根基；柳宗元的目的，则是为人的事功争取空间。"①

中唐士人之子学发展，在表面是对子学著作的研究，而实际更为深刻的乃是对诸子之学术思维与精神之继承。这才是诸子之学对他们产生的最大影响。大致而言，子学之精神影响中唐士人主要表现在思辨天人的精神、佛学诸子化以及理学人生哲学建设三个方面。思辨天人之精神很好理解，也就是承接汉儒而来的对天人关系的探讨，只是中唐人士超越了汉儒天人的繁琐以及以天为重的虚伪，直达诸子以人为本的学术精神。佛学诸子化之主要倡导者乃是柳宗元。他将释家尤其是禅学视作与儒家经学同等效用的学术：

> 浮图诚有不可斥者，往往与《易》、《论语》合，诚乐之，其于性情奭然，不与孔子异道。退之好儒未能过杨子。杨子之书于《庄》、《墨》、《申》、《韩》皆有取焉。浮图者，反不及《庄》、《墨》、《申》、《韩》之怪僻险贼耶？②

---

① 查屏球：《唐学与唐诗——中晚唐诗风的一种文化考察》，商务印书馆2000年版，第197页。
② （唐）柳宗元：《柳河东集》，上海古籍出版社2008年版，第424页。

柳宗元因特留意佛学而尤遭宋人贬斥。殊不知，宋代理学心性论述之构建里，佛学是给予了极大营养的。柳宗元之所重佛学，非真正膜拜释家佛陀，而是借儒统佛，援佛济儒用以达到经学重构的意图。至于理学人生哲学之建构，韩柳或许认识到自身道德性命的重要性，也有过相关的论述，而真正完成此等性命要理的建构的则是宋人的任务。韩柳等中唐士人之主要贡献是在传统学术范式上做了极大推动，更为重要的则是促进了子学政治化向理学哲学化的转型。从此其实可以看出，中唐实际上已经处在哲学与经学思维转型的阶段了。

子学发展对中唐诗歌也颇有影响。子学之盛正在文章，而诸子时代诗歌是不受重视的。这种用古文的思理去写作诗歌在韩愈那里成为现实。古文是没有骈文的那种属对的，更没有对偶佳句，因而在韩愈诗中多了单行的特色。黄遵宪曾言："（韩愈）以单行之神运排偶之体。"①这种单行的走向打破了传统诗歌风情神韵的美感，而更多了筋骨思理的风味。引理入诗成为韩诗受到诸子之学影响的主要表征。其实，引理入诗就是后来世人评论韩诗之"以文为诗"。文者，古文也，诸子之文也，议论之文也，其理在此。韩愈诗《重云一首李观疾赠之》充分体现了这种"引理入诗"：

> 天门失其度，阴气来干阳。重云闭白日，炎燠成寒凉。小人但咨怨，君子惟忧伤。饮食为减少，身体岂宁康。此志诚足贵，惧非职所当。藜羹尚如此，肉食安可尝。穷冬百草死，幽桂乃芬芳。且况天地间，大运自有常。劝君善饮食，鸾凤本高翔。②

这诗充满了汉魏古诗之气，又比之更加散乱重议。仿佛有一股论证之气运行其间，颇像诸子散文以其气征服受众的感觉。诗的议论也没有空虚

---

① 钱仲联：《韩昌黎诗系年集释》，上海古籍出版社1984年版，第377页。
② 钱仲联：《韩昌黎诗系年集释》，上海古籍出版社1984年版，第14页。

之感，而是依理而行。顾嗣立评之曰："此篇全以议论作诗，词严义正，明目张胆。"①可见，韩愈已经将诸子之精神内核融入自己的诗文之中，那"不平则鸣"之气，想必皆因此成发。正像韩愈援引诸子之理入儒家道统重构一样，柳宗元也因佛学禅宗诸子化而在诗歌中栽满了禅味甚浓的馨花，其清香之味则主要表现在诗歌之意境构建上。中唐诸家中论及哲学思想，则柳宗元为冠。他对天人之道的哲学之辨带有浓烈的情感体验，这正是诗人与学者、经家与政治融为一体的诗语表达。当然，因为柳宗元政治的坎坷以及专研佛学的深入，所以他的诗带有一种幽冷肃婉的色彩，尤其是他的写物摹景，融哲思入禅境，出乎尘世而夭化天地，别有一股中唐之风。试看其《饮酒》：

今夕少愉乐，起坐开清尊。举觞酹先酒，为我驱忧烦。
须臾心自殊，顿觉天地暄。连山变幽晦，绿水函晏温。
蔼蔼南郭门，树木一何繁。清阴可自庇，竟夕闻佳言。
尽醉无复辞，偃卧有芳荪。彼哉晋楚富，此道未必存。②

柳宗元的诗山水之境氛围很浓，但其实也有很明显的议论味道，这跟陶渊明、谢灵运以及盛唐时期的王孟诗派的诗感截然不同。他既不像陶渊明那般怡然自得，也没有谢灵运那般空灵玄潇，也不像王维那么空明净穆，柳诗自带的隐忍、凄郁、哲思、深冷都自成一家。因而元好问《论诗绝句三十首》谈及柳谢二人之比较时说道："谢客风容映古今，发源谁似柳州深。朱弦一拂遗音在，却是当年寂寞心。"③

能在中唐经学复归与道统重建中将中唐子学之风进一步推演到宋诗层面的当属刘禹锡。刘禹锡生活在中唐后期。中唐后期政治在贞元革新

---

① 钱仲联：《韩昌黎诗系年集释》，上海古籍出版社 1984 年版，第 103 页。
② 钱仲联：《韩昌黎诗系年集释》，上海古籍出版社 1984 年版，第 167 页。
③ 张少康主编：《中国文学理论批评史资料选注》，北京大学出版社 2013 年版，第 196 页。

之后又一次陷入困境。士人仿佛因为挣扎无望，故而升腾起一种玩世不恭的心态。中唐禅学的进一步发展也给予士人多重心理安慰。因而在诗风上，禅学境界的进一步凸显乃至转而向理学靠拢的趋势越来越明显。换句话说，子学兴起的思辨之风与哲理精神也将禅学囊括进来。

禅学的理学化在刘禹锡身上表现得极为明显。从个性上而言，刘禹锡没有了韩愈政治上的抱负与自信，没有柳宗元凄婉哀伤的心态，更多的乃是一种乐观平和与旷达情趣。因而刘禹锡之诗颇带禅趣与理味。《浪淘沙》诗："日照澄洲江雾开，淘金女伴满江隈。美人首饰侯王印，尽是沙中浪底来。"①由淘沙而悟及人生哲理，同南禅顿悟思理接近，也是宋诗讲求理趣的源头之一。刘禹锡将子学清新之气与哲思之理融入诗境之中，因而颇得理趣。比如《有僧言罗浮事因为诗以写之》：

君言罗浮上，容易见九垠。渐高元气壮，汹涌来翼身。
夜宿最高峰，瞻望浩无邻。海黑天宇旷，星辰来逼人。
是时当朏魄，阴物恣腾振。日光吐鲸背，剑影开龙鳞。
倏若万马驰，旌旗耸斋汹。又如广乐奏，金石含悲辛。
疑其有巨灵，怪物尽来宾。阴阳迭用事，乃俾夜作晨。
咿喔天鸡鸣，扶桑色昕昕。赤波千万里，涌出黄金轮。
下视生物息，霏如隙中尘。醯鸡仰瓮口，亦谓云汉津。
世人信耳目，方寸度大钧。安知视听外，怪愕不可陈。
悠悠想大方，此乃杯水滨。知小天地大，安能识其真。②

刘禹锡的诗充分展现了子学、儒学与禅学的融通，最关键的乃是展现了子学的禅化，儒经与佛经之内在融通，借以文之体裁而展现出别样的风姿。像这类诗，"既有议论化的语句，又有深邃的哲理思想，既有唐诗

---

① 霍松林主编：《唐诗精品》，时代文艺出版社2003年版，第85页。
② （唐）刘禹锡撰，高志忠校注：《刘禹锡诗编年校注》，黑龙江人民出版社2005年版，第342页。

自身的情韵,也能表现出其时士人重思辨的理性精神。这些特点也是对韩、柳诗风的综合。其诗既有韩诗中的议论而又无韩诗以文为诗之弊,有柳诗中的意境思致而又不失之深奥。其诗中理性化的成分不是深隐于内,也不显露于外,而是在心与景合的体悟中求得理与情的交融。这一点与其时子学的禅化是一致的。从本质上看这正是将诸子求道之心诗意化了。可见,这既是诗歌艺术自身发展的结果,也是一时学术风尚使然。"①由上述论述可知,中唐子学之兴,对文学诗歌产生了极大影响。这当然也属于"经"之影响"文"的一种表现形式。人类思维从巫术时代到古典时期再到现代时期展现了思维从情感到理性的历史走向,这一点在唐宋变革之中有着深刻体现,这一点将在后文做详细的论述。

第四节 以文疗经:诗求讽喻与文以载道

中晚唐文学复古思潮是经学重振的重要途径。以元稹、白居易为首的诗人倡导新乐府运动,提倡讽喻之诗,目的是重振儒家经学思想。同样的,以韩愈、柳宗元为首的诗人提倡以文载道,用文学承载儒家之道,目的也在重振儒家经学思想。诗求讽喻与文以载道是中晚唐时期重要的文论思想。韩柳、元白等人为重振中晚唐"经"之主导地位,御文统经,为经学史与文论史做出了杰出的贡献。

以啖助为首的《春秋》学派,作为唐代经学历史中比较闻名的经学研究学派,他之出现成型大致顺应了中唐政治文化的需要。这个学派作为一个融政治文化思想于一体的儒学复兴的代表,给予贞元及元和两个中唐文化复兴时期以强大的动力。贞元的道统重构给予文学复古运动极大动力,其力之源乃在经学。"道统之说,倡言于唐代古文运动的韩愈和柳宗元。然而,促使古文运动发展的重要因素不是文学,而是经

---

① 查屏球:《唐学与唐诗——中晚唐诗风的一种文化考察》,商务印书馆2000年版,第235页。

学。"①因此可以说,贞元时期,以元、白为首的新乐府运动正是承袭《春秋》学派之精神而来,而元和时候的韩柳古文运动与以文载道,更是充分汲取春秋学说的营养而加以自化,成为影响中唐政治文化思想走向的极具影响的文化复兴运动。"唐代古文运动,自有其时代的任务,即是反六朝的骈体文,由贵族文学转而为小市民文学。"②由贵族文学而到小市民文学非但不仅是文学运动,实际也是政治运动,"唐代的政治也是由贵族而平民,由贵族政治而平民化的文人政治,这是中国封建社会政治主体演变的历史轨道。晚唐平民化的古文运动是政治文治化的一个具体表现,符合儒家文化文以载道的政治传统"。③ 此论尤确。

"经"的复兴与"文"的昌盛在这一时期再次融合,成为中唐时期经学与文论交相辉映的璀璨时刻。中唐虽然没有了盛唐时期文盛经融的隆丽气象,但中唐之经学重新恢复了"经"之经营的致用之思,且在文学文论上重新回到致用讽谏的《诗》家传统,这不得不说乃是另外一种新气象。

贞元时期经学研究尤其是《春秋》经学的兴盛成为整个文化界复兴的标志。《春秋》之思想内涵重在政权稳固与通经致用,因而以元、白为首的新乐府运动的展开,可以说正是《春秋》经学发挥重用以及世风求新求变的重要展现。元白为首的新乐府诗歌流派又被称为讽喻诗歌流派,主要是因为其诗歌重在讽喻,这跟《春秋》学派有着极大关联。给予元、白新乐府运动以《春秋》经学滋养的乃是陆质之弟子李绅。

李绅与元、白二人相聚于贞元二十年。李绅为元稹最为著名的文学作品《莺莺传》作《莺莺歌》正是李绅在贞元二十年入长安参加进士考试时期。而通过白居易《送李二十侍御赴镇浙东》这一首送别诗则可以明

---

① 吴雁南主编:《中国经学史》,人民出版社2010年版,第312页。
② 曹聚仁:《中国学术思想史随笔》,三联书店1995年版,第422页。
③ 李福长:《唐代学士与文人政治》,齐鲁书社2005年版,第271页。

确知道，三人曾在安里有诗酒聚会："靖安客舍花枝下，共脱青衫典浊醪。"①可以说，三人之思想共鸣应该是科举考试给予的平台。元、白乃是十年之间，三次科第。贞元末至元和初，三人更是同为科举考试而忙碌奔走。从前文分析我们得知，三人奔走科考之时期正是永贞集团革新与"春秋"经学发展之时期，啖助之"春秋"成为了科考之重点，因而元白之讽喻诗或者说新乐府运动正是跟永贞革新与"春秋"经学有紧密关系。

白居易本人对永贞革新表示支持，甚至在永贞革新失败后还深情寄诗道："道逢驰驿者，色有非常惧。亲族走相送，欲别不敢住。私怪问道旁，何人复何故。云是右丞相，当国握枢务。禄厚食万钱，恩深日三顾。昨日延英对，今日崖州去。"②(《寄隐者》)元、白在科考期间与吕温、韦执谊都有着志同道合式的深厚认识，因而在学术交往与政治认知上有着相似之处便顺理成章。这种历史性的际遇可以说正是中唐政治文化的必然走向，因为中唐时期的政治文化需要这样的以文为枢机的政治文化运动，用以扭转正在下滑的中唐整个政治经济文化之势。

贞元与元和年间乃是中唐文化较为兴盛、思想较为自由的时段，元白讽喻诗的出现，直接促进了士人对政治的认识与干预，这是在科场文化之外，更加全面广阔的接触现实政治的极佳途径。因而查屏球先生乐言道："贞元元和之际是唐代政治学术文学最活跃的时期，这一新气象的内在精神就是士人政治热情的高涨，士人对现实政治的关注达到了前所未有的程度。以元白新乐府为代表的讽喻诗风的出现，同样也是这一文化思潮的结果。"③当时的贡举主司权德舆对于中唐"春秋"学派引领

---

① （唐）白居易著，丁如明、聂世美校点：《白居易全集》，上海古籍出版社1999年版，第606页。
② （唐）白居易著，丁如明、聂世美校点：《白居易全集》，上海古籍出版社1999年版，第11页。
③ 查屏球：《唐学与唐诗——中晚唐诗风的一种文化考察》，商务印书馆2000年版，第61页。

下的儒学振兴之命题极为留心。贞元十八年策进士问直接向举子提出"如何恢复儒家经学的正宗地位"等诸多问题:

> 六经之后,百氏塞路,微言大义,寝以乖绝。使昧者耗日力以灭天理,去夷道而趋曲学,利诱于内,不能自还。汉庭用经术以升贵位,传古义以决疑狱,诚为理之本也。今有司或欲举建中制书,置五经溢士,条定员品,列于国庠,诸生讨论,岁课能否,然后删非圣之书,使旧章不乱,则经有师道,学者颛门,以为如何? 当有其说。至于九流百家论著利病,有可以辅经术而施教化者,皆为别白书之。①

这种恢复儒家地位的提问出现在国家科举考试之中,说明了举国上下正在历经一场由《春秋》学派引发的政治文化思想大讨论。元、白二人顺应权德舆之意,以力主讽谏直言,经世致用而深得权公爱心。跳出他们讨论的圈子,从历史性的角度观察权德舆以及元白等人的行为,从当时贞元风气可以感受到一股类似开元天宝的开明政治风气重新来临。这也许成为元白敢于开启讽喻诗的一个指引。因为从贞元到元和,儒道复兴一直成为科场主题,这无疑极大提升了改革之士们的政治批判的勇气。由此,元、白二人同当时士人一样,受到《春秋》经世致用思想的影响,因而在权德舆文化权力导向下,敢于通过科考传达政见,主张学政合一,努力并且自觉地将儒家经世致用的学术精神带入诗歌创作之中。

元白诗派的讽喻诗之最具特色的一点就是批判与写实。正如《新乐府诗序》所谓:"其言直而切,欲闻之者深戒也。其事核而实,使采之者传信也。"②"这一精神也就是《春秋》学派所强调的善恶必书的史官精

---

① 罗积勇、张鹏飞编:《唐代试律试策校注》,武汉大学出版社 2009 年版,第 320 页。
② 蹇长春:《白居易评传》,南京大学出版社 2002 年版,第 455 页。

神与褒善贬恶的《春秋》笔法，讽喻诗人就将这一精神运用于诗歌创作之中。"①讽喻诗之前提乃是写实，也就是文学作品必须去伪存真。对于"真"的强调乃是儒家审美文艺观的基本原则。"真"也就是元白乐府诗序中的"核而实"，这一点与传统诗教一脉相承。

然而另一层面的"直而切"则与传统"温柔敦厚"之诗旨不相符合。"直而切"没有了儒家《诗》旨中的"婉谏"的温柔，而是多了一种激动的直白的戾气。之所以会如此，一则因为中唐政治环境需要一种较为强烈的情绪，而非软绵的敦厚诗风。二则因为盛唐"文"的泛滥因而元白有意采取矫枉过正式的扭转。这种"直而切"固然有其不足之一面，但结合历史情境考察也算有种同情之理解。

如果说经由《春秋》学派思想之影响，因而元白诗派诗论要点之其一乃是批判与写实的话，那么受《春秋》学派思想影响的元白诗论要点之二则是变通与务实。《春秋》学派讲求变通，不死守不顽固，利导变易而为其民。因而在复古思潮影响下，元白诗派纵然提倡诗教风化，诗主讽谏，但没有跟汉儒一样还从模拟诗之四言形式着手，用以达到儒家诗教的效果。他们反而追新求异，以都市文化创作诗歌俗曲作为新乐府诗歌的基调。这跟同样追求新奇的韩孟诗派大相径庭。

韩孟诗派虽然在诗歌上多用险怪之词、奇绝之韵，但在古文理论中仍以秦汉文章为范本，这跟元白从表现方法到语言风格全然拟用当时最流行的诗歌形式为模板大不一样。因而陈寅恪先生在论述这一点时谈到："惟以唐代古诗，前有陈子昂、李太白之复古诗体，故白氏新乐府之创造性质，乃不为世人所注意。实则乐天之作，乃以改良当日民间口头流行之俗曲为职志，与陈、李之改革齐梁以来士大夫纸上摹写诗句为标榜者，大相悬殊。其价值及影响，或更较为高远也。此为吾国中古文

---

① 查屏球：《唐学与唐诗——中晚唐诗风的一种文化考察》，商务印书馆2000年版，第75页。

学史上一大问题。"①实际上并不是"问题",只是元白一直秉持的核而实、直而切的诗学精神一直在发挥作用。他们并不是简单的诗体复古,而是更为注意诗的实际功用,这种复古相对而言更加务实,也更具创新。同样提倡创新性务实的还有元稹。元稹善于将古老的诗教精神与流行的诗歌形式结合,他在《乐府古题序》中谈到:

> 按仲尼学文王操,伯牙作流波水仙等操,齐犊沐作雉朝飞,吴女作思归引,则不于汉魏而后始亦已明矣。况自风雅至于乐流,莫非讽兴当时之事以贻后代之人,沿袭古题,唱和重复,于文或有短长,于义咸为赘剩,尚不如寓意古题,刺美见事,犹有诗人引古以讽之义焉。曹、刘、沈、鲍之徒时得如此亦复稀少,近代唯诗人杜甫悲陈陶、哀江头、兵车、丽人等,凡所歌行,率皆即事名篇,无复倚傍。予少时与友人乐天、李公垂辈谓是为当,遂不复拟赋古题。昨梁州见进士刘猛、李余各赋古乐府诗数十首,其中一二十章咸有新意,予因选而和之。其有虽用古题,全无古义者,若出门行不言离别,将进酒特书烈女之类是也。其或颇同古义,全创新词者,则田家止述军输,捉捕词先蝼蚁之类是也。刘、李二子方将极意于斯文,因为粗明古今歌词同异之旨焉。②

元、白这种复古中所带的创新,其意图旨在将儒家教化精神直接注入流行的乐府民歌里,让它重新焕发出生命的光彩。

不仅是复兴式的创新,受《春秋》学派思想影响的元白诗论要点之三还有重俗与崇质。讽喻诗之一大特点就是"俗"。这种"俗"并非指它的粗鄙,而是更多的指通俗。通俗的目的乃是让更多人知道并理解讽喻诗的诗歌内涵。这种平民化的诗歌主张显示出元白诗派希望天下士人皆

---

① 陈寅恪:《元白诗笺证稿》,上海古籍出版社 1987 年版,第 117 页。
② 陈伯海编:《历代唐诗论评选》,河北人民出版社 2003 年版,第 111 页。

能深谙其意而笃行实践。元稹白居易之讽喻诗出现不久，便遭到一些诗人的攻击。但所谓"元轻白俗"之评价大抵公允。而且从中也可以看出，"俗"的确是白居易讽喻诗的一大特色。这些观点在文学史的著作中随处可见，因而不再赘言。至于重质轻文，既是跟崇俗枝叶同根的观点，也是自中唐以来士人的普遍追求。既然重俗，那么重质则是势在必行。因为通俗的诗歌必须削减掉华丽的修辞与过多的装饰，要显得自然大方而非浓妆艳抹。白居易《策林》第六八《议文章》直接言道：

> 国家以文德应天，以文教牧人，以文行选贤，以文学取士，二百馀年，焕乎文章，故士无贤不肖，率注意於文矣。然臣闻大成不能无小弊，大美不能无忮，是以凡今秉笔之徒，率尔而言者有矣，斐然成章者有矣，故歌咏、诗赋、碑碣、赞诔之制，往往有虚美者矣，有愧辞者矣。若行於时，则诬善恶而惑当代，若传於后，则混真伪而疑将来。臣伏思之，大非先王文理化成之教也。且古之为文者，上以纫王教，系国风，下以存炯戒，通讽谕，故惩劝善恶之柄，执於文士褒贬之际焉，补察得失之端，操於诗人美刺之间焉。今褒贬之文无核实，则惩劝之道缺矣，美刺之诗不稽政，则补察之义废矣，虽雕章镂句，将焉用之？臣又闻稂莠秕稗生於谷，反害谷者也；淫辞丽藻生於文，反伤文者也。故农者耘稂莠，簸秕稗，所以养谷也；王者删淫辞，削丽藻，所以养文也。伏惟陛下诏主文之司，谕养文之旨，俾辞赋合炯戒讽谕者，虽质虽野，采而奖之，碑诔有虚美愧辞者，虽华虽丽，禁而绝之。若然，则为文者必当尚质抑淫，著诚去伪，忏小弊，荡然无遗矣。则何虑乎皇家之文章，不与三代同风者欤？①

---

① （唐）白居易著，丁如明、聂世美校点：《白居易全集》，上海古籍出版社1999年版，第425页。

虚美之词在白居易看来，必须要禁绝。这种矫枉过正的诗学观念自然是为了配合讽喻诗之崇质重俗而来，也的确是以儒家经学观念中辞达而已与反华崇实之经学观点为基底的。

讽喻诗除了有着上述三点因《春秋》学派而影响得来的特色外，其诗歌内容同样与《春秋》学派之思想观点一脉相承。

首先，《春秋》学派学说主张尊王攘夷，这是从《春秋》诞生起就一直保存的品性，在元白讽喻诗中就多有表现。元稹《叙诗寄乐天书》直接对藩镇割据的乱象表示批评。而在《蛮子朝》、《西凉伎》等讽喻诗中直接痛骂武将的嚣张跋扈。他们对帝王则力谏处置武将："何不向西射？西天有天狼。何不向东射，东海有长鲸。不然学仁贵，三矢平虏庭。不然学仲连，一发下燕城。"①（白居易《答箭镞》）白诗中透出的激动语气，一方面是他渴求朝廷经世致用，力主用武力平定割据；一方面又是对朝廷不敢作为的无奈与愤懑。虽然最终李唐覆灭，但至少白居易等人努力地呐喊过，也算是经学始终彪炳千古的证明。

其次，元、白讽喻诗还发挥《春秋》经义中的民本思想。中唐国力衰弱，财富不足而民力虚弱成为重要的矛盾。因而以民为本、反对奢华暴敛显得尤为重要，这也是《春秋》左传一直强调的。元、白"惟歌生民病"，一方面是他们要替普通百姓发声的美好心愿，另一方面却是帝王君臣无法真正关爱普通百姓的无奈。民本思想是讽喻诗的核心所在，却是讽喻诗关注重点中最为脆弱的所在。

最后，讽喻诗中倡导改革的意图也十分明显。赵匡曾经在《春秋集传纂例》中大言改革变法之事："故革而上者比于治，革而下者比于乱。"②"法"的自身长久就会发生弊端。因此永贞集团正是为发挥这一种改革之思想提出变革。元白同样受此影响而在讽喻诗中大提改革。白

---

① （唐）白居易著，丁如明、聂世美校点：《白居易全集》，上海古籍出版社1999年版，第21页。

② 朱维铮主编：《中国经学史基本丛书·第二册》，上海书店出版社2012年版，第226页。

居易《赠友五首》:"兵兴一变法,兵息遂不还。使我农桑人,憔悴圹亩间。谁能革此弊?待君秉利权:复彼租佣法,令如贞观年。"(其三)①又如"天下率如此,何以安吾民。谁能变此法?待君赞弥纶:慎择循良吏,令其长子孙。"(其四)②白居易倡导改革之呼声,由此可见。

贞元到元和时期的确是中唐经文交织,辉映互美的时期。元、白的新乐府运动展现了中唐有识之士希冀以文救经、以经救政的复古路径。如果说元白尚且侧重于诗歌的革新的话,那么继之而起的韩与柳宗元则在古文运动上颇有用心。韩流古文运动其实质乃是借"文"之复古达到"经"之回归,其借文疗经、倚文载道之思路极为明显。

继贞元时期经学的渐渐成长,到元和时期,文人治经已经成为普遍现象。如果说唐代前期之经学发展主要以总结性的典籍呈现的话,那么元和时期的经学研究就带有明显的独创性与个性化特点。"龙虎榜"的出现,标志着中唐一批中下层新兴士人逐渐在科场竞争中找到了新的经学发展路径。正是他们的阶层背景,因而影响到此时的这种带有摸索性质的文化整合,实际带来的是一股创新的学术风气。跟成长在经学世家的汉儒之章句不同的是,他们以惊骇之新论为特点,具有跟元白相比更为大胆的创新勇气和更为深入的治经研习程度。

这一时期,一批私人经学研究专著相继问世:王涯的《说玄》、陆质《集注春秋》、韩愈《论语注》、柳宗元《非国语》、韦彤《五礼精义》,等等。由此可以看出,元和时代真正开启了研经重经的大门。不仅诸多研治经学之士人乃是文人诗人,而且经家之自信明显比初盛唐乃至贞元时期高涨很多。更为重要的是,由元白而来的文坛"俗"气聚而升起一股尚奇之风。这股尚奇之风,不仅仅出现在元和士人的解经读经之上,也表现在他们的诗歌创作上。

---

① (唐)白居易著,顾肇仓、周汝昌选注:《白居易诗选》,作家出版社1962年版,第51页。
② (唐)白居易著,顾肇仓、周汝昌选注:《白居易诗选》,作家出版社1962年版,第52页。

继天宝安史之乱后重经之风而来的，是贞元士人的逐渐回归经典文学的风气。如果说贞元时期尚在恢复经学传统的初期的话，那么元和时期则较之更为深入。较之贞元时期的士人，元和时期的文人不再将经学与章句分开，不再将研究经典看作汉儒训诂式的经生之事。他们自觉地将经生的外衣披在诗人的身躯上，因而这一时期很多辞章之士有极为丰富的研读经典的著作。

韩愈、柳宗元、刘禹锡都是闻名当时的大诗人，他们对《春秋》、《左传》及《论语》亦颇有研究。需要注意的是，元和时期的士人解读经典有着诗人的气质，因而跟汉儒章句之分已经全然不同。更加值得重视的是，元和时期的士人解读经典之重点不再如贞元时期聚焦在礼学之上，而是更为关注《春秋》和《论语》。这两部书之所以能够受到元和士人的青睐，一则是因为文字较为简短，没有汉儒皓首穷经的繁琐。二则是因为这两部书特殊的经学内涵正好适合时代之所需。如果说《春秋》是从宏观视角恢复李唐经学致用与革新的元气的话，那么《论语》则侧重个人的身心修养，用以达到内外双修之目的。这种重视国家与个人修养的学术风气实际上跟宋儒修齐治平之理念极为相似，而文人化的治经方式已经开启宋儒经、政、文三位合一的学术文化特色。因此大量带有依经立义特色的学术思维方式的著作都产生在元和时期。比较著名的有韩愈的《原道》、柳宗元的《封建论》、李翱的《复性书》等，这些著作给予宋儒极大借鉴。

贞元时期的经学恢复带着"安史之乱"的感伤，而元和时期因以承担道统之重任在肩，因而士人恢复了初盛唐那种自信与刚毅。承接道统且自立新说，充分发挥经学经世致用之主张，则成为元和时期不同于贞元时期的经学特色。韩愈对道统重构极为自信，因而在《原道》中自称是沿承孔孟而来："斯道也，何道也？曰：斯吾所谓道也，非向所谓老与佛之道也。尧以是传之舜，舜以是传之禹，禹以是传之汤，汤以是传之文、武、周公，文、武、周公传之孔子，孔子传之孟轲。轲之死，不得其传焉。荀与扬择而不精,语焉而不详。"①韩愈对荀子与扬雄皆不满,表现出超越汉儒的气概。而李翱则以类似释道传宗的神秘来言说自己得承孔子颜回子路子思之正宗。类似的王涯论《易》与"玄"也是言说自己承接扬雄《太玄经》而来。这种"自言正宗"的方式被陈寅恪说破:

> 华夏学术最重传授渊源,盖非此不足以征信于人。观两汉经学传授之记载,即可知也。进北朝之旧禅学已采用阿育王经传等书,伪作付《法藏因缘传》,已证明其学说之传授。至唐代新禅宗,特标教外别传之旨,以自矜异,故尤不得不建立一新道统,证明其渊源之所以从来,以压倒同时之旧学派。②

其实,元和时代作为一个经学重构的时代,的确是在道统上需要借助这种非常手段,才能赢得"听众"与信徒。元和时期的道统自信无论是否强大,至少在中唐时期,能够给予经学恢复以极大力量。这不仅体现在文人解经与道统自信之上,还体现在解经方面开创的尚奇之风。

元和时期科举竞争趋势渐大,在以自为宗的神秘传承色彩下,文士多以奇文怪语解读经书。这虽然是一种学术的活力,但是相对而言,却也是一种学风的败坏。唐代《通典·选举典》曾就此等学风做出批评:"选人猥多案牍浅近,不足为难,及采经籍古义,假设甲乙,全其判断,既而来者益重,而通经正籍又不足以为词,乃征辟书曲学隐伏之义问,惟惧人知也。"③如果说唐代前期孔颖达尚且对汉儒注疏保持着一颗疏不破注的虔诚之心,那么韩柳为代表的元和经家则大力破除汉儒的章句之法,敢于自立新说且多言前人未发之句。

韩愈对这种尚奇之风,并不反对,反而在当时经家施士匄之墓志铭

---

① (唐)韩愈著,马其昶校注:《韩昌黎文集校注》,上海古籍出版社2014年版,第23页。
② 陈寅恪:《金明馆丛稿初编》,上海古籍出版社1980年版,第295页。
③ (唐)杜佑纂:《通典》,中华书局1984年版,第77页。

上对此风乐道:"朝之贤大夫从而执经考疑者,继于门。太学生习毛郑诗春秋左传者,皆其贵游之子弟。时先生之说二经,来太学帖坐,诸生下恐不卒得其闻。古圣人言其旨微密,笺注纷罗,颠倒是非,问先生讲论如客得归。"①(《施先生墓铭》)尚奇之风,有见于此。以韩柳为代表的新儒不再对汉儒注疏做出顶礼膜拜之姿态,有时候甚至超越文本限制而有些臆说的成分。出现这种现象当然跟他们为了道统重构而做了矫枉过正之行为有关。

元和士人因以文人化方式解经,因而不仅解经尚奇,其诗学更以尚奇为美。不论是古文观还是诗学观,尚奇成为他们的一大特色。韩门文风尚奇早在唐代便被概括评论。李肇《唐国史补》:"元和以后,为文笔,则学奇诡于韩愈,学苦涩则于樊宗师。歌行则学流荡于张籍,诗章则学矫激于孟郊,学浅切于白居易,学淫靡于元稹,俱名为元和体。大抵天宝之风尚党,大历之风尚浮,贞元之风尚荡,元和之风尚怪也。"②韩愈的"不平则鸣"正是因为内心的一股奇绝之气不能消解,故而散出于文而呈现出跌宕起伏之面貌,这一点乃是众所周知之事,此不赘言。韩愈的弟子皇甫湜虽于作诗不甚用心,但作文却颇喜险怪。皇甫湜从儒家经典之中找到依据为自己尚奇求怪的文风做出"辩护":

> 圣人之文,其难及也。作《春秋》,游、夏之徒不能措一词,吾何敢拟议之哉!秦、汉以来,至今文学之盛,莫如屈原、宋玉、李斯、司马迁、相如、扬雄之徒。其文皆奇,其传皆远。生书文亦善矣,比之数子,似犹未胜,何必心之高乎《传》曰:'其言之不出,耻躬之不逮也。'生自视何如哉《书》之文,不奇;《易》之文,可为奇矣。岂碍理伤圣乎如龙战于野!其血元黄,见豕负涂,载鬼

---

① 吴孟复、蒋立甫编:《古文辞类纂评注》(下),安徽教育出版社2004年版,第1218页。

② (唐)李肇撰:《唐国史补》卷下,古典文学出版社1958年版,第57页。

一车,突如其来,如焚、如死、如弃。如此,何等语也!①

皇甫湜认为屈原、扬雄、司马迁等人的作品正是因为他们奇特的想象以及与儒家相对的怪异的文风而得以流传。《易经》更是以奇为特点。正是如此,所以他就更加发挥经典尚奇的特性而创作大量奇绝之文。

他们不仅在古文创作中尚奇求怪,在诗歌批评中,同样将"奇"、"怪"作为评判标准。韩愈《调张籍》诗中这样评价李白和杜甫的诗歌意境:"徒观斧凿痕,不睹治水航。想当施手时,巨刃磨天扬。垠崖划崩豁,乾坤摆雷硠。唯此两夫子,家居率荒凉。帝欲长吟哦,故遣起且僵。翦翎送笼中,使看百鸟翔。平生千万篇,金薤垂琳琅。仙官敕六丁,雷电下取将。流落人间者,太山一毫芒。我愿生两翅,捕逐出八荒。精诚忽交通,百怪入我肠。刺手拔鲸牙,举瓢酌天浆。腾身跨汗漫,不著织女襄。顾语地上友,经营无太忙。乞君飞霞佩,与我高颉颃。"②全诗充满了奇绝险怪的想象与探险入幽的文辞,可谓是韩孟诗派尚奇的代表。如果说韩愈等人的诗作尚奇之中还带有清健的诗风,那么孟郊被当时人称为"矫激"之谓,则因为他诗中除了尚奇外还有一种怪异嫉俗的口吻。孟郊的《答卢仝》正深刻地体现了这一特点:

> 楚屈入水死,诗孟踏雪僵。直气苟有存,死亦何所妨。
> 日劈高查牙,清棱含冰浆。前古后古冰,与山气势强。
> 闪怪千石形,异状安可量。有时春镜破,百道声飞扬。
> 潜仙不足言,朗客无隐肠。为君倾海宇,日夕多文章。
> 天下岂无缘,此山雪昂藏。烦君前致词,哀我老更狂。
> 狂歌不及狂,歌声缘凤凰。凤兮何当来,消我孤直疮。

---

① (清)董诰等编:《全唐文》卷六八五,中华书局1983年版,第6422页。
② (清)方世举著,郝润华、丁俊丽整理:《韩昌黎诗集编年笺注》,中华书局2012年版,第134页。

君文真凤声，宣隘满铿锵。洛友零落尽，逮兹悲重伤。
独自奋异骨，将骑白角翔。再三劝莫行，寒气有刀枪。
仰惭君子多，慎勿作芬芳。①

孟郊的诗有一股韩愈所谓的不平之气，"郊寒岛瘦"的历史评价或许说明了孟郊诗中的气更多的乃是一种怨气。这股怨气会不自觉引导孟郊创作走向奇绝怪异。

纵观整个元和诗坛，之所以他们的诗文崇尚奇绝险怪，最主要的原因还是在于他们深于经学而出入诗文的学术思想，他们的"奇绝"正是在六经的苑囿里采摘英华的结果。这一点并非今人之观点，而是在清代早已被研究。清人李重华《贞一斋诗话》从经学与诗学关系之角度论述韩愈诗歌尚奇这一特色时说道："诗家奥衍一派，开自昌黎。然昌黎全本经学，次则屈宋扬马，亦雅意取裁，故得字字典雅。"②李重华所谓"奥衍"，乃从韩诗语言上论述，其成因正是韩愈等浓厚的拟经意识。翁方纲《石洲诗话》："韩文公约六经之旨而成文。其诗亦每于极琐碎极质实处，直接六经之脉。盖爻象繇占、典谟誓命、笔削记载之法，悉酝入风雅正旨，而具有其遗味。自束皙、韦孟以来，皆未有如此沈博也。"③

翁方纲给予韩愈极高评价，认为他是承接六经脉络而来，倒是跟韩愈自谓承孟子而来极为相似。翁方纲的评论在清代后期引起了很多学者的关注与认可，著名经家方东树也曾就韩诗与六经之关系表态："韩公后出，原本六经，根本盛大，包孕众多，巍然自开一世界。"④方东树对韩愈诗歌包容"六经"的特点表示认同。当然，韩孟诗派的诗歌语言绝

---

① （唐）孟郊著，郝世峰笺注：《孟郊诗集笺注》，河南教育出版社2002年版，第347页。
② 丁福保汇辑：《清诗话》下册，中华书局1963年版，第932页。
③ 翁方纲撰：《石洲诗话》，人民文学出版社1981年版，第61页。
④ 方东树：《昭昧詹言》，人民文学出版社1982年版，第213页。

非全然奇绝，有些语言也十分清新雅致，但不可否认追求奇绝乃是一种自觉的艺术行为。因为"他们已将经典作为一种审美对象，视经典语体为一种可与古道相通的富有生命力的文化载体。诗人在创作中运用经语，如同是采用同一种对话方式与古代圣贤同话共语。他们带着与圣人同心的学术自负来采用经典字词，这种驱经入诗的创作活动使他们获得了与圣人共语的快意。"①

从以上对元白诗派与韩孟诗派的分析中可以看出，中唐士人援经入文的复古主张的确给政权稳固与文化复兴极大的勇气与自信。这正是经学复归与经营致用之思想的践行结果。中唐贞元时期的文学革新之根本目的，是要救治经学。用文学去救治经学进而给政治文化一种新生的力量的确是一件十分伟大的事业。"经"与"文"的交织，让中唐时期的文化呈现极大复兴的蓝图。但如果站在纯艺术的审美角度，我们不得不说，无论元白诗派还是韩孟诗派，他们都由前期复古的"好心"逐渐将诗歌形式某种程度上引入了歧途的"恶意"。元稹诗歌中轻媚的风气早被学人发现，而白居易通俗的诗歌主旨又逐渐变得浅切无味。白居易一边主张通俗浅切之诗歌，一边又铺写闲雅绮丽的《长恨歌》与诸多闲适诗，这些矛盾的文学主张与创作实际都遭到了世人的评议。

至于韩孟诗派，一边将诗歌由高雅清健引入奇绝险怪甚至以怪为美的歧路，一边将清正之气引入悲凉郁怨的凄冷氛围，更何况韩愈也有着一边排佛重儒，一边笃信释道的矛盾心理，这些也遭到了时人的热议。近人顾随在其著作《顾随论学精要》中曾就中唐韩柳的文学复古与古文运动做出自己的看法与评价，其语言中肯而略有禅家哲思："一切事业躁人无成绩，性急可，但必须沉住气。学道者之入山冥想即为消磨躁气。盖自清明之气中，始生出真美，合而为善，三位一体。韩不能平静，故无清明之气，思想浮浅而议论文不高。诗人可以给读者一种暗

---

① 查屏球：《唐学与唐诗——中晚唐诗风的一种文化考察》，商务印书馆2000年版，第165页。

示，而不能给人教训。"①顾随所谓"暗示"与"教训"，其实就是本文此处想要表达的韩柳以及元白诗文之"应有"与"已失"。当然，这种认识已经得到前辈们的明确指出，此处不再赘言。

元白诗派与韩孟诗派的矛盾之处早就被学者从个性与时代的角度做了诸多研究。在这里，我们只想说，从整个中唐文学复兴与经学复归的角度看，元白韩柳等人的确居功甚伟，可以千古留名。他们经的一面给了中唐革新巨大勇气，但他们文的一面，终究还是没能继承盛唐诗坛的清正雅健之风，而是走向了下滑的道路。天下事物莫不在变。盛唐诗歌在中唐之后，逐渐远离了历史的轴心而飘远，韩孟诗派与元白诗派开启的诗风直接影响了宋人的诗思，这是历史客观的走向。因而评论元白韩孟，只能说是"尽善矣，未尽美也。"

第五节　清泠余韵：晚唐经"困"文"苦"

晚唐时期是唐代的夕阳余晖。政治混乱与经济凋敝直接导致经学与文论发展处于困境之中。一批有识之士虽力图承接中唐重振儒家经学的重任，但终因经学赖以发展的环境不利而宣告失败。士人由外在致用的理念转为内在心性的修持。文论上不再是对修辞格律的激情探讨与风雅讽喻的执著追求，而是专注于苦吟苦思的炼字琢句。其实，从中唐开始，经学和文论都已经显露出内转的痕迹。晚唐经学承接中唐而来，进一步在心性之路上前进。以司空图为代表的文论家则对意境理论做了充分的挖掘。

文学史上习惯将唐文宗大和元年（827年）到唐哀帝天祐四年（906年）这一段李唐走向下坡路并且无可挽回的覆灭的时期称为晚唐时期。晚唐时期是唐代的夕阳余晖，哀戚悲惋。这一时期朝政的昏暗被宋人谨识。司马光《资治通鉴·唐纪六十》直言：于斯之时，阍寺专权，胁君

---

① 顾随：《顾随论学精要》，天津人民出版社2007年版，第108页。

于内，弗能远也；藩镇阻兵，陵慢于外，弗能制也；士卒杀逐主帅，拒命自立，弗能诘也；军旅岁兴，赋敛日急，骨肉纵横于原野，杼轴空竭于里间。"①文宗即位时期，李唐朝政混乱，宦官专权已成事实，文宗即使有心重整朝纲，但随着横海留后李同捷叛乱、卢龙节度使兵变，再加著名的"甘露事变"等一系列祸乱政权的事变相继发生，直接击溃了他希冀改革的决心，因而甘露事后沉迷诗酒，形同傀儡。李唐王朝开启了动荡覆灭的旅程。

早在中唐宪宗时期开始的牛李党争时期，唐代政权的稳固远不如贞观开元年间。党争或许是当时皇帝故意安排的权衡之术，但宰相制度天生的弊端决定了皇权与臣权之间有着不可调和的矛盾。"牛李党争"是安史之乱后李唐朝廷内部各种势力斗争分化的结果。为期将近四十年，直到宣宗才结束的牛李党争如内耗一般，损害了李唐皇室的元气，以致宦官在此期间滥用职权，勾结朝臣，以下犯上，甚至干涉皇帝人选，危害社稷安危。

这种局面一直没有得到改变，直到文宗时期依旧隐患颇多，因而文宗无奈感叹："去河北贼易，去朝中朋党难。"②正是中唐埋下的隐患在晚唐滋生，因而整个晚唐时期政治十分昏乱。我们知道，中唐贞元、元和时期的政治革新曾经有过一定的挽回作用，但无论是复古思潮的倡导者韩柳还是讽谏诗的实践人元白，都在中唐后期（晚唐初期）失去了文化主导的权力。元和九年孟郊去世，韩愈如失臂膀。而后期韩愈的官居高位直接让他前期"勃然不释"的情怀得到"扭转"，由愤恨转为平易。同样的，元稹大和五年仙逝，白居易此时也闭门洛阳，颇爱闲适雅逸而对讽谏之事不计于心。他们由前期以文载道的任重之感，转而变成后期的无事于心的闲雅，中国传统的诗歌关乎政事的格局不再在晚唐出现，以文载道的历史气魄在晚唐变成平易哀婉的黄昏憩语。这一时期，不论

---

① （宋）司马光撰：《资治通鉴》卷244，中华书局1993年版，第1114页。
② 参看李艳丽：《牛李党争的分野》，《法制与社会》2008年第35期，第79页。

是政治还是文学,他们都处在冬眠的时刻。

然而我们知道,儒家刚健致用的经营思想要发挥效用必须有两个必要条件。一是国家一统、政权稳固;二是朝廷自上而下重视经学之事。回顾晚唐历史,这两个必要条件显然没有达到。晚唐政治昏庸,皇帝无能,宦官专权成为国家祸害,藩镇割据分夺中央权力,以致上风不能化下,下风无法谏上。朝野漆暗而社稷堪忧,儒家经学无法发挥作用。士人或胆战心惊或置之不理,世风逐渐衰退。大和初年,刘蕡曾在《对贤良方正直言极谏策》中大胆地预言到:"臣以为陛下所先忧者,宫闱将变,社稷将危,天下将倾,四海将乱。此四者,国家已然之兆,故臣谓圣虑宜先及之。夫帝业艰难而成之,固不可容易而守之。"①这种直接的觐见已经表明,政权危在旦夕,而皇帝全然无能。国家的衰亡之兆也早被当时善感灵心的诗人捕捉到。许浑著名的诗句"溪云初起日沉阁,山雨欲来风满楼"(《咸阳城东楼》)正在大和初年已经传遍天下。

"经"之大旨出现迷乱之象,晚唐经学呈现衰微之势。中唐《春秋》学的发展在晚唐出现了停滞,《礼》的研究不受重视,反而是道家《易》学玄妙受到一些人的研究,但成效不足。玄妙易学的兴起颇有魏晋时期玄学兴盛之味道。晚唐经学发展当然不似魏晋时期儒衰而玄盛的局面,而是充分的心性化。也就是说,"经"由初唐的贞刚劲健,到盛唐的融利隆盛,到中唐的精理哲思,到晚唐发展成为柔婉心性之特质。

李唐王朝之政治有着外重儒家内崇道家的特质,而则天朝借由佛教而夺得政权的客观现实又促进佛教的发展,三教并立并不断融合,其实内在地促进了儒学向内心化的方向发展。孔子时代,儒家对事功与心性是同样重视的。孔子注重通过文学文化来提高人的修养与认知,在此基础上则重视致用之旨。春秋战国时期,诸子百家林立,心性修养因于政权及战事胜负无益,因而不受时人重视。儒家致用思想极大凸显,"有才"甚至超过"有德",这跟孔子时代致用与心性并重之特质已经很不相

① 林邦钧选注:《隋唐五代散文选注》,岳麓书社1998年版,第410页。

同。汉代儒家取得独尊地位,而儒者性质的改变也使得儒家格外注重事功,对于个人修养只停留在道德层面,而没有深入到哲学化之层面。

汉代大一统政权的盛与衰直接跟儒家经学之盛与衰大致同步。政与经的互动作用,极为生动地诠释了一荣俱荣、一损俱损的发展态势。魏晋南北朝时期玄学的兴盛乃是儒道二家合流的另一种表现形式。但当时的文化主流对于儒家道德的重视极为不足,反倒是对道家天性自然之观点颇有重视。因而"竹林七贤"虽文采卓识一时,但于儒家礼仪纲常与个人修养则极不留心。这一时期儒家致用与心性两者因为特殊的时代环境而均无发展。但这一时期佛教的中原化却在客观上努力促进儒家思想向心性化思维的发展。

盛唐时期文学昌盛与科举重诗赋的情势下还没有显示出心性之学的重要,而天宝之后尤其是"安史之乱"的爆发,中唐士人逐渐认识到,儒家经学的转向实际已经开始。韩愈的《原道》深刻检讨人之原罪的产生,这种原罪思想当然借自于道家与佛家,在儒家思维框架内没有宗教色彩的原罪则关乎人的道德修养与心性人格。中唐韩柳虽然大力提倡"以文载道"与文学复古,但实际上经学已经朝着与汉代截然不同的道路发展了。从外在的经学研究形式上看,中唐乃至晚唐时期,经学研究不再是汉代对文义的训诂考释,而是借其义理发挥做出评论,乃至柳、刘二人都有褒贬是非之举。从内在经学内容范畴上看,经学已经由汉代注重外在致用与事功转变为注重内在心性与修为。中唐子学的中兴极大地促进了士人的创新意识与独立精神,而安史之乱的爆发与长期的朋党斗争,让士人更加关注的不是儒家天命或天人合一之思想,而是个人心性修为的重要程度。诸子之所独立正是人格独立,人格精神的完善关乎道的发展延续。因此,士人从佛家心性理论中找到了注重个人修养与重视心性发展之思维模式的理论依据。

"心"在三教中有着不同的作用。儒家将"心"理解为"志","在心为志",说明儒家注重的乃是开发个人"心"的志向,目的是经营致用,安邦定国。道家将心理解为"自然",是一种自然而然的缥缈的状态,

"我愚人之心也哉，沌沌兮，"道家不重视对"心"做出开发，讲求将心立于一个混沌愚昧的无知状态，这样才任其自然而以为大用。佛家更是主张将"心"泯灭，因为"心"乃是产生"欲"或者贪、嗔、痴的来源，因而压制心，澄净心成为一种必要的修行方式。

从盛唐到中唐，在三教并立与融合中，心性观亦在不断融合。尤其是历经汉魏动荡，又经安史之乱，士人心态需要在儒家致用无门之外，再敞开一座栖息的大厦，作为疗养与安顿的所在。而此时释道二家之思想恰好做出了回应。道家的自然之心化解了儒家致用之戾，佛家的空净之心则疗救了儒家致用之伤。因而盛唐李白王维孟浩然虽然在仕途上并不顺畅，但少闻其消极落寞与沉郁哀伤之语。他们能够在儒家致用受阻的情势下，转而安身于释道二家之法门之内，安养人格的健全与心态的平稳。这跟魏晋时期士人消沉堕落之态极不相同。正是在经学形式与经学内容都已经发生了极大转变的背景下，在晚唐败乱的政治形式基壤上，士人将经学重点转为个人修身与心性培养则成为不可避免的走向。经学注重心性修养，其心性不再是单独的儒家之心，而是儒释道三教继续融合之下的心性修养。从中唐到北宋，这一心性观的发展直接促进宋代文人重内省、重修养的品格，而在文化上则生发了讲求哲思与议论之氛围。

"经"与"文"在晚唐同样息息相关。晚唐政治败乱导致经学由外转内，给予文学两个主要影响，一是文学失却了中唐才兴起的风骨刚健而转向悲凉绮丽。二是文学中断了中唐倡导的讽喻致用而转向内心祈求。换而言之，"经"的沉顿导致了"文"的哀迷。"经"之沉顿前文已经明晰，"文"之哀迷则从晚唐诗歌之变开始探讨。

继韩孟、元白之后能主导诗坛的诗人，乃是李商隐和贾岛。韩孟的"退休"与元白的"闲隐"让大和诗坛呈现由怪谲臻劲到凉暗隐沈的风貌。诗风随着世风轮转，的确印证了刘勰所谓"文变染乎世情，兴废系乎时序"的观点。正因世风浇染乃至诗风革变，诗坛呈现韩孟、元白开外，原本边缘化的诗人群体终于成为诗坛主流。叶绍本《白鹤山房诗钞》直接吟道:"诗品王官莫细论,开成而后半西昆。"①"开成"乃是唐文宗的年号,"西昆"指的是西昆派,其宗则是李商隐。可见,在开成年间,李商隐的诗颇受时人重视,因而奔走相习、广为传诵,成为尊崇的诗体。而"由晚唐到五代,学贾岛的诗人不是数字可以计算的,除极少数鲜明的例子外,是向着词的意境与词藻移动的,其余一般的诗人大众,也就是大众的诗人,则全属于贾岛。"②闻一多此言有些夸张,但由此可知贾岛是晚唐人极为推崇的偶像。

李商隐和贾岛诗风上共同的一点乃是尚清奇。然而李商隐的清奇中带着一种雅正的味道,而贾岛的诗则走向僻苦。二人都是穷士的代表,诗歌也将境界由外入内,强调对心灵世界的开拓。不同的是,李商隐乃至温庭筠对绮艳体裁多了深入的开拓,而贾岛专注于吟字炼句,对日常琐事有着细腻的思索。

贾岛《寻隐者不遇》

晚唐绮丽诗句的兴起,一方面是中唐人士严正政治渴求不达之必然后果,一方面也是唐诗主情不可逃避的主题之一。"唐诗主情,以主情为特质的唐诗,按照自身运动规律,不可避免要出现一次以表现男女情爱为中心的高潮。它在表现盛唐人的人生意气和功业理想、中唐人的躁

---

① (清)叶绍本撰:《白鹤山房诗钞》,影印《续修四库全书》本,上海古籍出版社1999年版。

② 闻一多:《唐诗杂论》,山西古籍出版社2001年版,第31页。

动不安和对社会改革的一番渴求之后，把正经严肃的内容加以收敛，转向以温、李绮艳诗风为主流，乃是势之必然。"①晚唐之绮丽跟齐梁之绮艳绝非等同。晚唐之绮丽，既是如同李商隐一般诗人之愁苦凝结的悲戚，也是深刻寄托了政治哀思与时代不幸的愁怨的。《贞观政要》曾云："悲悦在于人心，非由乐也。将亡之政，其人心苦，然苦心相感，故闻之则悲耳。"②(《贞观政要》卷七)义山愁心凝虑，诗境纠结，至于贾岛，则更是没有了盛唐宏阔的诗歌境界，而将目光转向卑小、冷暗的事物中反复吟唱，正所谓"吟安一个字，用破一生心"。文音乃是人心。

晚唐诗人对心灵的探索才是经学失统、心性渐长的主要表现。晚唐外事之功没有了诗人发挥的余地，世风昏暗、诗命坎坷，造就的乃是士人们普遍的敏感、孱弱、苦心与凄婉的人格。而由此种人格延伸而来的则是对生命、个体的思考。如果说晚唐人真正对生命与个体之存在做了深入思考的话，那么其表现则是诗人个性的张扬，是一种"既在受挫又在张扬"的表现形式。这种表现形式显然承接魏晋人的觉醒而来，对后来的宋明士人摆脱封建铁围有着一定影响。关于这一点，田耕宇有着精要的论述："魏晋人对生命的思考唤醒了国人的个性，而晚唐人的生命思考虽然显得伤感、沉重和无可奈何，但却要求已经苏醒了的个性得以张扬，尽管这种张扬在当时的思想文化背景下必然受挫，但其继承发展魏晋思想和产生的某些悲观厌世与消极情绪，无疑对宋代以后逐渐完善了的封建铁幕统治和秩序有不可小视的破坏力。"③

在晚唐这种个性张扬的背景下，内在心性的探讨成为一种写诗叙情的新样式。而李商隐作为善写离愁别绪于幽思杳渺的名家，他的心灵开拓达到了晚唐诸家之最深境界。其《无题》诸首因其叵测的情思而得到

---

① 余恕诚：《唐诗风貌》，安徽大学出版社 1997 年版，第 139 页。
② (唐)吴兢撰，谢保成集校：《贞观政要集校》，中华书局 2003 年版，第 233 页。
③ 田耕宇：《中唐至北宋文学转型研究》，中国社会科学出版社 2009 年版，第 153 页。

历代的研究。心灵世界的开拓并非是对现实世界的逃避，恰恰相反，他们在心灵世界中存留最为真挚直接的情感而为诗人自身享用。诗的愉情性质以另一种面貌呈现出来。

然而愉情的清泠在贾岛以及九僧等苦吟派中显得尤为明显。晚唐政治昏暗，世人更愿躲在自己的内心世界，即使壶天狭小，他们仍然能够以一种狭小的审美而获得另类的审美愉悦。因而园林之内的赏玩，一石一砖的品评，乃至诗酒茶花则成为他们的赏心之物。乃至在巍峨的峨眉山之前，诗人看到的不是真正的峨眉山，而是庭院内一座小小的假山：小巧功成雨藓斑，轩车日日扣松关。峨眉咫尺无人去，却向僧窗看假山。①（《七祖院小山》）可见晚唐诗人的视阈只在咫尺之近域而无天涯之气度。正是这种相对狭隘的视野，使得以贾岛九僧为代表的苦吟派就将审美的围墙深深地限制在了自己的内心世界。当然，文学史对之有着详细的说明，此处不再赘言。紧随李商隐以及贾岛那种将审美维度转向诗人内心世界而来的，乃是境界开阔上的"虚象"意识。所谓"虚象"意识，就是追求实景之象以外的虚无的景象，也就是司空图所谓的"象外之象，境外之境"。司空图应该是晚唐最后一位具有理论修养的诗论家了，他的《二十四诗品》乃是中国诗学理论的点睛之作，而其所具有的深刻的审美思维以及诗性的审美构建成为历代以来最受关注的诗学著作之一。

杜牧曾唱出"夕阳无限好，只是近黄昏"的诗句，表现出晚唐凄苦哀颓的士人心绪。晚唐国势的确江河日下，世风不再以经世致用为上，而是以哀伤颓废为尚。"经"之"经营"大旨退居了角落，成为孤单的烛火。然而，《易》之所谓天下变易之理，世情循环而阴阳互济，晚唐虽然经学衰敝到极致，但士人通经致用，经世济民之心从未灭绝，因而儒家刚健致用之思想将会再度成为士人呼唤的重点。这一点，在司空图美

---

① 周振甫主编：《唐诗宋词元曲全集》卷六七五，黄山书社 1999 年版，第5002 页。

学思想中已经得到明显的体现。司空图的《二十四诗品》，不再是孤单伤感的言辞，不再是颓废落寞的口吻，而是在审美之中包涵新的勃勃生机。

《二十四诗品》属于风格品评。无论是诗歌风格还是诗人个性，《二十四诗品》没有从作品直接入手，而是采取素描的方式，将一种感性的、灵动的感官体悟掺入诗体语言中，创造出亦诗亦评的独特审美风格论。我们知道，风格最开始在《易经》里面有"阴"与"阳"之划分。"阴"对应"柔"，"阳"对应"刚"，因而阴与阳、刚与柔乃是一种最开始的风格划分方法。这种看法在儒释道三家都有所体现。也就是说，儒释道三家都有此种审美风格的划分。儒家偏重刚健之美，崇尚"天行健"之雅姿，四杰子昂所谓风骨之论，正是儒家贞刚之美的另一种存在形态，他们用贞刚之美来抵牾齐梁余韵的阴柔之美，正是两种审美元素的对立的体现。道家则与儒家相反，崇尚阴柔之美。道家无为、贵柔、尚虚等思想跟儒家有为、致用、崇实的思想截然相反，可见儒道二家实际上提供了两种审美范式。佛家贵"空"，"空"则跟"柔"有极大相似性，也属于贵柔的风格。

由上面分析可知，儒家与释道二家的审美风格存在一定的差异。李唐王朝乃是融合三教的时期，三教并立在唐代成为一种特殊的存在形式。李唐初期继承南朝风尚，偏重于柔的审美风格，太宗初期虽然秉持贞刚之道，但后期齐梁余韵抬头，因而四杰子昂重举"风骨"大旗，让北方贞刚劲健之风重新主导文坛。继而盛唐中唐时期呈现出刚柔相济的美学特色，他们有着融合儒释道三家的美学特质，不再单一地表现出儒家刚健的美学心理，在人格与诗风上存在多重审美风范。因而唐人融合三教审美风格成为一种普遍的特色，司空图也无一例外地接受三教的审美风尚。

《二十四诗品》乃是一本典型的融合三教美学特质的审美风格论著。《二十四诗品》首当其冲的两种风格正好分别代表了儒道二家的美学宗旨。"雄浑"一品，以一种浑厚雄强的气势诠释了刚健的美学风范，而

"冲淡"则以轻柔婉转的姿态表现了阴柔之美的特色。至于"纤秾"则似齐梁之风而极近道家,"典雅"则雅正清丽应归入儒家,"含蓄"则颇有佛家澄怀空净的美风。可以说,《二十四诗品》当中很多风格并不简单是某一家之风格,"雄浑"和"冲淡"虽然典型地代表了儒家与道家两家的审美风尚,但"劲健"一品既有儒家贞刚之美,又有道家杳渺之姿,乃是融合了儒道二家的美学宗旨的一品。又如"飘逸"既有阳刚之美也有阴柔之美,罗仲鼎认为此品潇洒闲逸,乃是道家遗风,而刘禹昌则认为乃是壮美行列,其实飘逸更多的乃是一种融合儒道的"阴阳和合之美"。① 甚至"含蓄",既有儒家辞达而已矣的谦怀,也有道家无为的自沈,还有佛家空灵的深韵,可以说乃是三教审美风尚融合的典型一品。其中所谓"不着一字,尽得风流",写尽含蓄之美的奇妙而使后人无法超越,只能就此八字叹而观止。这正是《二十四诗品》简短精要之魅力的文本表现。

既然谈及《二十四诗品》之美学风尚,历代对之尊崇的诗美风尚研究颇多,但对其之偏重则尚有意见之分歧。主张以儒家美学为准的人以司空图将《雄浑》这种偏重贞刚之美的范式作为篇首来证明,而主张以道家审美风旨为揭橥的则认为在整个《二十四诗品》中阴柔之风占了大部分。对于这个问题,其实不能绝对划分它的刚与柔。因为正如前文所言,《二十四诗品》中的很多品乃是综合了儒释道三家美学风尚而成的,不是单纯的绝对的刚或者柔。比如"劲健"一品,它不仅是儒家的贞刚劲健之美,这种"劲健"还有道家那种缥缈逍遥的意旨在里面,因而显得更加具有美学内涵。

我们看待《二十四诗品》之美学风格,其实不应该从是否儒道二家的划分来看,也就是说不应该从阳刚与阴柔的划分标准来看,而是应该从"正"与"奇"的角度来划分。"正"与"奇"之划分与"正"与"邪"之划分类似而不相同:"正"与"邪"乃是二元对立,而"正"与"奇"则是主次

---

① 张国庆:《二十四诗品诗歌美学》,中央编译出版社2008年版,第146页。

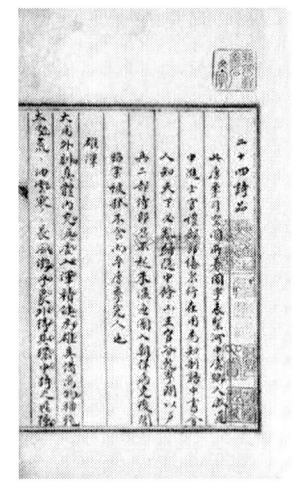

《二十四诗品》

关系。儒家思想里头，一直以"正"作为一种美好的标准。《诗经》里头记载正义之气而对邪风淫词表示排斥。道德品评里面，"正"乃是一种较为高端的评价。将"正"运用在诗论里面，且与"奇"相关的比如刘勰《文心雕龙》所谓"执正御奇"的观点，正是"正"主"奇"次的典型。在刘勰看来，他虽然秉持儒家贞刚清正的诗美风尚，以《诗经》这样淳厚雅正的风格作为标杆，但同时他并不反对文学作品里面存在"奇"的因素。他十分欣赏屈原宋玉等所作离骚之文，那些奇辞诡藻没有遭到刘勰的批评反而因为特殊的美感而受到称赞。

在《二十四诗品》里面，司空图其实同样也是秉承"正"、"奇"这种诗美风尚的。纵观整个《二十四诗品》，可以说司空图实际上还是以儒家美学这种"正统"美学观为本而以奇绝这种美学观为次的。《二十四诗品》的每一品，虽然有些能够找到释道二家的影子，但在艳丽上绝对没有落入淫丽绮靡之流俗，在质朴上没有陷入凸显单实典重之困境，在空灵上没有绝对无为，在虚静上没有完全遁世，而是始终保持一种昂扬向上的刚健之气，表现出明显的对儒家刚健美学的强烈呼唤。甚至可以说，在诗美风格上，司空图没有李商隐的深谲，没有杜牧的冷伤，没有贾岛的凄苦，没有孟郊的枯暗，而是直接超越他们的相对的狭隘而努力追求清丽雅正的贞刚之风。

《二十四诗品》出现在晚唐时期看似偶然，实则是文学史或者说是诗论史发展之必然。《二十四诗品》实则是中古时期华夏民族审美之典范。

首先，《二十四诗品》出现在晚唐，乃是唐代融合三教、以儒为主的文化政策之直接产物。前文已经提到过，李唐王朝不同于前朝后代之独特之处在于，他对儒释道都采取一种柔任的政策，以儒择取官吏，施行文治；以道做立国之基础，证明自己得天所授，用以稳固政权；以佛为劝教之器，用以惩恶扬善。这种宽和的文化政策让原本相对对立的儒家与释道二家走进了融合的大路。因而在审美风尚上面，儒家贞刚之气不再作为单独的一种审美范式，道家的空灵和禅宗的澄净直接给予李唐王朝文学独特的气质。盛唐诗歌既有儒家之雄强，也有道家之冲和，也有佛家之淡净，乃是典型的三教之美。中唐虽然在韩柳等人的提倡下，以文载道和以文明道成为文化潮流，但三教融合之趋势仍不可阻挡。晚唐士人外在没有了建功之机遇，只能在内心发酵李唐独特的审美范式，因而酝酿出以心境为特征的、融合三教的文学风格论，这正是继盛唐中唐而来的必然之势。

其次，李唐之文学真正兴灿者，实乃盛唐与晚唐，一个是李唐最隆盛之阶段，诗文荣丽，贞雅馥淳，一个是李唐最衰败之时期，诗文悲戚，暗苦愁密。一如叶燮在《原诗》中将之比喻为"春花"、"秋花"之谓："又盛唐之诗，春花也。桃李之秾华，牡丹芍药之妍艳，其品华美贵重，略无寒瘦俭薄之态，固足美也。晚唐之诗，秋花也。江上之芙蓉，篱边之丛菊，极幽艳晚香之韵，可不为美乎"①叶燮看重晚唐之诗，乃是其慧眼所在，而其真正独特论家之心，乃在所谓中唐乃唐代之中、

---

① （清）叶燮：《原诗》，江苏古籍出版社2010年版，第39页。

百代之中的论述:"此中也者,乃古今百代之中,而非有唐一代之所独得而称中者也……时值古今诗运之中,与文运实相表里,为古今一大关键,灼然不易。"①叶燮这个论述被很多学者研究,其意义自然不同凡响。但本文这里之所以引用,目的乃是在于强调中唐之后的审美范式已经发生了极大转型。

中唐韩愈构建的儒家哲学体系,不再是以宏大的天道作为本体,而是从孟子心性之学中汲取营养,修补周孔圣人之道的漏洞。孟子心性之学的重点在于重视自身的修养,又由自身推及家庭及国家,乃至天下。从个人内心的构建开启的哲思模式影响了文学艺术上重视内心世界营构的思维模式,所以李商隐、温庭筠的文字表达极其精细,乃至这种心理成为中唐以后诗人的一种普遍的心理。

顺便可以说,盛唐时期禅宗的隆盛,实际已经暗含了心性之学修养的种子。慧能所谓"人人即佛"之理念正是强调的从个人心性修养做起的观点。或许这种观点被表面崇儒实际也重佛的韩愈吸收化用,又在孟子中找到了类似的理论根源,因而才构建了此种学说。无论怎样,只能说盛唐之后,从外在事功到内在修养似乎客观上不可避免。而司空图作为转型之后,晚唐一位集大成之诗论家,他之诗学理论实际已经烙印上了极为明显的转型后的印迹。司空图之《二十四诗品》,实际上概括了中古时期几乎所有的风格范式,也对宋诗美学范式的构建起到了极大的作用。"司空图的美学思想代表了庶族地主文人追求雅化的要求,具体讲,就是奉陶渊明、王维、韦应物诗那种平淡澄清中所透露出的深远意韵。这样一种美学追求正是登上统治阶级舞台的庶族地主阶级的美学思想代表,而且代表了整个古代美学思想向后期封建社会的转变。"②

《二十四诗品》的三教风格融合直接影响了苏轼诗歌儒释道文化融合的特色。其雄浑、劲健、清奇、疏野之类促进了宋诗刚劲、精思、雅

---

① (清)叶燮:《原诗》,江苏古籍出版社2010年版,第61页。
② 田耕宇:《中唐至北宋文学转型研究》,中国社会科学出版社2009年版,第227页。

古、简丽的风格。其绮丽、冲淡、飘逸、流动之类影响了宋词温婉、清丽、柔逸、洗净的风格。甚至司空图的平淡理论直接开启了宋人平淡理论的先河。

王顺娣说："晚唐司空图的《二十四诗品》赋予'平淡'浓厚的审美意蕴和艺术情韵，彻底扭转了'平淡'的贬义色彩，而且他所说的'平淡'还具有类型学的意义，上升为具有无限意味的审美范畴。司空图的平淡观直接开启了宋代诗学的平淡理论。"[1]司空图的典雅与高古，影响了王国维"古雅美"的审美风格，而司空图所谓境外之境，象外之象，甚至影响了王国维意境说的形成。可以说，从司空图《二十四诗品》出世开始，唐代诗歌美学风格宣告成熟，中古时期的审美风格之工程宣告完成，甚至华夏民族偏爱的美学风尚全部集结。

因而从这个意义上讲，司空图之《二十四诗品》乃是晚唐之晚、中古之晚、百代之晚。这个"晚"正是集成之意。站在"经"与"文"的角度而言，不得不再次提及的是，《二十四诗品》也代表了儒家刚健美学要求的回归。这直接给后来的宋代诗歌美学指引了方向。今人黄念然曾就文学艺术价值发出这样的论断："文艺的形式价值主要体现在形象再现层，生命价值主要体现在情感表现层，而启示价值则主要体现在审美意蕴层。"[2]用此语评价司空图之《二十四诗品》之文艺美学价值，毫不为过。

---

[1] 王顺娣：《宋代诗学平淡理论研究》，巴蜀书社2009年版，第35页。
[2] 黄念然：《中国古典文艺美学论稿》，广西师范大学出版社2010年版，第62页。

第六章 日月叠璧：唐代"经""文"之影响

从整个中国经学史与文论史看，唐代是一个十分特殊的阶段。就经学而言，唐代上承汉代下启宋代，是经学研究由训诂考释到义理章句的过渡阶段。就文论而言，唐代亦是由注重形象造境到格物思理的转型时期。唐代经学与文论本身也取得了极大成就。因而唐代经学与文论对唐后有着极大影响。

第一节 承汉启宋的中心枢纽

《老子》有云："反（返）者道之动。"所谓"反"，乃是返还到"道"最开始的时候，去探寻其中奥妙的同时，带来新的思维与出路。韩愈柳宗元"以文载道"的复古思潮其实正是这种思维模式。他们所谓的复古，表面上是追溯孔孟之道的本源，实际上是在不断找寻他们时代文化与文学的新出路。然而士人理想与封建皇权之间不可消弭的矛盾始终制约了这批带有强烈改革欲望的诗人去完成他们的目标。韩愈晚年官高位重，没有了中年时期力图救弊扶道的锐气，柳宗元在自己构建的儒释道文化系统中走向山中隐士的凄凉境地而对时政不再过多关注。元稹早逝以及白居易后期心态的闲适都让原本轰轰烈烈的新乐府运动和讽喻诗诉求走向终结。这批努力救世的士人不能成功的原因一方面当然是自身环境的改变因而中断了事业的前行，另一方面更为深沉的原因则是李唐皇权制度的弊端导致唐代自中唐开始不断的党争。党争的存在导致了皇权与臣权的分歧，也严重影响了上风化下的效果。中唐败乱终究直接导致晚唐衰敝成为不得不然之趋势。晚唐是在不断的动乱中走向灭亡的。

唐代的经学与文论有一种承前启后的作用。史学家、经学家、文学家都几乎一致认为，唐代经学与文论乃是承接汉代经学与文论而来，而且对汉代经学与文论有着横纵的开拓。从经学上看，唐代经学宣告了训诂考释的汉式经学的终结以及以理学心性为宗的宋代经学思维的开启。从诗论上看，唐代诗学则是对中古之世诗歌理论的总结，且开启了不同于汉代诗学的多元化格局。

纵观唐代经学与文论，他跟汉代经学与文论有其相似一面，也有其不同之一面。汉代与唐代是中国封建社会的两座高峰。汉代与唐代极强的民族自信给予了华夏民族不尽的动力。对于汉与唐之间的相似性，学者曾给予了极大的关注，鲁迅先生就盛赞汉与唐所代表的精神乃是华夏民族雄强劲健的"汉唐精神"。

首先，大一统的社会里，经学会对诗学（包括赋学）产生规范性的指导作用。在汉代，经学被立为官学后，其地位与价值得到显著提升，儒家的思想得到帝王的尊崇，那么自然，作为官方意识形态的经学会对文学产生一种"规范"的力量。就比如赋，写赋的人首先要对大一统的盛世进行热情的歌颂，然后还需要继承经学提出的"致用"的观点，对现实或者统治进行一定的干预，赋的结尾每每都要包含着对帝王的劝谏，大致就是如此。这种规范，既具有一种规定性，又具有一种指导性的意义。站在士人的角度，则是自觉地对经学官方意识形态的靠拢和适应。这当然是两方面的原因。这里需要说明的是，我们曾经说过，经学对于诗学的所谓"宗经的限制性"与我们这里提出的"规范性"乃是两个不同的概念。说经学宗经的限制性乃是一种钳制思想的行为，是极端的干预言论自由的类似文字狱的事情，这在武帝乃至整个汉朝是不存在的。即使有个别的文字狱的发生，也是因为威胁政权或者有意谋反等，与统治者有意识地打压文学文论的行为是不一样的。规范性，是一种有意识地引导，而不是压制，"规范诗学以教导人们应该如何写文学作品为目的"。① 这是本书特别点明的。

这种正面的规范性在唐代也是如此。作为对隋唐初文风及科举规范的《五经正义》，正是唐初经学思想中有意识地对诗歌及诗学进行规范的典型。然而《五经正义》只是从官方指导思想的层面对文化界进行了粗糙的规范。对于诗歌和诗学而言，唐人的"规范"更多地"表现在文学作品中的声律、对偶、句法、结构和语义的要求上"。② 张伯伟先生对唐代诗学中的规范性诗学做了深入细致的研究，他认为这种规范正是唐代诗歌由古体诗向近体诗转变过程中出现的现象，同时这种持续几百年的规范诗学对宋元明清的诗学理论产生了深远的影响。张先生文章观点自然高妙，同时我们也必须补充的是这种规范性的诗学并非只在唐代才有，汉代也有，乃至是一种大一统的时代都会出现的文化现象和政治策略。

太宗见使图

汉唐都属于大一统的时代，这种类似的规范性自然都会存在。但是二者的规范性在有些地方又有着不同的性质。相比较而言，汉代的规范性之力度要强于唐代的规范性，大致原因是汉代乃是儒学独尊的时期而唐代是三教鼎立的时期，同时是汉代外儒内法而唐代儒学相对潜入隐性

---

① 方珊等译：《俄国形式主义文论选》，三联书店1989年版，第80页。
② 张伯伟：《论唐代的规范诗学》，《中国社会科学》，2006年第4期，第171页。

影响的原因。还必须注意的是,基于汉唐士人的社会地位的不同,士人对王朝规范性诗学的反映也不一样。汉代士人虽然有了比贫民高的社会地位,但是面对官方意识形态强有力的控制,他们对规范性的反抗和抵制没有唐代士人的直接和大胆。唐代士人的社会地位得到了提高,同时没有汉人的压迫感,有些诗人在作品中甚至直接提及皇帝后宫之事,因而相对来说他们比汉代士人对规范性诗学的抵制和不屑就更加直观和大胆。比如汉代士人在愤懑不平时,只能在赋中述说自身的哀戚之感,那些类似《悲士不遇赋》的文章正是这种情感的真实写照。他们不敢直言对帝王皇权的愁怨。但在唐代,类似王昌龄一类的作家感叹宫闱之苦时,可直接借助女性口吻写出对宫廷甚至对帝王的不满和怨恨,那些宫怨诗正是这种愁怨的产物。

其次,汉唐经学对诗论(和赋论)的影响都不是直接的,而是间接的。不同的是,汉代经学对赋论的影响更多的是政治,而唐代经学对诗学的影响更多的是文化。正如前文所说,汉代是儒学定于一尊的时代,武帝对文化的控制力度是直接的政治性管制,他是属于大一统时代权力政治不合理的时期,赋论自然受到多方面的限制。而越是有所限制则越说明政治干预的直接性。这跟唐代大不相同。唐代经学对诗学的影响主要靠文化,比如儒家文化中的通经致用传统,比如本土化的佛家禅宗的了悟思维,又比如吸收了道家飘逸自然的儒家文化,这些对风骨说、意境论、兴象说等都产生了很大的影响。所以我们说,唐代经学更多的是借助文化的手段对诗学加以影响和规范。唐代经学借由文化对文学诗论产生影响,没有了经学直接掌控文学的压抑,过滤了经学对文学诗论直接的牵制,与政治实现了同向性的和谐,"唐代经学的最大贡献,正表现在与大一统的唐帝国政治相表里的'统一性'上"。① 因而唐代文学相对汉代而言显得更为生动活泼。正是唐代经学对文论之影响在历史长河中有种独特性,因而其意义非同一般。具体而言,唐代经学与文论之关

---

① 何诗海:《唐代经学与文章之学》,《浙江学刊》2009年第1期,第90页。

系的意义主要有四点。

首先，宽松的社会环境，没有压迫的文化政策是唐代经学与文论关系良性发展的温床。对于后世文论而言，经学的制约性始终还是主要的影响因素。而经学制约性的力量来源还是政治的指引。唐代开明的政治氛围、宽松的文化管制以及多元的文化影响造就了唐代诗歌与诗学的独特魅力。这种范式虽然没有在包括两宋在内的王朝获得生命的延续，但是他的典范性还是在文论史与文学史上留下了光辉的一笔。两宋虽然文化影响力比较大，但是两宋受到北方少数民族的侵扰，政治上不算稳定也没有唐代开明的条件，再加上两宋经学逐渐完成了章句之学向性理之学的转变，讲求理性与义理的学术风格一扫唐代尤其是盛唐的抒情诗意风格，诗歌讲求议论与说理，这跟唐代的文化与学术环境已经大不一样了。元代作为少数民族的政权，相对而言对于儒家文化不重视，本来就没有在经学史和文学史上留下灿烂的笔迹，因而诗论也显得简薄而无力。但是值得一提的乃是元代著名诗论家元好问，他乃是直接继承杜甫诗论的传统之后最为杰出的诗论名家。明清两朝的文化环境就更无法与唐朝相比了。大致原因还是在于明代统治的文化策略不甚开明，而清代异族统治的严酷的文化政策更是给了士人强烈的压迫感和紧张情绪。只要翻看明清两朝的文字狱就会发现，明清士人的紧张情绪弥漫在文化层面的每一个角落。因而可以说，在中国封建社会的历史上，唐代真的属于少有的开明社会和少有的拥有宽松的文化环境的时代。

其次，唐代文化的影响力比政治的直接干预更能对经学与文论产生效用。唐代统治者表面推崇释道二家的背后，仍然是儒家思想占据社会的主流。这里不仅仅是统治者的选择，更是华夏民族特殊的环境造就的民族性格。儒家文化潜在的影响力绝对胜过讲求隐逸自然之风的道家，也胜过四大皆空、无为无治的佛家。但是佛道二家并非对政治统治一无是处，佛家的"空"与"善"的思想能够减少社会矛盾，而道家的无为思想则能宽慰士人的心胸。这些在太宗及则天的心里是再明白不过的道理。唐代三角鼎立的多元文化恰好是在统治者的有意识的管理之下呈现出开明开放、多元交融的局面。这种局面虽然表面上削弱了经学的影响力，但是经学思想在释道二家的融合中也走出了一条新的道路，对于诗论上则产生了心灵之境的新领域的阐释理论。这些都是唐代文化影响的作用。宋及明清没有这种文化环境，因而与唐代的经学特色和诗学个性不太相似。

再次，中唐社会的巨变带来的经学及文论的转变再一次印证了经学直接受到政治影响的事实，也再一次说明稳定的政治环境对于经学发展的重要性，也说明文论对于政治和经学发生变化的敏感。通过文论的发展轨迹我们可以很明显地感受到，原本通达开明、风骨硬朗的外向式诗学阐述，经过"安史之乱"的搅扰及政治的衰敝，变成内心狭小委暗、愁怨哀思的内向式诗学探索。中唐韩柳的"道统论"充满了重建稳定经学与道学的迫切感，元白的平易诗风没有了盛唐的华美气象，晚唐司空图的韵味探索以及象外之象的论说充满了对现实逃避、渴求境外之境的嫌疑，而"郊寒岛瘦"的凄美更是说明了盛世之后经学、诗学与文论的种种怨伤性格。唐代社会越往后发展，经学讨论的气度就越小，诗学阐述的口吻就越悲悯，连诗歌都充满了惋惜和哀怜，唐代社会的晚景正好被杜牧委婉地说出："夕阳无限好，只是近黄昏。"唐代这种因为社会与政治巨变导致的经学与文论的变化的历史事实并非只发生在唐代，唐前的汉代就有，唐后的南北宋一样有。这种惊人的历史相似性只能再一次说明了经学与文论对于政治的依赖性，只能再一次标明经学与文论对于政治及社会的变化有着敏感的同一性。两宋之间南北的裂变同样也出现了由清丽到哀婉的转变，著名女词人李清照的诗风分为南北两个时期正是典型的写照。

最后，唐代逐渐走向理学化的经学直接影响了诗论走向理学化。关于经学理学化的源头，其实早在六朝时期就已经有所表现。六朝时期玄学的理化思维加剧了儒释二家的融合。玄学本来就有着说理性的特点，这种说理性的思维一旦运用到儒家经学层面，自然会对经学的阐述方式和思维模式产生影响。而且六朝几乎处于真空状态的思想与文化控制力,又给了思想家们打破传统经学思维与表达方式的良机。唐代孔颖达融合南北经学而编纂的《五经正义》就继承了六朝玄学化思维的理学套路,这种官方修订的大一统经学的模板更能促进理学的不断壮大。经学的理学化直接影响了诗论的理学化。中唐以后诗论都有着理学的影子。至两宋,随着传统章句之学的逐渐衰退和理学的不断壮大,经学表现出明显的义理的特点,而大量诗话的出现又正好是经学理学化影响诗学理学化的证据。诗话这种体裁具有的自我阐发观点的方式正是随着理学家可以随意阐述经典义理的不断完备而快速发展的。不过正如六朝经学有南北之分、又有南北融合的特点,理学在暂时战胜传统经学之后,一定会反过来重新吸收传统章句之学的特色,也会走向一条融合的道路。这种轨迹恰好在经学后来的发展历程中得到了印证。

第二节 唐宋经文转型与唐宋诗之争

唐代的经学与文论有一种承前启后的作用。史学家、经学家与文学家一般认为,唐代经学与文论乃是承接汉代经学与文论而来,而且对汉代经学与文论有着横纵的开拓。从经学上看,唐代经学宣告了训诂考释的汉式经学的终结,以及以理学心性为宗的宋代经学思维的开启。从诗论上看,唐代诗学则是对中古之世诗歌理论的总结,且开启了不同于汉代诗学的多元化格局。在宋诗成熟后,唐宋两种诗学风格成为一直争议的话题,唐宋诗之争由此拉开帷幕。因而本节先阐释唐宋的"经"、"文"转型,然后重点论述唐宋诗之争。

一、唐宋"经""文"转型

前文说到,唐代经学主要通过儒释道三教文化来影响文学与文论。唐代经的存在更多的乃是一种致用之术。政治上的成功与否决定了文学文论发展的完整与否。也就是说,外在的事功因素较内在的心性之思更能左右文坛的走向。初唐贞刚之风打败齐梁余韵,是经学一扫六朝颓靡之姿而重振之表现。诗坛随着太宗文治之制而颇有转向。盛唐国力隆盛，致用有功，因而经学内化为文化之力引导诗歌繁荣发展。中唐开启的心性之学虽然已有了宋学之雏形，但其致用之痕迹仍然明显。晚唐作为经学败乱的时期实际上乃是由唐入宋的转型时段。

　　唐代经学与文论之关系深刻表明，文学文论之发展不仅离不开经学之影响，更离不开"道"与"政"的完善。因而自中唐便开始的唐宋转型，尤其注重"道"的重构，这在中唐经学与文论中已经言明。韩柳"道"的重构带来的是心性之学的萌芽，儒家致用的思想在宋代有了修齐治平的顺序。这种修齐治平的顺序实际彰显的乃是从个人人格开始的修为模式。这种修为模式还是离不开韩柳的道统。宋人没有了唐人的自信与开朗，"安史之乱"的教训以及晚唐宦官专政、朋党之乱的弊端让宋人一改唐人蓬勃朗练的朝气而变得成熟稳重。经学研究由注重训诂考释而转向对"道"的参悟。宋人更多的不再是谈"道"，而是谈"理"。如果说"道"具有形而上的一种虚无口吻的话，那么"理"则是着力于人世间实用哲学。宋人善于借鉴历史，司马光编撰的《唐书》更多的是汲取唐人亡国的教训。因而在人格修为上宋人与唐人截然不同。关于这一点，李春青先生有着极为清晰的论述：

　　　　宋代士人，准确的说是仁宗朝之后的诗人，不仅从传统儒家文化中承继了基本的人格精神，而且广采博取，于老庄佛释之学中大量汲取了精神营养，从而建构起一种新型的人格结构。这种人格结构与汉唐士人的根本不同之处在于：汉唐士人的人格结构基本上是二维的——或进、或退、或仕、或隐，或以天下国家为本位，或以个体心灵为本位，二者取一。这是典型的二元对立的思维模式。宋儒则不然。他们渐渐形成这样的人格结构——融进与退、仕与隐、以天下为己任与个体心灵的自由与超越于一体，他们不再以退隐作为修身养性的必要条件，也不再以仕进为人生最高目标。他们在进中能退，在仕中能隐，或因个性原因而不愿出仕，也绝然不会于天下之事毫不萦怀。就其大体而言，宋代士人即使仕途遭遇较大挫折，亦不轻言退隐；即使仕途极为顺遂通达，也不得意忘形、任意妄为。在穷困寒滞之时能关心社稷苍生并保持心气平和，在官运亨通之时又能存留一颗平常之心——这正是宋代士人所追求与向往的人格理想。①

宋人普遍的重"理"意识客观上跟文学审美效用乃是南辕北辙。"从动态角度看，宋人对诗歌功能的认识，大致经历了由政治层面渐向道德心理层面的倾斜。"②但纵观整个宋代文学与诗歌，宋人的经学与文论一点都不比唐人逊色。宋代理学乃是继汉代之后的哲学高峰，而宋代一系列的诗派更是与唐人诗歌双峰并峙，平分秋色。

唐人与宋人对于诗歌之认识大不相同。如果说唐人谋诗歌以内心之情与外在之境的比兴交融式的体验的话，那么宋人则认为诗歌乃是自身素质与人格的外化。"在多数宋人眼中，诗的产生与其说是来自客观外界的感发，不如说是出于诗人内在素质的自然流露，即所谓'真味发溢'。而诗人的内在素质，无非包括'趋向之高下'、'学问之精粗'、'器识之贤否'等三个方面。"③宋人之文论与唐人也决不相同。周振甫对此曾有过论述："大抵宋代的文论与唐代不同，韩愈讲气势旺盛，偏于刚健；欧阳修讲情韵之美，近于委婉曲折；唐文还有艰深的，宋文力求平易；唐文还有奇特的，宋文力求自然，善于随物赋形，曲折变化，对后代的影响更大。"④周振甫先生论述宋代文论之特点，乃从唐宋文论风格特色之大貌比较而言，实际正是唐宋诗文风格之争的另一种表现。而且此处一段也能看出，宋人之文论的确自有其精奥之处，不然周先生

---

① 李春青：《宋学与宋代文学观念》，北京师范大学出版社2001年版，第22页。
② 周裕锴：《宋代诗学通论》，上海古籍出版社2007年版，第31页。
③ 周裕锴：《宋代诗学通论》，上海古籍出版社2007年版，第133页。
④ 周振甫：《周振甫讲古代文论》，江苏教育出版社2005年版，第7页。

何谓宋人之诗文对后世影响更大？

论于经学苑囿而言，宋人高出唐人百倍。论于诗文而言，唐宋各有千秋。之所以如此，乃是唐宋文化政策之别。唐人重三教并立而宋人特以儒家道学为宗。也正因二者文化政策之别，所以唐人重三教有种汇集河海之气魄，其哲思诗文有如平湖秋月，融丽雅致，极逮风情神韵而略无思枝缜密。宋人特以理道为宗而有川江之势，其哲思文辞有如奔江疏梅，遒劲冲理，颇崇筋骨思理而略无雍容澄净。论于三教文化融合视阈下之士人心态而言，经唐而宋有诸多变化。正如木斋所言：

> 其中一个最根本的变化，就是由唐之前以儒家的进取为雅而演化为以退隐为雅，由对外在功名的追求为雅到以对内在心灵的安适为雅，其改变的契机当是唐以来儒释道三家在争论中合流而对士人产生的深刻的影响。唐之前虽然有魏晋六朝的隐逸风度，但却被视为旁支，直到白居易的诗论，都以文学服务于天子为诗之雅道，崇尚功名进取为士人的第一人生选择。有宋以来，隐逸上升为与出仕具有同等价值的人生抉择。这一变化，引发了士大夫对很多事物雅俗的重新界定。譬如唐人之国花为牡丹，象征着雍容华贵，而宋人则喜爱梅花，以梅为雅，而以牡丹为俗。苏轼魏晋以来，高风绝尘的提倡，是另一雅的内涵。因而，自然界中，凡能表现那种超凡脱俗、傲霜孤姿品性的，都成为士大夫雅文化的审美对象。①

木斋此论已经有了唐宋经由政治文化心态改变而引发的文学审美价值之改变的意味。实际上，唐宋之转变的确在方方面面都有所体现，这是一个被现当代学者津津乐道的话题，非本节可以囊括。而从文学源头上讲，虽然宋人诗格与唐人无相上下，但宋人自成一格则颇有用心。宋人出于唐人，非谓二者决然对立，殊不知，宋人之诗全然出于唐人而与唐

---

① 木斋：《宋词体演变史》，中华书局2008年版，第99页。

人妙趣横殊。一如雨后春竹，一节再出一节，发其本源，实则同根，只是青出于蓝而胜于蓝而已。细拈宋诗源头，实则与晚唐极有渊源。

晚唐之西昆体、九僧之诗在宋初极为流行。毕竟晚唐余韵中带有盛唐气象痕迹，虽然气格卑微、文辞羸弱，然作诗之法不得不受重视。犹如儿童学步，未站稳之时，即使成年跛脚亦可为师。宋诗初站稳脚跟，实则在梅尧臣、苏舜钦之时。此一时期宋代自身之气度已然脱离唐朝，时代的变动与环境的迁移让宋人有了自己的特色。萧华荣说："宋人不喜欢景物描写，而景物描写在诗中往往起到比兴的作用，因而宋诗的缺乏比兴几乎是古今通识。"①萧先生从比兴角度一语点破宋诗之基本特色，乃是揭开宋诗一角而窥其城堡。张海鸥先生还从意象的角度分析宋诗："意象的抽象化加重了宋诗的雅化倾向。"②宋诗此种意象抽象以及缺乏比兴之特色自然有其历史缘由。北方雄强的少数民族的虎视眈眈、大唐繁华落尽的无限悲凉都给予宋人冷静的思维与对内在修为的重视。那种唐式浪漫情怀在宋人心目中成为不得不放弃且鄙薄的对象。宋人不再如唐人一样借物比兴，不再细描景物而抒之以情，而是以议论与思理嫁接于平淡自然之姿，所以宋人文化上较唐人平淡而理性。

正是宋人自身平淡、自然、内敛、理性的文化氛围形成后，其经学与诗学则自有其独特之处。宋学之精深奥妙非本书一节能以叙述，本书此处只就唐代经学对宋代经学之影响略说一二。中唐经学内转让韩愈、柳宗元重新认识儒家道旨。道统的重构直接改变汉代训诂之旧经学观念而开启宋学之门。北宋前期儒学的主要工作在于恢复晚唐以来儒家的致用思想，王安石作为北宋最有名的政治家、文学家，正是亲身实践儒家通经致用主旨的杰出代表。北宋后期随着理学心性之学的进一步扩展，宋学的成型基本完成。南宋理学四大家以及朱熹的出现标志着宋学臻于成熟。论者谓中唐变革已然开启宋学之先河，这个观点得到大多数学者

---

① 萧华荣：《中国古典诗学理论史》，华东师范大学出版社2005年版，第12页。

② 张海鸥：《北宋诗学》，河南大学出版社2007年版，第387页。

的认同，他们对这方面的研究实在汗牛充栋，故而此处不再赘言。作为研究经学与文论之关系的文章，唐代经学对于宋代而言自然相对薄弱，宋人虽汲取唐人经学营养，也极力避开唐人经学研究之弊，甚至远绕汉代而自成一格。终其缘由，实际乃是宋人极高的自我修为意识。这种自我修为意识沉淀出宋人内敛精致的思维模式，因而一方面他们的经学显得更为侧重个人心性的修养，另一方面在诗学上则侧重超越唐人而自成一家。这种内敛精致的文化个性源头还是在儒家通经致用的经学思想上。

宋代经学对文论之影响自然有其独特之一面，但若论及唐宋转型这一关契点时，晚唐人有着明显的玲珑崩碎的悲凉之感。毕竟中晚唐世风的渐衰严重影响了诗风的发展。宋人欲弥唐人之缺，则必须在这种玲珑崩碎之后重新构建诗学大厦。因此宋初晚唐体中名噪一时的西昆派如昙花一现，很快被梅苏崛起的宋诗风格取代。他们开始了把宋人独特的重理论道的思维注入原本讲求风情神韵的唐诗之中，一变而成与唐诗并立的宋诗，成为诗歌史上又一壮观的巍峨高山。

从晚唐体到梅苏之变，此为宋诗转型第一阶段。真正在宋诗转型上取得极大进展的乃是欧阳修，使宋诗风貌最后成型并走向成熟的标志是黄山谷。黄山谷将宋诗真正提高到了筋骨思理的醇熟境界，也在江西诗派名声斐然的同时为后来的唐宋诗之争提供了宋诗与唐诗对峙之可能。正如齐志平所谓："故宋人之诗，欧公始与晚唐离；山谷始与晚唐绝；至永嘉派复扬九僧晚唐体之焰，而江西派乃起而与之争。其间往循环，寻仇启衅，实由操术之不同，作风之迥异。"[①]

果然后来的永嘉四灵掀起了第一轮唐宋诗之争。永嘉四灵认为江西诗派诗歌太过矫揉鄙俗，没有了唐人之流韵，因而转学晚唐。晚唐气格悲弱，早就被江西诗派遗弃，乃至陈师道在《后山诗话》中都说道："宁

---

① 齐志平：《唐宋诗之争概述》，岳麓书社1984年版，第9页。

拙毋巧，宁朴毋华，宁粗毋弱，宁僻毋俗，诗文皆然。"①其实此言乃是江西诗派传诗之法，由此能够推测在江西诗派的眼中，晚唐之人的诗歌实际上乃是"巧"、"华"、"弱"、"俗"，而江西诗派之诗则"拙"、"朴"、"粗"、"鄙"，两派对立之明显，可见一斑。江西诗派乃以"拙"、"朴"、"粗"、"鄙"立旨，实际暴露其缺点甚为明显。四灵诗论之起草者叶适代表宗姚合、贾岛等晚唐体的四灵攻击江西诗派之弊："至本朝初年，律诗大坏，王安石、黄庭坚欲兼用二体擅其所长，然终不能庶几唐人；苏氏但谓'七言之伟丽者'，则失之尤甚，盖不考源流所自来，始因其已成者貌似求之耳。"②永嘉后劲赵汝回亦对永嘉宗唐表示赞赏：

> 近世论诗，有《选》体，有唐体，唐之晚为昆体，本朝有江西体。江西起于变昆，昆不足道也。而江西以力胜，少涵泳之旨。独《选》体近古，然无律诗，故唐诗最著。世之病唐诗者，谓其短近，不过景物，无言及理，此大不然。诗未有不托物，而理未有出于物之外。古人句在此而意在彼，今观《三百篇》，大抵鸟兽草木之间，不可以是訾也。……永嘉自四灵为唐诗，一时水心首见赏异……云泉薛君仲止以诗名于时，本用唐体，而物与理称，更成一家。③

赵氏之论，特将唐格齐美于三百篇，谓诗家须由物与理称，言虽为诗家真谛，实际还是为晚唐体"辩护"之语。既然永嘉极力反对江西诗派之诗病，认为晚唐体实高于江西粗鄙之词，那么江西诗派为立宗之势，必然群起而反攻之，永嘉之弊亦显露无遗。

早在叶适眼里，唐诗其实也是有其短处的："争艳斗巧，极外物之

---

① 毕桂发：《精选历代诗话评释》，中州古籍出版社1988年版，第36页。
② 陈伯海编：《历代唐诗论评选》，河北大学出版社2003年版，第390页。
③ 张健编：《南宋文学批评资料汇编》，成文书社1978年版，第545页。

意态，唐人所长也；及要其终，不足以定其所守，唐人所短也。"①(叶适《王木叔诗序》)叶适所谓"不足定守"之语实际与"物理相称"之言针对，可见赵汝回有包庇粉饰永嘉四灵诗论之嫌疑。江西诗派之方回则无叶适之清淡言辞，直接以类似攻讦之语言对抗叶适代言的永嘉四灵之理论。方回在《桐江集》中与叶适针锋相对地发出了江西诗派的声音："老杜所以独雄百世者，其意趣全古之六义，而其格律又备后世之众体。晚唐者，特老杜之一端……近世之学者不深求其源，以四灵为祖，曰'倡唐风自我始'，岂其然乎？"②(《跋许万松诗》)又在《孙后近诗跋》中论道："近世之诗，莫盛于庆历、元祐，南渡尤有乾、淳。永嘉水心叶氏，忽取四灵晚唐体，五言以姚合为宗，七言以许浑为宗，江湖间无人能为古《选》体，而盛唐之风遂衰。"③

在《瀛奎律髓·卷十》中又言："予谓诗家有大判断，有小结裹。姚合之诗专在小结裹，故四灵学之，五言八句，皆得其趣，七言及古体则衰落不振。又所用料，不过花、竹、鹤、僧、琴、药、茶、酒，于此数物，一步不可离，而气象小矣。是故学诗者必以老杜为师，乃无偏僻之病焉。"④《瀛奎律髓·卷二十》又言："乾、淳以来，尤、杨、范、陆为四大家，自是始降而为江湖之诗。叶水心适以文为一时宗，自不工诗，而永嘉四灵从其说，改学晚唐，诗宗贾岛、姚合，凡岛、合同时渐染者，皆阴掇取摘用，骤名于时，而学之者又不能有所加，日益下矣，名曰厌傍江西藩篱，而盛唐一步不能进。"⑤《瀛奎律髓·卷四十七》："江西诗，晚唐家甚恶之，然粗则有之，无一点俗也；晚唐家吟不着，卑而

---

① 陈伯海编：《历代唐诗论评选》，河北大学出版社2003年版，第392页。
② 李修生主编：《全元文》第七册，江苏古籍出版社1998年版，第206页。
③ 李修生主编：《全元文》第七册，江苏古籍出版社1998年版，第208页。
④ (元)方回选评，诸伟奇、胡益民点校：《瀛奎律髓》，黄山书社1994年版，第175页。
⑤ (元)方回选评，诸伟奇、胡益民点校：《瀛奎律髓》，黄山书社1994年版，第438页。

又俗，浅而又陋，无江西之骨之律。"①方回对永嘉四灵的攻讦可谓"无微不至"。

尔后方回甚至搬出杜甫作为江西诗派之鼻祖。所谓"一祖三宗"之论俨然成为谱系传承的声明。以方回为代表的"一祖三宗"之说，特以杜甫为祖，实际上只是一种门派为了开宗立户的手段，一如李唐王朝将自己远祖追溯到老子一样，目的是为了证明自己系出名门。江西诗派若真以杜甫为宗，那么也就是说江西诗派乃是以唐人尤其是盛中唐诗人之诗为范，那么就跟以四灵宗唐之旨岂非相类？四灵宗尚晚唐体，殊不知晚唐西昆、郊岛之流实际上也是学杜甫之一枝一叶而成，也是唐人之余韵而已。方回后来或许意识到这个问题，因而又以本朝三宗为尚，实际上证明了自己所谓以杜甫为宗只不过乃是一种迂回的借口，江西诗派实际还是宋代诗歌风格集大成之流派。永嘉、江西之门户之见，各有偏执，正如齐志平先生所言："方氏攀杜甫为江西派之祖，使宋人上通于唐人，以明其'非自为一家'，无所不包。实则江西诸人，不过师法本朝，于杜甫尊而不亲；其于盛唐，尤格格不入；方氏且尝谓梅圣俞'学盛唐而过之'则其称扬盛唐，不过借以压倒晚唐，使四灵无立足之地，以遂其垄断诗坛之私而已。自今日观之，四灵之以晚唐体僭称唐诗，实则以偏概全；而方回之以江西派上拟盛唐，尤为以伪乱真。双方争论之结果，适足以暴露其均为假冒而已。"②齐先生所言极为在理。

永嘉、江西之派实际乃是借唐诗宋诗以立自我之诗范，这种相对狭隘的门户之见，表面上乃是一种诗歌见解的互相攻讦，客观上也促进了唐诗与宋诗两种风格的不断交融。应该说，自江西诗派成长之后，宋诗之典范已然树立。即使后人有宗唐与宗宋之别，至少有着两种诗歌风格范式给予提供。同时，宋诗典范的树立更多的乃是一种风格层面的构

---

① （元）方回选评，诸伟奇、胡益民点校：《瀛奎律髓》，黄山书社1994年版，第988页。

② 齐志平：《唐宋诗之争概述》，岳麓书社1984年版，第23页。

建，这跟后来沧浪所谓"盛唐之音"以及"江西以议论为尚"的判断已经有了共通之处。

晚唐体不再代表整个唐诗，唐诗的代表乃是盛唐之音，宋诗的代表不再是江西诗，而是整个宋诗的概貌。这种认知就比狭隘的永嘉与江西之争宽泛得多。而诗家们在江西诗派之后，对于宗唐或者宗宋已经有了一种文化性层面上的比较。从时代而言，重清音流韵者则以唐诗为宗，重哲理精思者则以宋诗为尚。从个人而言，喜趣味圆润者则多学唐诗，偏气骨诚鲠者则多爱宋诗。从经学角度而言，重心性修养者以唐诗为宗，重致用思理者以宋诗为上。前人对这种风格层面的界定与判断成果很多，但需要注意的乃是，唐诗风格的形成、宋诗风格的形成，乃至唐宋诗风格之争，其形成之主要原因之一乃是经学之效用，这一点前人很少提及。

经学对唐诗宋诗乃至唐宋诗之争有极大影响。对于唐诗而言，其成型之基础乃是稳固的政权与长期的大一统，其成型之关键则是经学"通经致用"之思想的极大效用。唐初太宗文治政策的奠基制度就是重新重视儒家经学，一反六朝重玄重佛的风尚，太宗对儒家思想的重视开启了李唐王朝儒家经学致用思想重新复活的机关。自太宗倡导讽谏诗风之后，四杰子昂相继而出，为努力构建李唐贞刚诗风做出了极大努力。"风骨"与"兴寄"的诗学理论，其本质乃是《诗》之"上风化下"及"与民教化"之宗旨，也正是儒家刚健有为的思想的延伸，所以说，李唐诗歌尤其是唐初一反六朝绮丽之风的诗学主张成型过程中，儒家经学发挥了极大作用。即便在盛唐释道二家与儒家三足鼎立的局势下，儒家经学依旧发挥巨大作用。李杜王孟虽各带气质，但其基底还是儒家致用思想，只是他们学而优则仕的过程比较艰辛，但这不否认他们经学思想的根深蒂固。更何况李唐王朝始终把握儒家取仕的命脉，这一点足以说明经学之影响，这在前文已经论述过，不再赘言。

中晚唐的政治局势虽然没有了初盛唐的稳固与繁荣，但韩柳以及司空图等人依旧点起儒家星星之火，为照亮文学诗歌的出路而日臻努力。

尤其是韩愈的诗学理论深刻影响了中唐文学的转型，为后来宋代诗学的来临做了铺垫。对于宋诗而言，宋初的晚唐体乃是宋人在构建自己诗学主张之前的一种学习与借鉴。宋人极具创新意识，在学习借鉴中参悟晚唐体之利弊而自成一格。毕竟站在唐诗高峰上，要超越前人则必须另辟蹊径。

北宋前期诗人大多受到杜甫韩愈之影响，因为宋人作诗讲求法度，李白天才傲纵，律无法度可言，而杜甫韩愈则穷而后工，有一种可以模拟而超越的法度在内，因而成为学习的首选。首先不谈宋人学习成效如何，永嘉与江西诗派之间互相攻讦实际已经自揭老底，其利弊成败世人早有认知。此处论述之关键在于，为何宋人一开始便有着极大热情去学习法度进而创建自身之风格特色？要明了此处，其关契正在于宋人强烈的致用意识。宋代政治文化乃是承袭唐代隆盛之基础而来，宋人疆土不似大唐宽广，外交上没有李唐的雄强，因而整体气度上朝着精致文化的路线发展。宋人的精细文化在整个中国文化史上达到高峰。因此内敛成为宋人人格的一种标识。而宋人实际上乃是最敢为帝王师的一代。由唐人积淀的致用心理发展到宋代，其通用意识有增无减，内忧外患的局面更让有志之士奋发有为。以王安石为代表的宋初经学与诗学大家，代表了宋人通经致用的典范。宋代诗学的成长始终伴随宋学（或者说道学的）的建构。

如果说北宋之经学与诗学之间乃是经学积极促发诗学成长的趋势的话，那么南宋随着理学的建立，实际上理学已经有了牵绊诗学的一面。究其缘由，乃是因为北宋经学的建构带有通经致用、内敛有为的性质，其模仿唐人、认知唐人乃至超越唐人的心态尚且较为平和，这当然也是王朝建基之初的必然之势。随着理学朝着心性之学走向深入之后，儒家经学由汉唐外在事功转向宋代道学内在心性基本完成，儒家经学极大内转，成为一种道德文章，这就成为了扼杀诗歌原创生命力的武器。这一点在经学史上已经有着明显论述。也正是由唐而宋经学的内转大势直接带动了诗学由"创"而"变"的大势。宋人政治文化环境决定了诗学须在唐人基础上求"变",乃是"变"而求"法"。

郭绍虞曾精要地指出:"我尝谓唐代文学之成功在于'创',有特创的风格,同时也多特创的体制。到了北宋,以无可复制,于是又重在'变';欲于古人的范围以内,仍能流露他的才性。于是苏轼便成为最恰当的代表。他能使古文语体化,而使四六古文化,使词体诗化,而诗文散文化,那么他的古文四六与诗词都变成创格了。至南宋则无一而非'袭',无论在哪一方面都不能脱前人之窠臼。因此,南宋的批评文坛,便提出了'法'的问题。"①唐之创到北宋之变再到南宋之法,诗学逻辑内在地契合了经学思维的转变。换句话说,由唐而宋的经学转变实际深刻影响了诗学发展之走向。南宋法的提出,相对而言禁锢了唐人那种天然的浪漫情怀,宋末以及元明之人局限在诗法之内是唐宋诗之争的另一种表现形式,同时也暗含了他们对诗学实际已无更多创建和推动了。

随着心性内转与诗学重构的风尚,诗的相对衰落与词的逐渐兴起则成为必然之势。诗歌不再以豪放的姿态表达文人的所思所想,而是由词这种婉约细腻、精致内敛的文体加以传达。当然,词也有豪放之一派,诗亦有婉约之风格,这里之论述当然着重整体而非个案。更何况在宋代,词之豪放之体乃是受到李清照等词家之反对的。要而言之,宋代诗学之成型乃是承接唐人之努力进而在自身环境中努力实践经学致用之思想而完成的。

对于唐宋诗之争,其中蕴含的经学影响同样存在。唐宋诗之争,说到底乃是选择一种合适的诗歌风格作为政治文化的标识。在宋代,唐宋诗之争乃是从南宋开始。北宋时期的诗歌有着极为明显的唐人的身影。欧阳修、苏轼、黄庭坚等人模拟唐人的足迹十分明显。苏轼作为北宋融合儒释道三家文化精粹的杰出诗人,其诗歌在异于唐音之外别开生面,创造出一种带有极为明显的以宋人文化印记为根底的三教融合之风范。其洒脱雅致一面有盛唐之音,其精致渊厚一面又极具宋诗特色,其禅思

---

① 郭绍虞:《中国文学批评史》,百花文艺出版社2008年版,第273页。

来自佛音，其哲思来自玄杳，其平淡自然则来自道法冲和，他集众家所长而汇流于一，可谓自盛唐后最为杰出的诗人。

苏轼可谓宋代诗学的代表，黄庭坚则是宋诗风格的典范。自江西诗派繁盛一时，其弊端成为后人唐宋之论的出发点。宋诗在成型过程中的确有其自身之极大"缺陷"，这种迥异于唐诗的风格成为人们攻讦的对象。其实其中有着儒家经学力图恢复盛唐国势的一种殷切期盼。文学毕竟是心灵的感召。诗歌作为诗人内心的意识形态，内在地表达着诗人的愿望。宋人之所以努力殷勤想要超越唐人，并非宋人对唐人有诸多非议。要知道，宋人乃是对唐代政治文化抱有一种想要超越、害怕无法超越、力图一定超越的复杂心理，犹如大师之子希冀超越其父一样的心理。这种"超越"本身就带有"致用"的思维。这种"超越"实际上正是一种天行健的贞刚致用之思维。在整个中国诗学史上，只有宋人殷切期盼超越唐人，因而将之付诸实践，建构出宋代诗学的伟岸蓝图。不得不说，宋学在前期致用思想影响下，给予宋代文化、文学、诗学极大的动力去发展和超越，经学影响诗学之势，由此可见。

前文提到，宋金元三朝实际上在政治文化与诗学上有相似性。"宋金元诗学共同的特征主要有三点。这三点，尽管在不同的诗学家身上略有差别，但是总的说来变现为一种倾向性。第一，唯理主义的倾向。第二，审美的细密化倾向。第三，取舍的兼收并蓄倾向。"①然而，即使元代有着与宋代相似的诗学主张，唐宋诗之争远没有在宋代结束。唐宋两种诗歌风格内化成为一种文化标志。唐人的风情神韵与宋人的筋骨思理作为两种诗美风范被元明清屡屡化用，在这个过程中，元明清的唐宋诗之争又有其自身之特点。

唐宋诗之争在元代吹起号角的乃是王若虚。金代南北对立，因而对宋人之诗持有偏见在所难免。王若虚在《滹南遗老集》中的《诗话》里这样批驳宋人之诗："宋人之诗虽大抵衰于前古，要亦有以自立，不必尽

---

① 张思齐：《宋代诗学》，湖南人民出版社2000年版，第16页。

居其后也。"①王若虚对于江西诗派，简直类似开骂：

> 古人之诗，虽趣尚不同，体制不一，要皆出于自得；至其词达理顺，皆足以名家，何尝有以句法绳人哉？鲁直开口论句法，此便是不及古人处，而门徒亲党以衣钵相传，号称法嗣，岂诗之真理也哉！……山谷之诗，有奇而无妙，有斩绝而无横放，铺张学问以为富，点化陈腐以为新，而浑然天成，如肺肝中流出者不足也。……善乎吾舅周君之论也曰："宋之文章，至鲁直已是偏仄处，陈后山而后，不胜其弊矣。人能中道而立，以巨眼观之，是非真伪，望而可见。"若虚虽不解诗，颇以为然。②

王若虚之论句点出江西诗派之弊，其可取之处，在于能够从内容方面而非形式方面着手点出老杜之浑然与西昆之雅奥不可混一，这比单从艺术风格方面抨击宋诗更为恰当。其不可取之处在于对宋诗没有做公正之评价。毕竟宋人之有法度乃是一种学习过程，以同情之理解而言，实无过错。

金代不得不提的诗论家乃是元好问。其《论诗绝句三十首》论宋诗尤其是苏、黄、江西诗派之诗尤为精到：

> 其外无奇更出奇，一波才动万波随。只知诗到苏黄尽，沧海横流却是谁？
>
> 古雅难将子美亲，精纯全失义山真。论诗宁下涪翁拜，未作江西社里人。
>
> 金入烘炉不厌频，精真那计受纤尘。苏门果有忠臣在，肯放坡

---

① （金）王若虚著，胡传志、李定乾校注：《滹南遗老集校注》，辽海出版社2005年版，第435页。

② （金）王若虚著，胡传志、李定乾校注：《滹南遗老集校注》，辽海出版社2005年版，第436页。

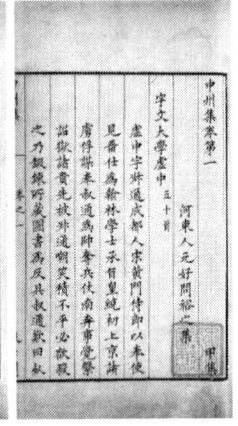

元好问中州集

诗百态新。

  池塘春草谢家春,万古千秋五字新。传语闭门陈正字,可怜无补费精神。①

  元好问贬低苏黄及其门人乃是江西诗派尤见一斑。究其缘由乃是因为南北之分的政治格局而对宋人之诗颇有偏见。更何况南宋江西之末流实在参差不齐而难免遭人诟病。元末诗人杨维桢也是卑宋崇唐的代表,其"铁崖体"论诗以"品"为主。论《风》、《骚》、《十九首》,乃至陶渊明、李白、杜甫等乃是"此诗之品,在后无尚"。这实际上已经是明人"文必秦汉,诗必盛唐"之观点的先导了。正是此种思想,因而杨维桢认为"金春玉应,骎骎然有李杜之气骨,而熙宁、元丰诸家为不足法矣。"②杨以盛唐为宗,似乎悟到唐宋之别实乃风格之异,而以盛唐为宗

---

① (金)元好问著,狄宝心校注:《元好问诗编年校注》,北京中华书局 2011 年版,第 135~136 页。
② (元)李孝光撰,陈增杰校注:《李孝光集校注》,上海社会科学院出版社 2005 年版,第 625 页。

则表明他追求诗艺醇熟的境界。

元代文化实则不甚昌隆，多为宋人余调。而明人则不同。明人最喜标榜门户，在诗坛上建立了诸多门派，跟两宋相比简直盘根错节。举其要者，则是刘崧所开之江西派、闽中十子、茶陵诗派、前后七子、公安派和竟陵派。其中声势最久者莫若前后七子。前后七子皆以盛唐为宗，继承杨维桢所谓"诗必盛唐"而对宋诗一概抹杀。即使后来公安派提出了反对意见，但可以说有明一代，唐诗之兴与宋诗之颓形成了鲜明对比。且先不谈明人论唐宋诗之言语，单看整个局势就显然不在常态。《论语·子路》有言：

> 子贡问曰："乡人皆好之，何如？"子曰："未可也。"、"乡人皆恶之，何如？"子曰："未可也。不如乡人之善者好之，其不善者恶之。"①

在孔子看来，一乡的人都说一个人是好人，那么这个人必定有问题，而一乡的人都说这个人是坏人，那么这种判断也不准确。只有好人说其好，坏人说其坏才是正常的情况。明人对唐宋诗之看法，正是存在这种偏见。从大体上来看，整个明代乃是一个尊崇唐音的时代。明人刘绩《霏雪录》言道："唐人诗一家自有一家声调，高下疾徐，皆合律吕，吟而绎之，令人有闻韶忘味之意。宋人诗譬则村鼓捣笛，杂乱无伦。"②说宋人之诗重俗实际抓住了宋诗的特点，但杂乱无伦则是偏颇之语。宋人作诗很讲法度，并非杂乱无伦，只是在音律用韵上不敌唐人之雅丽。刘绩真正谈及唐宋诗之别的文辞则是这一段：

> 或问余唐宋人诗之别。余答之曰：唐人诗纯，宋人诗驳；唐人

---

① 杨伯峻：《论语译注》，中华书局1958年版，第79页。
② 陈伯海编：《历代唐诗论评选》，河北大学出版社2003年版，第526页。

诗活，宋人诗滞；唐诗自在，宋诗费力；唐诗浑成，宋诗钉铰；唐诗缜密，宋诗疏漏；唐诗温润，宋诗枯燥；唐诗铿锵，宋诗散缓；唐人诗如贵介公子，举止风流；宋人诗如三家村乍富人，盛服揖宾，辞容鄙俗。①

刘绩在这一段简直将宋诗贬低到极致。他用言语形容唐宋诗呈现出的乃是风流公子与乍富人之差别，言唐诗以雅丽为主，而宋诗则是粗鄙为特。"俗"似乎成为刘氏鄙薄宋诗的主要特征。明代声势浩大的前后七子标榜诗必盛唐，乃是文学史诗论史之常谈，其中宗唐之言论，随处可见，鄙薄谩骂或者各方攻讦，文辞繁缛，宗派内部见解分歧，限于本节之篇幅，故此不再赘言。

至于茶陵一派，也是以唐为宗。茶陵派之首李东阳说："六朝宋元诗，就其佳者亦各有兴致，但非本色，只是禅家所以小乘，道家所谓尸解仙耳。……宋诗深，却去唐远；元诗浅，去唐却近。顾元不可为法，所谓取法乎中，反得其下耳。……唐人不言诗法，诗法多出于宋，而宋人于诗无所得。……惟严沧浪所论，超离尘俗，真若有所自得。"②（《怀麓堂集》）李东阳对严沧浪之见解颇为认同。

实际上明人尊唐大抵是受到严羽《沧浪诗话》之影响。因而胡应麟才有言道："南渡人才，非前宋比，而谈诗独冠古今。严羽崛起烬余，涤除榛棘，如西来一苇，大畅玄风，昭代声诗，上追唐、汉，实有赖焉。"③（《诗薮》杂编卷五）如果说李东阳还只是将目光投向了唐音之苑囿的话，那么后来的李梦阳则将此苑囿进一步缩小至唐诗之最高规格，因而他在东阳基础之上以盛唐为宗，标榜李杜而与东阳分庭抗礼，用以自立门户。《明史·文苑传》言他讥讽当时的宰相李东阳之才思："弘治时，宰相李东阳主文柄，天下翕然宗之。梦阳独讥其萎弱，倡言文必秦

---

① 陈伯海编：《历代唐诗论评选》，河北大学出版社2003年版，第526页。
② 丁福保辑：《历代诗话续编》，中华书局1983年版，第1383页。
③ 周振甫：《诗词例话全编》（下），重庆大学出版社2011年版，第402页。

汉，诗必盛唐，非是者弗道。"①很显然，"诗必盛唐"的主张乃是承接严沧浪之语而来。一方面他对唐诗加以提倡，另一方面，他对宋诗也有着明显的攻评。他在《缶音序》中云：

> 诗至唐，古调亡矣，然自有唐调可歌咏，高者犹足备管弦。宋人主理而不主调，于是唐调亦亡。黄、陈师法杜甫，号大家，今其词艰涩，不色香流动，如入神庙，座土木骸，即冠服与人等，谓之人可乎？夫诗比兴错杂，假物以神变者也。难言不测之妙，感触突发，流动情思，故其气柔厚，其声悠扬，其言切而不迫，故歌之心畅而闻之者动也。宋人主理，作理语，于是薄风云月露，一切铲去不为；又作诗话教人，人不复知诗矣。诗何尝无理，若专作理语，何不作文而诗为耶？②

他自言宋人主理而诗不如唐人之调，宗唐主张十分明显。至于何景明、谢榛之类，实际宗唐主张并无二致。其中有些言论虽然代表了明人对于唐宋诗之看法，但实际上大多数明人主张学唐，重点在于形貌之模仿而对其精髓之处鲜有能达。前后七子虽然在理论上有着丰富的见解，实际上被时人之诟病颇多。明代诗派宗唐者多，一如其门派互讦者多。然其中中肯明白之论少，盖以明人无复能越唐宋而卓然自居也。

明人宗唐多出负气之言，宗宋之派亦有偏颇之论。宋濂之挺宋诗应是明初宗宋派之先声。其诗云："前宋文章配两周，盛时诗律亦无俦。今人未识昆仑派，却笑黄河是浊流。"③(《逊志斋集》卷二十四)此诗直言宋诗超越唐人，乃是明初少有的尊崇宋诗之人物。分析其原因，大致乃因宋濂个人喜好之缘由。明代真正将唐宋诗之争推向高潮的乃是公安

---

① 陈伯海编：《历代唐诗论评选》，河北大学出版社2003年版，第584页。
② 陈伯海编：《历代唐诗论评选》，河北大学出版社2003年版，第577页。
③ (明)方孝孺：《逊志斋集》，人民出版社2000年版，第858页。

派与竟陵派之崇宋风尚。公安三袁之袁宏道在《叙小修诗》中对前后七子之宗唐风尚表示批驳：

> 盖诗文至近代而卑极矣，文欲准于秦、汉，诗则必欲准于盛唐，剿袭模拟，影响步趋，见人有一语不相肖者，则共指以为野狐外道。曾不知文准秦、汉矣，秦、汉人曷尝字字学《六经》欤？诗准盛唐矣，盛唐人曷尝字字学汉、魏欤？秦、汉而学《六经》，岂复有秦、汉之文？盛唐而学汉、魏，岂复有盛唐之诗？唯夫代有升降，而法不相沿，各极其变，各穷其趣，所以可贵，原不可以优劣论也。①

此说虽类于屠龙"诗之变随世递迁"，但中郎高于此论则在于又提出了人各有诗，"古何必高，今何必卑"之论："夫诗之气一代减一代，故古也厚，今也薄。诗之奇之妙之工之无所不极，一代盛一代，故古有不尽之情，今无不写之景。然则古何必高，今何必卑哉！"②此说显然是针对诗必盛唐这种单一视角而言的。这种"通变"性质的诗学观一方面是对宗唐之人的极力反驳，继而提出宋人比如苏黄亦是诗中之杰的观点，另一方面也跳出了唐宋风格对比的圈子而对诗歌宗法发展做了一个较为开阔前瞻的分析。

需要指出的是，公安派以严沧浪以禅喻诗为入口，说明诗歌非以唐为正音，宋调亦能吐托能悟之事。严羽当时亦用"以禅喻诗"鄙薄江西诗派之诗法，同一材料引申而有南辕北辙之理论，这当然是古代文论解析之妙。袁宏道之理论的确有种囊括的前瞻性，因而后来的钱谦益对之盛赞道："万历中年，王、李之学盛行，黄茅白苇，弥望皆是。……中

---

① （清）袁宏道著，梨云馆类定：《袁中郎先生全集》卷十，袁宪健出版，清道光己丑九年，1829 年版。

② （清）袁宏道著，梨云馆类定：《袁中郎先生全集》卷二十一，袁宪健出版，清道光己丑九年，1829 年版。

郎以通明之资，学禅于李龙湖，读书论诗，横说竖说，心眼明而胆力放，于是乃昌言排击，大放厥辞。……中郎之论处，王、李之云雾一扫，天下之文人才士，始知疏瀹心灵，搜剔慧性，以荡涤模拟涂泽之病，其功伟矣。"①(《列朝诗集小传·丁集》)

继公安派之后，竟陵派钟惺、谭元春更力扫七子之弊而崛起谈诗。其《七归》一出便受到世人关注，七子之气势俨然将尽。钟惺《隐秀轩文昃集·序》里自谓道："称诗不排击李于鳞，则人争异之，犹之嘉、隆间不步趋于鳞者，人争异之也。"②但是竟陵派之诗说，实乃略无唐宋争夺之气势，而与诗之精神息息相关："惺与同邑谭子元春内省诸心，不敢先有所谓学古不学古者，而第求古人真诗所在。真诗者，精神所为也。察其幽情单绪，孤行静寄于喧杂之中，而乃以其虚怀定力，独往冥游于寥廓之外。如访者之几于一逢，求者之幸于一获，入者之欣于一至。"此派理论与唐宋诗之争无大关系，大抵针对七子之弊而言诗，因而评论家在看到竟陵诗派之言论后对之谴责的态度也十分明显："钟、谭诗说，欲以幽深孤峭，救七子学唐之流于肤廓，似无与唐宋诗之争，然其说既新异可喜又易为空疏不学者所借口。"③

明人祖唐祧宋实乃多因立派而来的门户之见。明人的宗唐没有实质性的进展，毕竟诗歌在唐人与宋人的笔下已经深入社会生活的方方面面，想要在唐宋题材开外另加开阔实在难度太大，因而明人的诗派影响其实十分有限。前后七子声势不过几十年，一如江西诗派不过百年而已。而唐人之李杜、宋人之苏黄影响却在千载之后。

明人之唐宋诗之争跟宋人当时的唐宋诗之争其实有着实质的区别。如果说宋人在唐诗抉择态度上走向创新性的对立的话，明人则只是在立派基础上的模拟。宋人因由特殊的政治文化环境造就的向上、奋发、创新的意识，促使他们努力开拓唐人之外的诗学空间，乃是对唐诗持有一

---

① （清）钱谦益：《列朝诗集小传》，上海古籍出版社2008年版，第351页。
② 施蛰存主编：《钟伯敬合集》（下），上海杂志公司1936年版，第211页。
③ 齐志平：《唐宋诗之争概述》，岳麓书社1984年版，第69页。

种正面的积极的回应。而明人处在宋元之后的封建社会的下坡路段,不仅失却了创新的意识而且诗歌本身生命的老化也没有给予他们太多的发展空间。这是一个方面。

从另外一个方面来讲,如果说宋人在后来的唐宋诗之争中,更多在客观上树立了一种经由诗法而来的更高层次的风格建构的话,那么明人则始终拘泥在宋人之法与唐人之韵的简单角落里打转。宋人虽然在苏黄及江西诗派等人的诗学上努力建构诗之法则,但是他们客观上也因自身之法则而创建了一种宋诗的风貌。人们在读到宋代诗歌的时候,首先的感觉就是筋骨思理之神貌,这跟唐诗风情神韵之特色截然不同。这就是宋诗之魅力所在。这种基于风格而成的宋诗之体,乃是真正能够跟唐诗并驱的重要因素,也是真正能够让宋诗成为后世模拟崇拜的重要因素。而明人则是不断地陷在宋人所谓"理"与"法"之间的漩涡之中,不可自拔。要知道,宋人创法而明人乃是论法。对于诗法之论述能够延伸出诸多实际无益之言谈,且在明代极易成为门派之间攻讦的武器。宋人对于诗法乃是自身诗歌有境界上的创建而得,所谓自得其实有这个方面的含义在。但明人乃是搬挪化用,进而剥丝抽茧,成为不合身之废布。明人是没有自创的。前后七子、茶陵、竟陵、公安等派,多只在理论上围着唐宋人打转,却再无李杜、小李杜之诗人出现,这是明人之失。

如果站在经学角度而言,之所以明人更多地选择唐人而非宋人作为自己的诗歌楷模,乃是因为政治的原因。经学政治如果是大一统的强盛时期,那么诗歌文学文化则会相对雄强大气,其发展也会相对欣欣向荣。那么从这个视角观看的话,很显然,唐人之政治,尤其是初盛唐之政治略胜于宋人。宋人整体看来,无论是国家疆域还是外交政策,无论是文化个性还是世风文明,都跟唐人稍有距离,当然这还不是最主要的因素。毕竟宋代实际乃是中国封建社会的极盛之世,这当然是站在文化精细之角度而言。

如果站在军事政策上来说,宋人的确比较屈辱。北宋的通经致用的确是经学发挥极大效用的时期,但是南宋时期的理学实际上吞噬了致用的经学传统。人们谈论道德而忽略事功，讲求伦理而忽略个性，注重精细而略输大局，因此才会相继败于金元两朝。那么从这个角度而言，宋人乃是明人的一个坏榜样。一个理学误国且被异族打败的朝代的诗学策略怎么会被新兴建立的汉人主统的王朝接替呢？

因而，明人远追唐人，谈论盛唐之雄强气势，诗学大家之群星璀璨，诗学理论的珠圆玉润则成为一种必然之选择。经学影响文学诗学之表现再一次得到深刻的诠释和演绎。当然，这种说法的提出本身还欠缺更加足够的证据，因而姑且作为一种大胆的猜测而暂时不做过多的论述。

清人宗宋乃是众所周知。《清诗史》云："我朝开国之初，人皆厌明代王、李之肤廓，钟、谭之纤仄，于是谈诗者竞尚宋元。"[①]可见清人有着明显的自觉的宗宋意识。之所以如此，见四库所言可以推测，清人着重务实之风，对于简单模拟唐人之王、李以及纤柔之钟、谭都表现出厌恶。而清人务实之风当何处来？亦以反观明末之空疏而来。当然，这里必须简略提及宋明理学之于文学诗学之影响。

明代理学心性之论得到空前的发展，乃至于有所谓不谈心性无以言之焦虑。谈心性之学跟谈玄学有着极大类似性，因为撇开外在事功的无法作为，士人对于道德、理性、心性的研究有着不可回避的空间属性。明人模拟唐人之音，也只是简单的外在地论述唐宋所谓诗法之别，在内在的骨髓里，明人拿不出明诗精粹所在。这种疏空大致是由政治上之昏弊造成的。阉党的专权让明代的文化氛围空前紧张，士人多论无用文章而于致用之学鲜有涉猎，乃至科举考试也以八股取士，八股取士导致的最严重的后果就是原本唐宋以来华夏民族文化里最为精粹的诗者之心将以泯灭。

宋人之后，明清两代之人实际上较为缺乏诗性智慧。唐人文化的融通，宋人文化的精致，明人文化的空疏都给予清人对自己文化人格构建

---

① 严迪昌：《清诗史》（上），浙江古籍出版社2002年版，第422页。

的历史经验。清军入关,华夏汉族被少数民族统治,清人没有了唐人浪漫的情韵,又对前朝明代空疏之政治与文化诋毁痛恨。清人类于宋人之政治境遇,因而综合以上因素对于宋人有着天然之好感,也在一开始变生出一双对政治文化进行客观细致审视的眼睛。因此,清人文化呈现出百川汇流的气势,也呈现出冷静、务实、清丽的诗学风格。

在唐宋诗之争的视野下,清人之宗宋的领首之人乃是黄宗羲。正如前文所言,清人对于明人政治文化之空疏颇有诟病。黄宗羲自有所谓"经历变故",其实正是明清易代之阵痛。他提出所谓"至文不过家书写,艺苑还从理学求"①(《诗历》卷三《与唐翼修广文论文》)之言,前句表露出家国败落、战乱流离的痛楚,后句则在文艺上表现出明显的"爱宋情结"。黄宗羲作为明末清初的思想家文学家,他首先做的不是对宋诗表示极大的偏心,而是一开始便树立起一张宽容、兼修的诗学大旗,他反对的不是唐人唐诗,而是明人貌学唐诗的狭隘心理。他意欲打破前后七子对诗必盛唐之观念的垄断:

> 夫诗之道甚大,一人之性情,天下之治乱,皆所藏纳。古今志士学人之心思愿力,千变万化,各有至处,不必出于一途。今于上下数千年之中,而必欲一之以唐,于唐数百年中,而必欲一之以盛唐,盛唐之诗,岂其不佳,然盛唐之平、奇、浓、淡,亦未尝归一,将又何所适从耶?是故论诗者但当辨其真伪,不当拘以家数。若无王、孟、李、杜之学,徒借枕藉咀嚼之力以求其似,盖未有不伪者也。②

这种真伪性的论诗方式实际显露出清人学者型的诗人特性。因而求

---

① 叶庆炳、吴宏一编:《清代文学批评资料汇编》(上),国立编译馆主编,成文出版社1979年版,104页。
② 李壮鹰主编:《中华古文论释林·清代上》,北京大学出版社2011年版,第97页。

真求实成为清人论述诗学的一种态度。然而，纵然黄宗羲意欲调和唐宋，还说"以文字为诗，以才学为诗，以议论为诗，莫非唐音"①（《张心友诗序》）之奇言怪论，想要弥合唐宋之间天然的风格界限，以跟严羽乃至七子标新，这当然只能是黄氏一家之偏见而已。他在《安邑马义云诗序》中直接说："嗟乎！南方岂有诗家？南方之无诗也，夫人而能为诗也。夫人而能为诗，则自信其诗，于是僻固狭陋之病，盘结胞胎。"②"僻固狭陋"，正是欧阳修讥讽唐人之文辞，而说南方无诗，又暗讽江西诗弊。黄宗羲实际上偏爱宋风，但犹存忌讳而不直言。他开启的学者论诗的风气让清人秉持一种较为客观务实且又纵观全局的大气风范。

继黄宗羲之后而能言唐宋诗之别与变者，当推叶燮。叶燮之《原诗》作为继《文心雕龙》之后又一部系统性之文论著作，特以通变为旨。在他看来，唐宋诗之争实际不为争，只是一种诗歌体裁因缘新变的转化形式。因而在叶燮看来，他既不贬低唐诗，也不偏爱宋诗，只是在明人大量贬低宋诗偏爱唐诗的语境中，他显示出了为宋诗正名的倾向。叶燮首先用通变的思想解释宋诗之出现乃是诗歌体裁发展的一种趋势：

> 唐诗为八代以来一大变。韩愈为唐诗之一大变，其力大，其思雄，崛起特为鼻祖。宋之苏、梅、欧、苏、王、黄，皆愈为之发其端，可谓极盛。而俗儒且谓愈诗大变汉魏，大变盛唐，格格而不许。何异居蚯蚓之穴，习闻其长鸣，听洪钟之响而怪之，窃窃然议之也！……至于宋人之心手日益以启，纵横钩致，发挥无余蕴。非故好为穿凿也，譬之石中有宝，不穿之凿之则宝不出。且未穿未凿以前，人人皆作模棱皮相之语，何如穿之凿之之实有得也。如苏轼

---

① 叶庆炳、吴宏一编：《清代文学批评资料汇编》（上），国立编译馆主编，成文出版社1979年版，第97页。
② （清）李慈铭著，由云龙辑：《越缦堂读书记》，上海书店出版社2000年版，第989页。

之诗，其境界皆开辟古今之所未有，天地万物，嬉笑怒骂，无不鼓舞于笔端，而适如其意之所欲出。此韩愈后之一大变也，而盛极矣。①

叶燮看重的不是唐宋诗孰优孰劣，他的着眼在于宋诗乃是唐诗后之一新变。正如草木萌芽生根、出枝开花一般，有着一种自然生长的趋势。因而他对明人贬低宋人宋诗表示批驳：

从来论诗者，大约伸唐而绌宋。有谓唐人以诗为诗，主性情，于《三百篇》为近；宋人以文为诗，主议论，于《三百篇》为远。何言之谬也！唐人诗有议论者，杜甫是也，杜五言古诗，议论尤多。长篇如《赴奉先县咏怀》《北征》及《八哀》等作，何首无议论！而以议论归宋人，何欤？彼先不知何者是议论，何者为非议论，而妄分时代邪！且《三百篇》中，二《雅》为议论者，正自不少。彼先不知《三百篇》，安能知后人之诗也！如言宋人以文为诗，则李白乐府长短句，何尝非文！杜甫前、后《出塞》及《潼关吏》等篇，其中岂无似文之句！为此言者，不但未见宋诗，并未见唐诗。村学究道听耳食，窃一言以诧新奇，此等之论是也。②

叶燮用通变的理论来谈论唐宋诗之别，实际上在明人基础上更进一步地跳出了唐宋之争的圈子而为整个诗学体系构建做出自己的判断。清人学术的总结性质又一次体现出来。

清人宗唐之论应以顾炎武为始，但顾氏以七子盛唐为上之言重复旧调，故实际无多新意。尔后之朱彝尊、李因笃、王士祯，大抵栖息七子

---

① 赵泽城等编：《中国古代文论译讲》，吉林人民出版社1984年版，第343页。
② 赵泽城等编：《中国古代文论译讲》，吉林人民出版社1984年版，第344页。

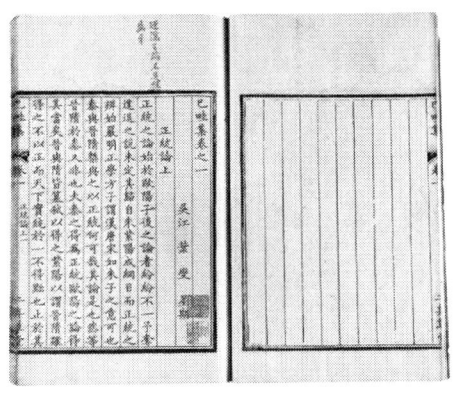

叶燮《己畦集》

诗学之下而以盛唐圆润之音为宗。以李因笃为代表,他之《续刻文集卷三·复李武曾》有言道:"近时作者,多以朴胜。试观宋人诗,何尝不朴老,究其终逊于盛唐者,失其秀令也。夫秀者清新,令者蕴藉之谓也。合此四字,古人之能事过半矣。……又有要者,格必整齐,而世多为散调,气以疏行,而承接繁密,反多间断不属,……区区欲献其尧者,亦惟整与疏之是务,而更使无一语凑泊,动合自然,则宏我汉京,度越诸子矣。"①实际上此三子再加著名的词家纳兰性德都是学唐亦学宋的,因而整体看来实在是客观陈述唐宋之不足而互取其优者。清人后来者实际都以唐宋风格论调,未有真正之诗争,故不再赘言。纵观整个清代,偏爱宋人之倾向十分明显。今人萧华荣先生曾经总结清人之所以偏爱宋人的原因:

清代诗学的主流是反明、远唐、近宋。清代的文化思想与时代精神其实与宋大不相同,但宋诗的几个特点引起他们的共鸣:一是

---

① 《清代诗文集汇编》编纂委员会编:《清代诗文集汇编》,上海古籍出版社2010年版,第5页。

清人惩于明人的空疏，推重实学，与宋人的重读书、以学为诗相契合；二是清人重史，主张以诗观史，以诗补史，与宋人的诗史说和宋诗的叙事详明相契合；三是清代一前一后遇上两个"天崩地裂"的时世，喜欢淋漓奥博的诗风而不喜含蓄蕴藉，也与宋诗有所契合。因此，清诗始终祧唐祢宋，并出现了"宋诗派"、"宋诗运动"、"同光体"。①

如果说宋人学唐乃是一种创新意识下的通变的话，那么金元则带有鄙薄宋诗之口吻。如果说明人门派互见之深因而鄙薄宋诗乃至唐宋诗之争乃是学"宋人学唐"的把戏的话，那么清人则是走出唐宋之争的圈子，用一种整体的、客观的考证研究的方式来把握两种不同的诗学风貌。明清两代的唐宋诗之争实际上没有了更多的理论深度可言。但是在经学层面而言，不得不提的是，清人这种百川汇海的学术氛围与文化综合的世风影响，又将诗学重新归导在了经学层面。王夫之集众家之大成而将诗学回归到"兴、观、群、怨"之要旨上，实际还是《诗》之复活与道之返本。经学与诗学天生一对的命题重新在清人手中轮转。甚至不得不提的是，清人在论述唐宋诗优劣时，又将晚唐体搬出，似乎有着重蹈唐宋诗之争的趋势。但是历史没有给予清人更多时间。中国封建社会在清代划上句号，但经学对诗学之影响，经学与诗学之互动关系远没有终结。

---

① 萧华荣：《中国古典诗学理论史》，华东师范大学出版社2005年版，第12页。

结　　语

　　一方文明成熟必有他信奉的经典，一方文化繁荣必以经典作为根基，华夏文明与中国文化尤其如此。"经"在中国悠远的历史文化长河中有三个最主要的特点：命大、幅大、力大。命大，自不必言。"经"从最开始的"巫"，取其"经营"义，到后来的"经籍"、"经典"，乃至现代社会仍然遵从六经要义，时间跨度长达几千年，由此可见，"经"的寿命极长，甚至可以说在中国文化发展中，经有着永垂不朽的意义与价值。幅大，言其幅度辽广、包蕴深阔。不论是文本的"六经"，还是"六经"意旨上形成的经学意识形态，"经"的幅度横跨哲学、美学、历史、文学、社会学，乃至生物学、地理学、生态学等，由此可见，"经"之辐射范围极为广泛。力大，言其影响之深。从小处讲，"经"旨在古代乃是上自帝王下至百信必须遵守信奉的准则，从大处讲，"经"在古代可以影响政治、左右仕途乃至牵涉改朝换代。

　　同样的，"文"在中国悠远历史文化长河中也有三个最主要的特点：体多、情丰、旨真。体多，言其文体多样。"文"从最开始的草木鸟兽交叉错画，到后来的纹身，再到真正文学意义上的文章，期间形成了多种多样的文学体裁。而每一个体裁在中国文学史上都曾经大放异彩。先贤早就有言：一时代有一时代之文学。的确如此。只从"文"之文体视角观看中国文化中文的浩瀚烟海，便知华夏民族绝对是一个"文"缘极深之国度。西周之歌雅，战国之辞雄，两汉之赋瞻，魏晋之句玄，盛唐之诗丽，两宋之词婉，元曲之气劲，明清小说之体泓。种种文体演绎出种种风情。情丰，乃说"文"之重抒情而相对薄叙事。华夏民族是一个善于抒情的民族，是一个既能纵笔阔写豪迈之性又能藏锋秀隐婉约之情的民族。总体来说，中国文学抒情能力的成熟远远早于叙事。旨真，"文"的意旨指向偏于现实主义的真实。中国文学从《诗经》开始的文学传统就有指向民众的现实主义内蕴。文学抒情为的是百姓安乐，文学叙事说的是百姓日常，文学构想的目的是服务人民，"文"的政治性相较而言大于文的审美性。如果文学作品只带有抒情审美而于人民大众无益，那么在中国文化语境中鲜能达于优秀。就以上粗略而简短的分析就可以看出，"经"与"文"，都是华夏文明文化元典的核心关键词，在中国历史文化语境中占据着非常重要的地位。更为重要的是，"经"与"文"二者在中国历史文化语境中，不是孤立存在的两个独立个体，不是互不影响、毫无干涉的两个范畴，正相反，"经"与"文'在中国文化语境中始终相互影响，交织辉映。

首先，"文"之体多源于"经"之命大，"经"之命大促进"文"体生成。在中国文化语境中，经学与文学有着文本重合的特性。比如《诗经》。《诗经》既是六经重要的文本典籍，却也是中国诗歌发生发展的源头。甚至实际上，后来的五言诗、七言诗等都从诗经这里获取了诸多文化源泉。反过来，经学发展过程不断促进"文"体的生成，"春秋笔法"的广泛运用、经学注疏对诗文点评的模式生成、易象衍术对诗学意境的催生等都是其中的例证。

其次，"文"之情丰源自"经"之幅大，"经"之幅大助长"文"之情丰。经学内涵广阔，被司马谈称为劳而寡功。但正是经学内涵极为广阔，想要让普通民众接受经旨的深广内涵，则必须寓教于乐，要赋予经学要旨一种深刻的感情，让普通民众易于接受，乐于接受，因而文学之起兴手法也许因此受到重视。起兴之本质其实就是抒发本我的真挚情感，让自我感动的同时感动他人，这正是儒家诗学的阐述模式。

最后，"文"之旨真源于"经"之力大，"经"之力大促发"文"之旨真。经学在封建时代受到尊崇，通经致用成为一种处世原则，儒家经学的人本属性要求文学文论坚持真实地反映现实人生，因此中国文学在抒情的同时尤其强调对真这个品格的重视。

　　由上分析可知,"经"与"文"在中国文化文学语境中乃是交织辉映、相互影响的。这样两条最为主要的文化脉络实际上建构了古代文论"道——圣——文"的思维模式,促发古代文论衍生出重视经学讽喻与文学审美的双重评判标准。

　　经文关系在古代文学与文论话语系统中是一个老而新的话题。说它老,是因为几乎朝朝代代的文人都要涉及"经"、"文",研究"经"、"文",讨论"经"、"文",说它新,是因为经学与文论本身就是一个能够被不断阐释的载体。更何况唐代经学与文论本身是一个前人较少涉及的领域,而从文化元典关键词的角度讨论唐代经学与文论的关系则更是少之又少。可以说,谈论唐代的经学与文论之关系乃是在前人"照着说"的基础上,试图"接着说"。过去人们总是认为唐代的经学成就很低,除了《五经正义》之外,实在无他可提。过去人们也总抱着唐代佛教盛行而儒教相对弱势的观念看待唐代经学史。现在人们注意到,唐代经学的内容远远不止《五经正义》。在研究方法上,研究唐代的经学也并非总是停留在经学本身,而是开放经学文本的空间内涵,加大经学研究的视野,将文学文论与经学研究较好地结合起来考察应该是一条新的学术路径。

　　"经"字的本义是"经营","经"的内涵旨归是调和天人。"文"的本义是"纹身","文"的内涵旨归是文学审美。"经"与"文"的旨归虽看似不尽相同,然而实际上,二者共同的载体乃是人。经学最终的目的同文学最终的目的是一样的,都是为了塑造人、健全人、完善人。因而总体来说,"经"、"文"研究的现代价值还是为了人。首先,了解"经"与"文"二字字义的流变,掌握"经"与"文"的内涵意蕴,就能够把握中国文化的核心命脉,传承华夏文明元典内蕴的精神,树立通经致用的刚健人格,塑造刚健有为的君子形象,培养文质彬彬的礼仪风范。其次,在西方文化热潮强势进攻本土文化的形势下,在文论话语里中国文论处于尴尬"失声"的环境中,我们要自觉传承本土文化的精粹,挖掘本土资源中的优秀理论话语，转变旧的研究思路，结合关键词研究的新路径，大胆发出本土文化的优质声音。"经"与"文"的研究不论是话语模式的研究还是阐释方式的研究都极具价值，尤其是对于发扬本土文化的要义有着极大效用。最后，研究"经"与"文"对于完善文学批评与鉴赏的标准亦有十分重要的意义。"经"偏向文学批评的内在层面，他要求文学作品有致用、益众、重善的评价标准，而"文"则偏向文学批评的外在层面，他要求文学作品有诗性、精美、涵蕴的评价标准。把"经"与"文"结合起来，那么文学评价的标准则真正能够实现真善美、内在与外在的恰当结合。

其实，"经"与"文"是中国文化与文明的最主要部分，想要真正梳理其脉络并非易事。本文只是就唐代经学与文论的关系，浅要而简单地谈论了"经"与"文"在唐代语境下的概貌，研究"经"与"文"还有很多问题没有弄清楚，还需要不断地努力，去挖掘出更多更深的理论资源。

参考文献

一、著作类

1. 古籍

[1] (清)阮元校刻:《十三经注疏》(清嘉庆刊本),中华书局 2009 年版。

[2] (魏)王弼、韩康伯注,(唐)孔颖达等正义,(清)李锐校:《周易正义》,中华书局 2009 年版。

[3] (汉)孔安国传,(唐)孔颖达等正义,(清)徐养原校:《尚书正义》,中华书局 2009 年版。

[4] (汉)毛亨传,郑玄笺,(唐)孔颖达等正义,(清)顾广圻校:《毛诗正义》,中华书局 2009 年版。

[5] (汉)郑玄注,(唐)贾公彦疏,(清)臧庸校:《周礼注疏》,中华书局 2009 年版。

[6] (汉)郑玄注,(唐)贾公彦疏,(清)徐养原校:《仪礼注疏》,中华书局 2009 年版。

[7] (汉)郑玄注,(唐)孔颖达等正义,(清)洪震煊校:《礼记正义》,中华书局 2009 年版。

[8] (晋)杜预注,(唐)孔颖达等正义,(清)严杰校:《春秋左传正义》,中华书局 2009 年版。

[9] (汉)何休注,(唐)徐彦疏,(清)臧庸校:《春秋公羊传注疏》,中华书局 2009 年版。

[10]（晋）范宁注，（唐）杨士勋疏，（清）李锐校：《春秋谷梁传注疏》，中华书局 2009 年版。

[11]（魏）何晏集解，（宋）邢昺疏，（清）孙同元校：《论语注疏》，中华书局 2009 年版。

[12]（唐）玄宗御注，（宋）邢昺疏，（清）臧庸校：《孝经注疏》，中华书局 2009 年版。

[13]（晋）郭璞注，（宋）邢昺疏，（清）臧庸校：《尔雅注疏》，中华书局 2009 年版。

[14]（汉）赵岐注，（宋）孙奭疏，（清）李锐校：《孟子注疏》，中华书局 2009 年版。

[15]（唐）李鼎祚辑：《周易集解》，中华书局 1985 年版。

[16]（东汉）郑玄注：《毛诗》（二十卷）（铅印本），中华书局 1936 年版。

[17]（东汉）马融、郑玄注，王应麟撰集，孙星衍补集：《古文尚书》，中华书局 1991 年版。

[18]（汉）京房撰，（晋）陆机注：《京氏易传》，上海古籍出版社 1991 年版。

[19]（清）王先谦疏，吴格点校：《诗三家义集疏》，中华书局 1987 年版。

[20]（清）孙诒让撰：《周礼正义》，中华书局 1987 年版。

[21]（西晋）杜预撰：《春秋左传集解》，上海人民出版社 1977 年版。

[22]（清）陈寿祺撰：《五经异义疏证》，上海古籍出版社 2013 年版。

[23]（隋）陆德明：《经典释文》（三十卷），上海古籍出版社 2012 年版。

[24]（宋）王安石：《周官新义：附考工记解》，商务印书馆 1937 年版。

[25]（宋）杨万里：《诚斋易传》，中华书局 1985 年版。

[26]（宋）朱熹：《四书章句集注》，中华书局 2013 年版。

[27]（宋）梅鷟：《尚书考异》，中华书局 1985 年版。

[28]（明）黄宗义：《易学象数论：外二种》，中华书局 2010 年版。

[29]（明）阎若璩：《尚书古文疏证》，上海古籍出版社 1987 年版。

[30]（清）王引之：《经义述闻》，商务印书馆 1935 年版。

[31]（唐）吴兢撰,（元）戈直集注：《贞观政要》,上海古籍出版社2008年版。

[32]（东汉）刘熙：《释名》（八卷）（影印本）,商务印书馆1922年版。

[33]（东汉）许慎著,（清）段玉裁注：《说文解字注》,中华书局2013年版。

[34]（后晋）刘昫编：《旧唐书》,中华书局2000年版。

[35]（宋）欧阳修等编：《新唐书》,中华书局2000年版。

[36]（汉）司马迁撰,（宋）裴骃集解,（唐）司马贞索隐,（唐）张守节正义：《史记》,中华书局2013年版。

[37]（东汉）班固：《汉书》,中华书局2000年版。

[38]（宋）范晔撰：《后汉书》,中华书局2007年版。

[39]（西晋）陈寿：《三国志》,中华书局2007年版。

[40]（唐）刘知幾：《史通》,中华书局2014年版。

[41]（清）陈立：《白虎通疏证》,中华书局1984年版。

[42]（清）苏舆疏证,钟哲点校：《春秋繁露义证》,中华书局1992年版。

[43]（清）董诰：《全唐文》（影印本）,上海古籍出版社1990年版。

[44]（五代）王定保撰,阳羡生校点：《唐摭言》,上海古籍出版社2012年版。

[45]（南宋）计有功编撰,（明）洪楩校：《唐诗纪事》（八十一卷）（影印本）,商务印书馆2002年版。

[46]（清）彭定求：《全唐诗》（三十二卷）（石印本）,同文书局1887年版。

[47]（唐）吴兢著,谢保成集校：《贞观政要集校》,中华书局2003年版。

[48]（元）辛文房撰：《唐才子传》,中华书局1991年版。

[49]（唐）陈子昂撰：《陈拾遗集》,上海古籍出版社1992年版。

[50]（唐）王勃等撰：《初唐四杰文集》（二十一卷）（铅印本）,中华书局1936年版。

[51]（唐）李白撰：《李太白全集》,中华书局1977年版。

[52]（唐）杜甫著，仇兆鳌注：《杜少陵文集》，商务印书馆 1935 年版。

[53]（唐）韩愈著，马其昶校注，马茂元整理：《韩昌黎文集校注》，上海古籍出版社 2014 年版。

[54]（唐）柳宗元撰：《柳河东集》（影印本），上海古籍出版社 1993 年版。

[55]（唐）白居易著，丁如明、聂世美校点：《白居易全集》，上海古籍出版社 1999 年版。

[56]（唐）元稹撰：《元微之全集》（影印本），上海古籍出版社 2013 年版。

[57]（清）永瑢等编：《四库全书总目》，中华书局 1965 年版。

2. 近代及今人著作

[1]（清）皮锡瑞：《经学历史》，中华书局 2008 年版。

[2]（清）皮锡瑞：《经学通论》，中华书局 1954 年版。

[3]（清）王引之：《经义述闻》，江苏古籍出版社 2000 年版。

[4]（清）钱基博：《经学论稿》，华中师范大学出版社 2011 年版。

[5]（清）钱基博：《经学通志》，中华书局 1936 年版。

[6]（清）周予同：《经今古文学》，中华书局 1955 年版。

[7][日]本田成之：《经学史论》，商务印书馆 1934 年版。

[8]刘师培：《经学教科书》，岳麓书社 2013 年版。

[9]钱穆：《两汉经学今古文平议》，九州出版社 2011 年版。

[10]陈延杰：《经学概论》，商务印书馆 1933 年版。

[11]徐复观：《徐复观论经学史二种》，上海书店 2006 年版。

[12]马宗霍：《经学通论》，中华书局 2011 年版。

[13]马宗霍：《中国经学史》，上海书店 1984 年版。

[14]姜广辉：《中国经学思想史》，中国社会科学出版社 2003 年版。

[15]黄开国：《儒学与经学探微》，巴蜀书社 2010 年版。

[16]蔡方鹿：《经学与中国哲学》，华东师范大学出版社 2009 年版。

[17]蒋伯潜：《十三经概论》，上海古籍出版社 1983 年版。

[18]吴雁南：《中国经学史》，福建人民出版社 2011 年版。

[19]陈克明：《群经要义》，中国人民大学出版社 2006 年版。

[20] 朱彝尊:《经义考研究》,中华书局 2009 年版。

[21] 谢建忠:《毛诗及其经学阐释对唐诗的影响》,巴蜀书社 2007 年版。

[22] 严涛澂:《百年中国学术表微:经学编》,华东师范大学出版社 2012 年版。

[23] 马兴祥:《北宋经学与文论》,人民出版社 2011 年版。

[24] 方铭:《春秋三传与经学文化》,长春出版社 2010 年版。

[25] 马楠:《比经推例:汉唐经学导论》,新世界出版社 2012 年版。

[26] 翁丽雪:《东汉经学之政治致用论》,花木兰文化出版社 2009 年版。

[27] 熊十力:《读经示要》,岳麓书社 2013 年版。

[28] 程勇:《汉代经学文论叙述研究》,齐鲁书社 2005 年版。

[29] 侯文学:《汉代经学与文学》,人民出版社 2010 年版。

[30] 边家珍:《汉代经学与文学》,华龄出版社 2005 年版。

[31] 边家珍:《经学传统与中国古代学术文化形态》,人民出版社 2010 年版。

[32] 冯良方:《汉赋与经学》,中国社会科学出版社 2004 年版。

[33] 王葆玹:《今古文经学新论》,中国社会科学出版社 1997 年版。

[34] 李家树:《经学与中国古代文学》,香港大学出版社 2004 年版。

[35] 洪涛:《经学、政治与现代中国》,上海人民出版社 2007 年版。

[36] 黄震云:《经学与诗学研究》,中国矿业大学出版社 2003 年版。

[37] 蒋伯潜:《经学纂要·经学提要》,岳麓书社 1990 年版。

[38] 章权才:《两汉经学史》,广东人民出版社 1990 年版。

[39] 田汉云:《六朝经学与玄》,南京出版社 2004 年版。

[40] 蔡宗阳:《刘勰文心雕龙与经学》,文史哲出版社 2007 年版。

[41] 严正:《五经哲学及其文化学的阐释》,齐鲁书社 2001 年版。

[42] 郭伟川:《先秦六经与中国主体文化》,北京图书馆出版社 2007 年版。

[43] 葛晓音:《诗国高潮与盛唐文》,北京大学出版社 1998 年版。

[44] 乔惟德,尚永亮:《唐代诗学》,湖南人民出版社 2000 年版。

[45] 郭绍虞:《中国文学批评史》, 百花文艺出版社 2008 年版。

[46] 罗根泽:《隋唐文学批评史》, 商务印书馆 1947 年版。

[47] 胡可先:《出土文献与唐代诗学研究》, 中华书局 2012 年版。

[48] 葛景春:《李白与唐代文化》, 安徽大学出版社 2009 年版。

[49] 谷曙光:《韩愈诗歌宋元接受研究》, 安徽大学出版社 2009 年版。

[50] 张勇:《柳宗元儒佛道三教观研究》, 黄山书社 2010 年版。

[51] 杨启高:《唐代诗学》, 岳麓书社 2011 年版。

[52] 吴在庆:《唐代文士的生活心态与文学》, 黄山书社 2006 年版。

[53] 郭自虎:《元稹与元和文体新变》, 安徽大学出版社 2010 年版。

[54] 孙昌武:《道教与唐代文学》, 人民文学出版社 2001 年版。

[55] 孙昌武:《唐代文学与佛教》, 陕西人民出版社 1985 年版。

[56] 王运熙:《汉魏六朝唐代文学论丛》, 上海古籍出版社 2012 年版。

[57] 刘志华:《经济视野下的唐代文学》, 山东人民出版社 2011 年版。

[58] 刘伟:《生命美学视域下的唐代文学精神》, 中国社会科学出版社 2012 年版。

[59] 李浩:《诗史之际:唐代文学发微》, 商务印书馆 2000 年版。

[60] 程千帆:《唐代进士行卷与文学古诗考索》, 商务印书馆 2014 年版。

[61] 胡朴安:《唐代文学》, 商务印书馆 1931 年版。

[62] 景凯旋:《唐代文学考论》, 南京大学出版社 2012 年版。

[63] 张安祖:《唐代文学散论》, 三联书店 2004 年版。

[64] 赵志强:《唐代文学时空研究》, 浙江工商大学出版社 2013 年版。

[65] 王辉斌:《唐代文学探论》, 黄山书社 2009 年版。

[66] 李从军:《唐代文学演变史》, 人民文学出版社 1993 年版。

[67] 杜玉俭:《唐代文学与汉代文化精神》, 商务印书馆 2012 年版。

[68] 赵睿才:《唐代文学隅论》, 上海古籍出版社 2014 年版。

[69] 戴伟华:《唐代文学宗论》, 商务印书馆 2006 年版。

[70] 陶敏:《唐代文学与文献集》, 中华书局 2010 年版。

[71] 刘楚华:《唐代文学与宗教》, 中华书局 2004 年版。

[72] 蒲向明：《唐代文学与陇南文化研究》，学苑出版社 2013 年版。

[73] 高人雄：《唐代文学与西北民族文化研究》，民族出版社 2008 年版。

[74] [英]雷蒙·威廉斯著，刘建基译：《关键词：文化与社会的词汇》，三联书店 2005 年版。

[75] [英]安德鲁、尼古拉著，汪正龙、李永新译：《关键词：文学、批评与理论导论》，广西师范大学出版社 2007 年版。

[76] 王晓路：《文化批评关键词研究》，北京大学出版社 2007 年版。

[77] 李建中：《体：中国文论元关键词解诠》，中国社会科学出版社 2014 年版。

二、论文类

[1] 汪高鑫：《论通经致用的经学传统》，《安徽大学学报》2009 年第 2 期。

[2] 吴建民：《论经学对古代文论的影响》，《徐州师范大学学报》2007 年第 1 期。

[3] 刘再华：《论经学与中国古代文论的关系》，《中国文学研究》2009 年第 4 期。

[4] 洪修平：《隋唐儒佛道三教关系及其学术影响》，《南京大学学报》2013 年第 6 期。

[5] 赵行良：《魏晋南北朝隋唐儒学发展辩证》，《广东社会科学》1999 年第 8 期。

[6] 王汉儒：《唐代儒学地位探析》，曲阜师范大学硕士毕业论文，2007 年。

[7] 顾乃武：《唐代门阀士族文化追求的转变》，河北师大硕士毕业论文，2009 年。

[8] 张伯伟：《论唐代的规范诗学》，《中国社会科学》2006 年第 4 期。

[9] 黄木航：《论唐代的经学和史学考试》，《华南师范大学学报》1998 年第 5 期。

［10］杨希：《浅论唐代经学的发展状况》，《学术论坛》2011 年第 9 期。

［11］杨荫楼：《唐代经学论略》，《求是学刊》1992 年第 4 期。

［12］李旭：《论唐代的诗学复古理论》，《五邑大学学报》2005 年第 2 期。

［13］杨福俊：《论唐代诗学理论中的中庸思想》，《内蒙古电大学刊》2006 年第 12 期。

［14］李浩：《唐代诗赋取士说平议》，《文史哲》2003 年第 3 期。

［15］叶茂：《唐代学术文化发展述论》，《南都学坛》1994 年第 1 期。

［16］高林广：《试论初唐史家、政治家的诗学思想》，《内蒙古师大学报》1997 年第 5 期。

［17］梁道礼：《政治家的要求与文学家的方向》，《陕西师范大学学报》1989 年第 1 期。

［18］刘挺颂：《论四库全书总目对唐宋诗学之批评》，《海南大学学报》2011 年第 6 期。

［19］韩宏韬：《孔颖达诗学的价值取向——对经学与文学互动关系的一种探讨》，《文史哲》2013 年第 2 期。

［20］乔东义：《孔颖达美学思想研究》，复旦大学博士论文 2008 年。

［21］王海英：《孔颖达五经正义与唐代文论》，《中国文学研究》2001 年第 2 期。

［22］谢建忠：《毛诗及其经学阐释与唐诗文学价值》，《西南大学学报》2007 年第 3 期。

［23］黄贞权：《毛诗正义与唐代诗学》，《船山学刊》2010 年第 2 期。

［24］刘顺：《周易正义对唐诗的影响》，《江淮论坛》2007 年第 5 期。

［25］毕万忱：《论陈子昂诗歌理论的传统特质》，《文学遗产》1990 年第 8 期。

［26］李慧智：《儒经及其经学阐释对杜诗的影响》，南开大学博士论文，2006 年。

［27］高林广：《试论唐太宗的诗学思想及其对初唐诗风的影响》，《文科教学》1997 年第 6 期。

［28］石云孙：《孔颖达修辞理论探》，《安庆师范学院学报》1985 年第 7 期。

［29］李金坤：《李杜诗学思想探赜——以李杜论诗诗为中心》，《杜甫研究学刊》2011 年第 7 期。

［30］刘崇德：《诗格之变自韩愈始》，《大连大学学报》1991 年第 1 期。

［31］张清华：《从王维到韩愈——略论盛中唐文学思想的传承》，《2010 年中国文学传播与接受国际学术研讨会论文汇编（中国古代文学部分）》2010 年第 8 期。

［32］刘新华：《中唐儒家之道的新兴与确立》，《南京工程学院学报》2007 年第 3 期。

［33］何晓园：《中唐文人的政治自觉与诗歌创作》，《深圳大学学报》2007 年第 3 期。

［34］周静：《韩愈经学考》，曲阜师范大学博士论文，2010 年。

［35］韩文榜：《柳宗元及其诗歌研究》，南京师范大学博士论文，2009 年。

［36］肖伟韬：《白居易诗学思想的儒家经典来源》，《河南理工大学学报》2010 年第 2 期。

［37］李焕霞：《元稹诗学研究》，中央民族大学硕士毕业论文，2007 年。

［38］张巍：《中晚唐经学研究》，山东大学博士论文，2010 年。

［39］王凯：《论司空图二十四诗品对中国诗学和美学的重要建树》，《武汉大学学报》2009 年第 4 期。

［40］马静：《司空图诗学的审美特征》，《学术交流》2010 年第 5 期。

［41］李建中、袁劲：《"观"之神秘性探源》，《社会科学》2014 年第 5 期。

［42］李建中、胡红梅：《关键词研究：困境与出路》，《长江学术》2014 年第 2 期。

［43］李建中：《中华元典关键词的原创意蕴与现代价值——基于词根性、坐标性和转义性的语义考察》，《江海学刊》2014 年第 1 期。

[44]姚爱斌:《体:从文化到文论》,《学术论坛》2014年第3期。

[45]吴中胜:《文:从先秦元典到文心雕龙》,《长江学术》2013年第2期。

[46]张金梅:《儒家文化关键词现代转型路径考察——以"毛诗序"尊废之争为例》,《长江学术》2014年第2期。

后　　记

　　余忆童稚时，庭中有槐树。当春芳菲，攀而食其花。于枝间视池塘清远，蛙声徐徐，沐风之内，荏苒青衣。后卧石上，读《唐诗三百首》，青雀啼于瓜藤之间，黄花碧天，白云悠然，忘所诵之辞，只觉清气盈然。稍长则步丈方远。至春寻看新柳明花，仲夏而观雷暴紫电，炎秋登山俯察红黄，凛冬闭窗听雪断松竹。四时变迁，各有所感。其气变易而浓淡不一。祖父谓余曰：人者能感四时而知彩繁，麟龙腾跃，鱼莺流迁，皆以有灵。余读书十载，文辞苦短，深旨不依，有愧祖父教诲，惟感四时之灵，尤燃于心。癸巳春，祖父归葬董家竹林，周年未至而祖母亦逝，老屋迁拆，槐毙竹毁。我辈恸哭，眼枯人木，如锯四足。唯三卷残书，能留高阁之间。天地四时之气，犹然荡存，鱼游鸟跃，旧似当年，而此间少年，应归何处？

　　人之成文，皆以心写物。感花溅泪，恨鸟惊心，以其哀愁之至。渔舟唱晚，雪月空明，因有轻快之身。物尽人意，非仅以心述之，更因有灵。心有所感，至诚则灵。文有衷肠，灵诚则书，此间之意，恐以言辞难表，若不入其境，焉能探其精？然独有其灵，难行于浩渺人世。为学者，除却性灵亦应储宝。宝者，其义有二。一则清刚劲健之人格，一则弘深雅丽之典文。能给此二者，唯经唯文。四书五经锤人情性，唐宋妙文练人神采，此即灵之宝也。故我门中，师以元典之力铸弟子清正之品，又采文苑精华浇其文辞之行，惟愿依性成长，各体所悟。

　　我本鄙薄，自庚寅入门以来，承蒙先生不弃，苦心教导，劝令重习，去我顽劣。唯瞻高山仰止，于珞珈山随学，而今已历五载矣。所住之处，在山之顶。樱花环绕，楼阁轩宇。每岁春秋，花叶纷飞，游人络绎，闹如集市。但凡心向学，必当沉静。五载之间，未得怡然赏樱也。余当知学问高深，岂我昏愚之性能得一二？遂每自烦闷，如抽乱丝之时，念师所言："问君何能尔，心远地自偏。"乃信步亭台之间，或远眺青翠，或闲倚石柱，或对月问樽，或藻雪游云。为文之难，尤得如此。先生不倦我之鄙文，删繁增简，每历数月，勉强令善。何况而今十万言，先生必字句审定，颇费心神。余五载做学，自知难得先生万一，唯敬先生德行高尚，学识渊博，谈笑之间，旷古达今，指点文字，能令开朗。先生数年教导，学生终生受益，常怀恭敬，永不敢忘。再拜恩师。

丁酉秋于岳麓山，是为记。

潘链钰